Zwischen Himmel und Erde

Joachim Werz &
Toni Faber (Hrsg.)

ZWISCHEN HIMMEL UND ERDE

DIE HIMMELSLEITER VON BILLI THANNER

SCHNELL + STEINER

Umschlagabbildung: ©Jennifer Koller, Wien.

Mit freundlicher Unterstützung von

Dompfarre St. Stephan

Bibliographische Informationen der Deutschen Nationalbibliothek:
Die Deutsche Nationalbibliothek verzeichnet diese Publikation
in der Deutschen Nationalbibliographie; detaillierte bibliographische Daten
sind im Internet über https://dnb.de abrufbar.

1. Auflage 2022

Umschlaggestaltung: Anna Braungart, Tübingen
Satz: typegerecht berlin
Druck: Gutenberg Beuys Feindruckerei GmbH, Langenhagen

ISBN 978-3-7954-3732-9

Weitere Informationen zum Verlagsprogramm erhalten Sie unter:
www.schnell-und-steiner.de

INHALT

VORWORT

Alles begann mit einem Interview für „das münster", der renommierten Zeitschrift für christliche Kunst und Kunstwissenschaft. In der neuen Rubrik „Im Gespräch" durfte Joachim Werz als Schriftleiter mit der Wiener Künstlerin Billi Thanner sprechen. Sie konnte – so der ursprüngliche Plan – von Ostern 2021 bis zum darauffolgenden Pfingsten 2021 eine Kunstinstallation am und im Wiener Stephansdorm realisieren.[1] Ihre Himmelsleiter – mit unmittelbarem Bezug zu Jakobs Traum in Gen 28,10-22 – steigt innerhalb der Wiener Kathedrale empor und setzt sich an der Außenseite des Südturms bis zu dessen Spitze fort. Ihre leuchtenden Sprossen und Holme strahlen in die Abend-, Nacht- und Morgenstunden der österreichischen Hauptstadt hinein. Es ist nicht verwunderlich, dass diese Installation am Wahrzeichen der Stadt Wien große Aufmerksamkeit auch jenseits der Stadt- und Landesgrenzen hervorrief. Zahlreiche Verlinkungen und begeisterte Kommentare auf Instagram mit den Hashtags #billithanner #stephansdom #laddertoheaven, Berichte in renommierten Fachzeitschriften, aber auch in den Tageszeitungen und populären Magazinen wie der VOGUE sowie Fernseh- und Rundfunkbeiträge zeigen: Die Himmelsleiter zog die Blicke der Menschen auf sich und berührte. Diese Begeisterung erklärt auch, weshalb das Kunstprojekt auf Vorschlag von Dompfarrer Toni Faber durch das Wiener Domkapitel dreimal verlängert wurde und bis zum Ende der Pfingstoktav 2022 am Wiener Stephansdom erstrahlt. Billi Thanner hat mit ihrer Himmelsleiter an St. Stephan zeitgenössische Kunst und christliche Botschaft sicht- und wahrnehmbar zwischen Himmel und Erde errichtet.

Das Werk und seine starke Rezeption können nicht außerhalb ihrer Zeit gesehen werden: Als im Dezember 2019 in der chinesischen Stadt Wuhan (Provinz Hubei) eine neuartige Atemwegserkrankung ihren Anfang nahm, konnte kaum jemand erahnen, dass dieses Virus die ganze Welt binnen weniger Wochen grundlegend aus den Angeln heben würde. SARS-CoV-2 veränderte die Welt, die Gesellschaft ebenso wie Institutionen und Menschen. Die neue Erkrankung COVID-19, die umgangssprachlich „Corona" genannt wird, löste in allen Ländern der Erde eine Pandemie aus, wie die WHO am 11. März 2020 verkündete. Zum Zeitpunkt der Installation war bereits über ein Jahr der Pandemie vergangen. Ein Jahr, in dem Menschen von dieser Pandemie und den politischen Entscheidungen heraus- und nicht selten überfordert wurden: Angst um Leib und Leben, Sorge um die Zukunft sowie Hoffnungslosigkeit angesichts immer wieder auftretender Virusvarianten machten sich breit. Was konnte zwischen Himmel und Erde noch ein Garant für eine gute Zukunft sein?

In diese pandemische Zeit hinein erstrahlt die Himmelsleiter von Billi Thanner Tag für Tag sowie Nacht für Nacht. Dompfarrer Toni Faber, Förderin Ursula Simacek

1 Vgl. Joachim Werz, Im Gespräch. Joachim Werz spricht mit Billi Thanner, in: das münster 2 (2021), S. 153-156.

und Künstlerin Billi Thanner verstehen die Himmelsleiter als sprechendes Hoffnungszeichen und Botschaft in dieser Zeit. Aus diesem Grund ist es eine besondere Freude, dass ab September 2022 die Himmelsleiter in der Stadt Münster an St. Lamberti erstrahlen wird. Die Botschaft ist eindeutig – egal ob in Wien, Münster oder an anderen Orten: Zwischen Himmel und Erde besteht eine Verbindung, die die Menschen daran erinnern kann, dass sie auch in den größten Dunkelheiten ihres Lebens weder alleine noch vergessen sind.

Auch die (christlichen) Künste stehen angesichts der Corona-Pandemie sowie den hoffentlich bald eintretenden endemischen Zeiten vor einer Stunde Null. Angesichts einer postpandemischen und postmodernen Gesellschaft sollten Kunstschaffende und Kunstfördernde die Räume des Gewohnten verlassen und sicht- sowie wahrnehmbare Zeichen in dieser Welt setzen. Die Himmelsleiter ist hierzu wohl eines der prominenten Beispiele dieser Jahre, weshalb dieser vorliegende Band eine bleibende Dokumentation dieser Installation sein soll. Die verschiedenen Beiträge renommierter Autorinnen und Autoren erschließen und erörtern das Kunstwerk aus kunstwissenschaftlicher, historischer, theologischer sowie ethischer Perspektive. Zahlreiche Fotografien – vor allem in der Fotodokumentation – sollen nach dem Ende der Installation am Wiener Stephansdom Kunst und Botschaft festhalten und auch vermitteln.

Unser Dank gilt denen, die an der Entstehung dieses Bandes beteiligt waren: Allen voran danken wir den Autorinnen und Autoren, die mit ihren Beobachtungen und Überlegungen das Kunstwerk von Billi Thanner interpretieren und verorten. Bedanken möchten wir uns bei den verschiedenen Fotografen, die einen ganz wesentlichen Beitrag für das Erscheinungsbild dieses Buches geleistet haben. Besonders dankbar sind wir Billi Thanner, die wir im Kontext der Himmelsleiter kennenlernen durften. Seit diesem Zeitpunkt haben uns weder das Projekt am Stephansdom noch sie als Künstlerin losgelassen. Ohne die ideelle und finanzielle Unterstützung zahlreicher Förderer wäre nicht nur die Kunstinstallation, sondern auch dieser Band nicht möglich geworden. Dankbar sind wir Herrn Josef Mütz für das Lektorat. Dem Verlag Schnell & Steiner sowie Frau Isabell Schlott gilt unser Dank für die gewohnt zuverlässige Begleitung der Drucklegung.

Widmen möchten wir diesen Band allen, denen in den Jahren der Corona-Pandemie die verschiedenen Künste ein Hoffnungszeichen zwischen Himmel und Erde wurde.

Sonntag, den 16. Jänner 2022
Toni Faber & Joachim Werz

IM GESPRÄCH

JOACHIM WERZ SPRICHT MIT BILLI THANNER ÜBER DIE HIMMELSLEITER AM DOM ST. STEPHAN*

Joachim Werz

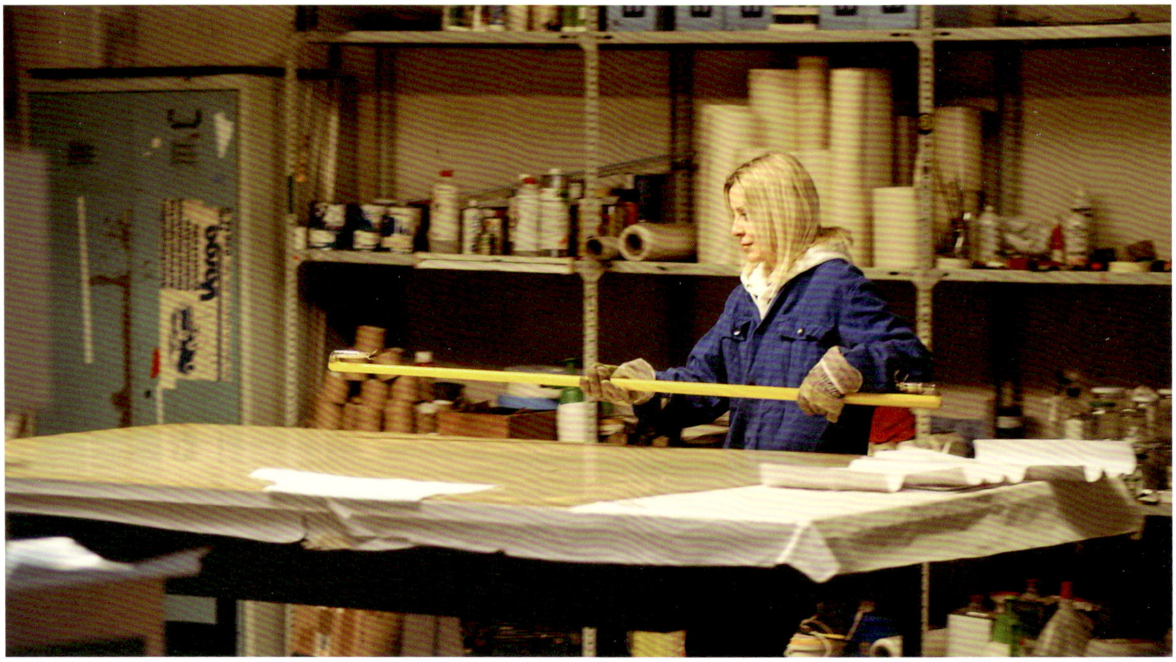

Abb. 1: Billi Thanner in ihrem Wiener Atelier

* Dieses Gespräch wurde erstmals in »das münster« 2 (2021) veröffentlicht. Für diese Publikation wurden Aktualisierungen vorgenommen.

Seit der Osternacht 2021 erstrahlt im Wiener Stephansdom sowie an seinem Südturm die Himmelsleiter der Künstlerin Billi Thanner (* 1972). Weit über die Grenzen der österreichischen Hauptstadt hinaus findet die Kunstinstallation aus Neonlichtröhren Beachtung. Aufgrund der positiven Resonanz teilte Dompfarrer Toni Faber mit, dass die Installation mit ihren 33 Sprossen bis zum Ende der Pfingstoktav 2022 bleiben solle. In diesem Gespräch gibt es Einblicke in die Arbeit und das Wirken der Künstlerin sowie Perspektiven auf das Kunstwerk, das seit Monaten die Blicke auf sich zieht.

JOACHIM WERZ: Liebe Billi, wenn ich Deine jüngste Kunstinstallation Himmelsleiter am Wiener Stephansdom erstrahlen sehe, dann kommt mir sofort die biblische Erzählung aus Gen 28,12 in den Sinn, in der Jakob in seinem Traum Engel auf einer Leiter, die zwischen Himmel und Erde steht, auf- und absteigen sieht …

BILLI THANNER: Ja, absolut. Das ist auch gut so, denn es ist doch wunderbar, daran erinnert zu werden, dass Menschen, wie auch Jakob, zu allen Zeiten Träume hatten. Ich finde auch dieses Bild, dass Engel auf dieser Leiter auf- und absteigen, unfassbar stark, denn das vermittelt etwas Schützendes, Schönes, Ruhiges und Friedliches. Bei der Entstehung der Himmelsleiter habe ich mir oft vorgestellt, wie an dieser Leiter Engel auf- und absteigen. Schön, wenn Kunst die ermöglichen kann!

JOACHIM WERZ: In der christlichen Tradition wurde die Himmelsleiter in Jakobs Traum unterschiedlich gedeutet. Den einzelnen Leitersprossen wurden bestimmte Tugenden zugeschrieben. Greifst Du dies auf oder weichst Du an dieser Stelle sozusagen ab?

BILLI THANNER: Nein, ganz und gar nicht. Ich stelle mich sogar bewusst in diese Tradition der christlichen Spiritualität: Meine Installation soll auch den persönlichen Weg des Menschen zu Gott darstellen. Dieser Weg in den Himmel führt über die Stufen der Tugenden. Sprosse für Sprosse: Achtsamkeit, Anstand, Ausdauer, Bescheidenheit, Beständigkeit, Dankbarkeit, Diskretion, Disziplin, Ehrlichkeit, Freiheitssinn, Fleiß, Freundlichkeit, Geduld, Gerechtigkeit, Gutherzigkeit, Großzügigkeit, Hingabe, Höflichkeit, Klugheit, Mitgefühl, Mut, Offenherzigkeit, Respekt, Rücksichtnahme, Selbstlosigkeit, Standhaftigkeit, Tapferkeit, Treue, Unvoreingenommenheit, Vergebung, Weisheit, Weltoffenheit, Zielstrebigkeit.

Mit jeder dieser Tugend werden Bedürfnisse dieser Welt zurückgelassen, um immer mehr in die Nähe Gottes zu gelangen. Meine Himmelsleiter steht in dieser Zeit vor allem für die drei göttlichen Tugenden Hoffnung, Glaube und Liebe sowie die Kardinalstugenden Klugheit, Tapferkeit, Gerechtigkeit und Mäßigung, die meiner Meinung nach jedenfalls die Grundausrichtung eines christlichen Lebens, wenn nicht sogar die Grundlage für eine grundlegende Menschlichkeit darstellen. Wenn alle Menschen daran ihr Leben ausrichten würden, wäre das doch traumhaft!

JOACHIM WERZ: Ja und apropos „Traum“: Ist es ein Traum für Dich, der Wirklichkeit wurde, dass über den Dächern der kunstschaffenden und -liebenden Hauptstadt Österreichs nun Dein Werk erstrahlt?

BILLI THANNER: Es ist viel mehr als nur ein Traum! Ich bin sehr dankbar und unsagbar glücklich, dass mir so eine Möglichkeit gegeben wurde. Und dann auch noch jetzt, in dieser herausfordernden Zeit, in der es so schwierig ist, Ausstellung zu planen und geschweige denn zu realisieren.

JOACHIM WERZ: Nun interessiert mich aber, wie die Idee beziehungsweise die Vision zu diesem Projekt entstanden ist. Man steht ja nicht vor dem „Steffel“ und denkt sich, da muss meine Kunst angebracht werden …

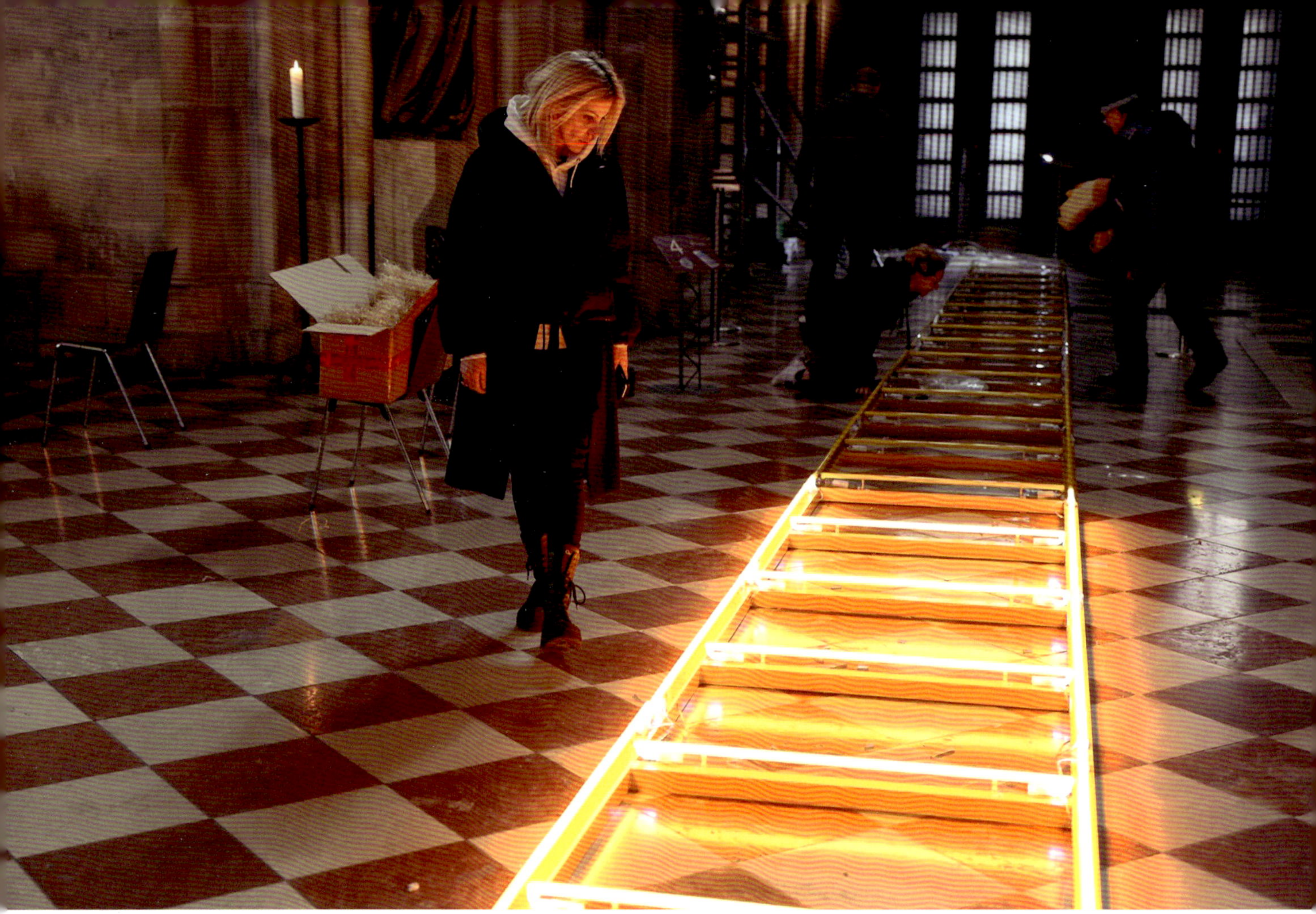

Abb. 2: Künstlerin Thanner überprüft vor der Installation die einzelnen Sprossen ihres Werkes

BILLI THANNER: … wieso denn nicht? Nein, in der Tat nicht. Eigentlich ist die Idee ganz spontan entstanden. Dompfarrer Toni Faber lud mich zu einem Gespräch und Kennenlernen ein. Er ist ein sehr kunstliebender und -begeisterter Mensch. Als wir uns verabschiedeten, meinte er: „Wenn Sie eine Idee haben, dann melden Sie sich bei mir …". Und dann war es doch wie eine Vision: Ich verließ das Dompfarramt, schaute zum Südturm des Domes und da war sie, die leuchtende Leiter, die keiner übersehen kann. Mich spornte das an. Nicht, weil ich wollte, dass meine Kunst niemand übersieht, sondern die Leiter, die unsichtbaren Engel, also letztlich das Gute, was sie verkörpern und was uns Menschen – gerade in dieser Zeit – Hoffnung und Kraft gibt. Als ich das Dompfarramt verließ und von dieser Idee geradezu heimgesucht wurde, ging ich eine Weile zu Fuß durch die Stadt, und diese Idee ließ mich nicht in Ruhe. Es war so eine kindliche und simple Vorstellung: Eine Installation, die die Blicke der Menschen endlich einmal wieder nach oben lenkt und aufrichtet.

JOACHIM WERZ: Du scheinst spontan, lebensfroh und optimistisch zu sein, wenngleich doch auch gesellschaftliche Kritik deutlich wird. Eine spannende und sicherlich fruchtbare Verbindung für Deine künstlerische Arbeit. Kannst Du uns – jenseits der Blitzidee – einige Einblicke in die Konzeption und Realisierung dieses Kunstprojekts geben?

BILLI THANNER: In der Tat glaube ich, dass Kunst eine treue und kritische Begleiterin der Menschen und der Gesellschaft sein sollte. Aber nun zu Deiner Frage nach Konzept und Umsetzung: Ich habe im Dompfarramt eine Fotomontage und eine Zeichnung eingereicht. Zwei Tage später traf ich Ursula Simacek, eine Kunstsammlerin und Freundin, der ich von meiner Idee erzählte, worauf sie – ohne lange nachzudenken – zusagte, das Projekt zu finanzieren. Das war wunderbar! Ich selber habe auch auf mein Künstlerhonorar verzichtet. Manche Ideen sind es einfach wert, realisiert zu werden. Nachdem dann das 12-köpfige Gremium das Projekt einstimmig annahm, überraschte mich vor allem die Herausforderung und Schwierigkeit der Montage. Ich musste die insgesamt 36 Meter lange Leiter in einzelne Teile zu je 3 Metern aufteilen und am Turm montieren. Vom widrigen Aprilwetter wollen wir gar nicht erst reden … An einem Tag war der Wind und Schneefall so stark, dass ich am Domplatz stand und nur noch betete … Ein herausforderndes Projekt!

JOACHIM WERZ: Kunst und Kirche verbindet eine lange und teils ambivalente Geschichte. Ich glaube, Kirche hat ein Stück weit vergessen, dass sie Künstlerinnen und Künstler fördern sollte. Wie erlebst Du das gemeinsame Projekt mit der Erzdiözese Wien bzw. der Dompfarre?

BILLI THANNER: Gut, dass Du das ansprichst. Wir Kunstschaffenden sollten uns immer wieder etwas darauf besinnen, wie gerade die römisch-katholische Kirche uns Kunstschaffenden die Möglichkeit gab, auch von der Kunst leben zu können. Kirche und Künstlerinnen und Künstler sollten sich das vergegenwärtigen und auch vermehrt wieder miteinander ins Gespräch kommen. Es können dadurch wunderbare Dinge entstehen! Ich selbst kann nur Positives berichten. Die Erzdiözese Wien sowie die Dompfarre St. Stephan waren und sind sehr bemüht und vor allem offen für moderne Kunst. Vor allem – ich habe es ja schon erwähnt – Toni Faber ist ein großer

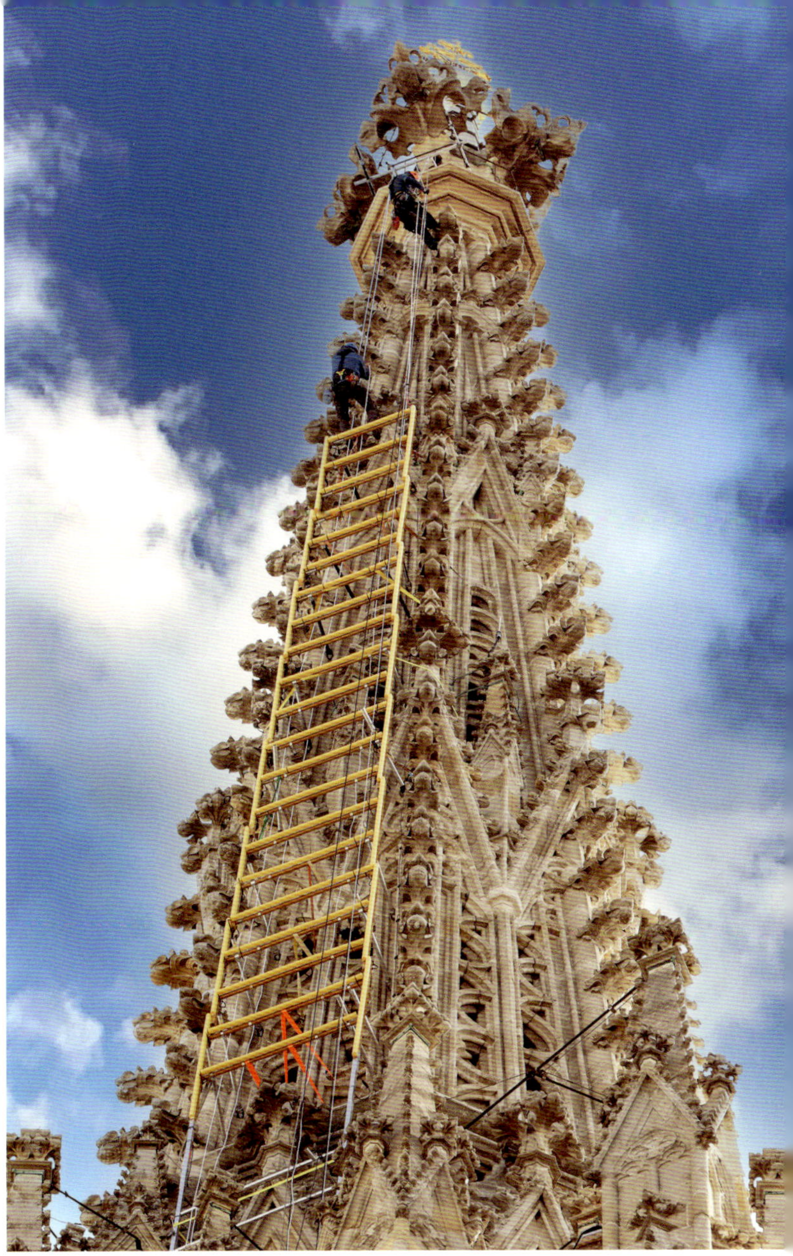

Abb. 3: Installationsarbeiten der einzelnen Sprossen und Holme in 136 Metern Höhe

Kunstfreund. Wenn es um Kunst geht, dann strahlt er! Fast schon wie die Himmelsleiter! Auch alle anderen Mitarbeiter des Domes habe ich freundlich, hilfsbereit und interessiert erlebt. Was will man als Künstlerin mehr!?

JOACHIM WERZ: Mit Blick auf Deine Ausstellungen und Dein Œvre stellt die Himmelsleiter durchaus – wenn ich

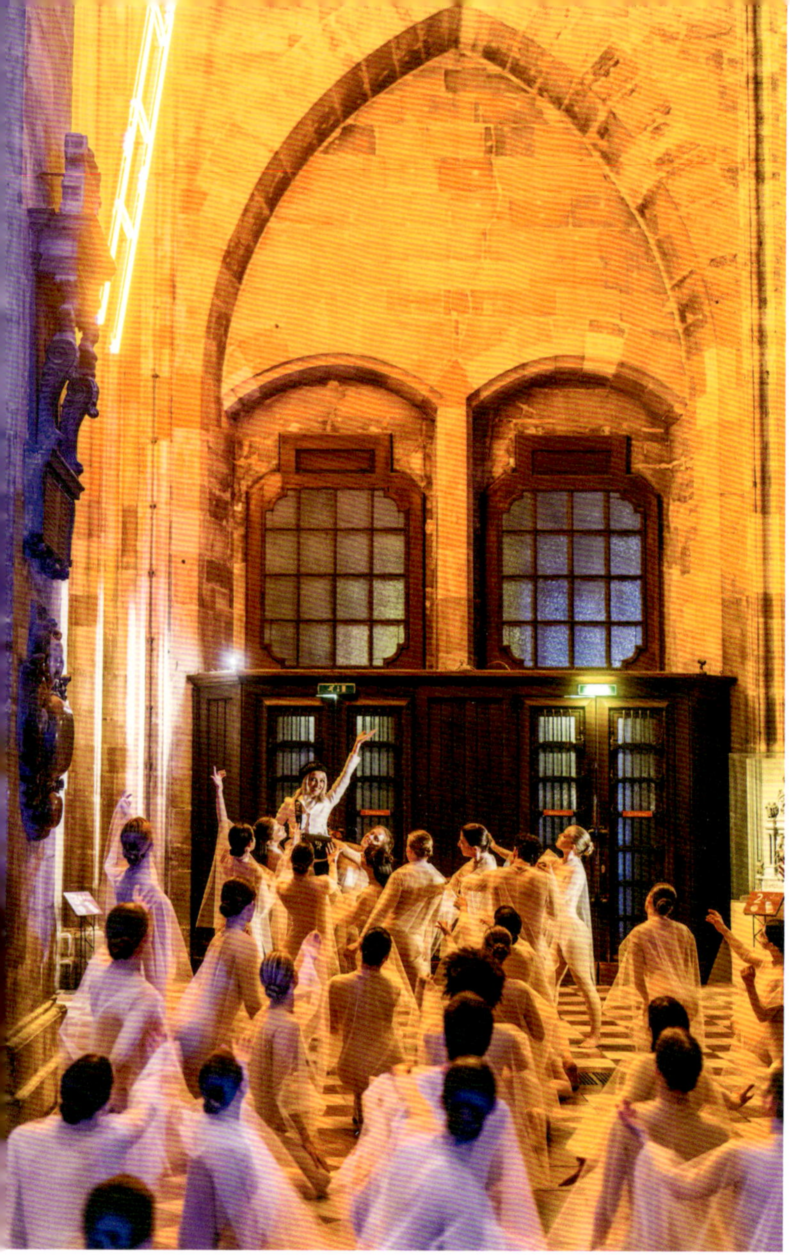

Abb. 4: Die Illumination der Leiter mit künstlerischer Gestaltung

es richtig sehe – (d)einen ersten Kontakt mit Kirche und Religiosität dar. Eine neue Erfahrung? Ein Traum? Ansporn für weitere Arbeiten mit Kirche(n) und Religion(en)?

BILLI THANNER: Ja, in der Tat, meine erste Erfahrung mit der Kirche als Auftraggeberin oder viel mehr als Ort der Realisierung meiner Kunst. Und das Schöne: Die erste Erfahrung ist auch zugleich eine so unvergessliche und positive. Es ist, wie Du sagst, ein Traum! Eigentlich sogar noch mehr als nur ein Traum, denn ich bin noch immer so glücklich, dass ich vor Freude die ganze Welt umarmen könnte … Es ist großartig und überwältigend, so viel positive Resonanz auf die HIMMELSLEITER zu erhalten. Mir schrieben viele Menschen, die nun über die Tugenden nachdenken und immer wieder beim Sehen der HIMMELSLEITER kurz innehalten. Wenn man sowas erreichen kann, ist es ein Geschenk. Und daher meine klare Antwort: Ja! Sehr gerne würde ich jederzeit wieder weitere Ideen in Kirchen zeigen, sollte ich hierfür die Möglichkeit bekommen.

JOACHIM WERZ: Kunst am Stephansdom verstehe ich durchaus als ein Zusammenspiel von Gegenwartskultur mit diesem Ort der Geschichte und des gelebten Glaubens. Ist der Stephansdom für Dich einfach ein Ausstellungsort?

BILLI THANNER: Das ist eine gute Frage … Nein, es ist nicht nur ein Ausstellungsort. Ich glaube, ich verstehe auch das ganze Projekt gar nicht als Ausstellung. Es ist vielmehr eine Vision oder eine Idee von mir, dass auch ich dazu beitragen kann, dass die Welt vielleicht ein bisschen besser wird, wenn die Menschen – von der Kunst motiviert – anfangen, über Tugenden nachzudenken. Das an so einem symbolträchtigen Ort mit seiner Botschaft quasi neu zu interpretieren: Groß!

JOACHIM WERZ: Was ist charakteristisch für Dein Kunstschaffen, was sich gerade auch im Material, in der Aussage und in der Symbolik der HIMMELSLEITER wiederfindet?

BILLI THANNER: Typisch ist sowohl die Leiter als auch das Neonlicht sowie das Aluminium. Ich muss gestehen, dass ich diese Leiter schon so oft gemalt habe, weil sie mir persönlich auch für mein Leben und Wirken so viel bedeutet. Die Leiter ist für mich eine starke Aussage. Ich bin davon überzeugt, dass sie auch den Menschen, ob sie religiös sind oder nicht, etwas über Auf- und Abstieg sowie über Höhen und Tiefen des Lebens sagen kann.

JOACHIM WERZ: Du selbst bist ja eher recht rasch die Karriereleiter in der Kunstszene nach oben gestiegen. Du wurdest 1972 in Wien geboren und zählst zu den Protagonistinnen einer neuen Generation des zeitgenössischen und zeitgemäßen Aktionismus. Inwiefern ist die HIMMELSLEITER im Genre des Interaktionismus zu verorten?

BILLI THANNER: Das ist ja ganz klar: Die Menschen sehen die HIMMELSLEITER und bleiben – wo auch immer – stehen, blicken nach oben, denken nach, machen Fotos, reden darüber ... So ein Interagieren ermöglicht die HIMMELSLEITER, weil sie eben auch Hoffnungsträger in einer Höhe von 136 Meter ist. Und die, die am Boden stehen und hinaufblicken, lassen sich von dieser Kunst in Bann ziehen.

JOACHIM WERZ: Auch nach Deinen Ausführungen finde ich das alles sehr durchdacht und überzeugend, jedoch erlaube mir noch zwei kritische Nachfragen: Zum einen fiel mir auf, dass die oberen Zweidrittel der HIMMELSLEITER sichtbar am Turm des Domes erstrahlen, während das untere Drittel in den Kirchenraum hineinragt. Warum wurde der untere Teil nicht entlang der Außenfassade angebracht? Symbolisiert dies Heilsexklusivismus der Kirche?

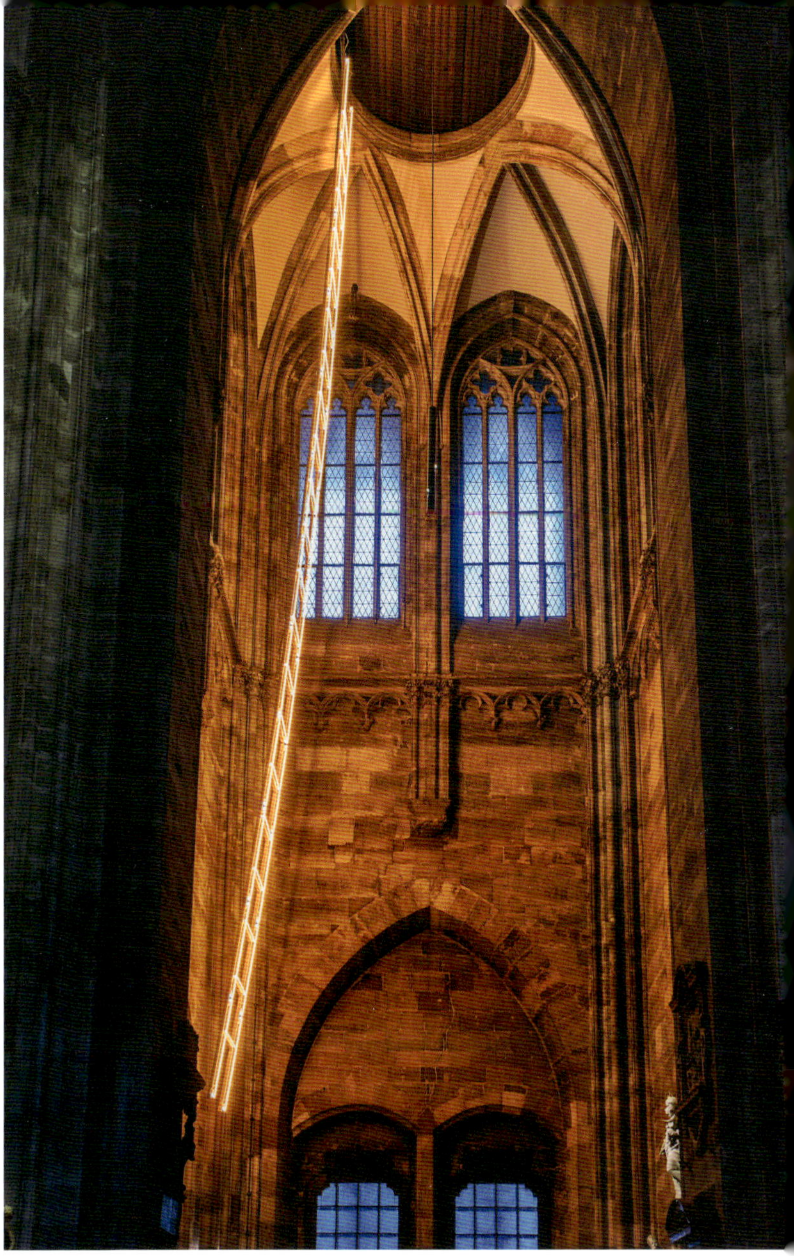

Abb. 5: Von der Taufkapelle aus führt die HIMMELSLEITER in den Turm des Domes

BILLI THANNER: Du kritisierst aber sehr freundlich! Das sind kluge Beobachtungen und sicherlich richtig, das anzusprechen. Also, Dein erster Punkt ist einfach der Praktikabilität geschuldet: Technisch und finanziell ist diese Lösung einfacher und sicherer. Zu Deinem zweiten Punkt würde ich sagen, dass es schon so ist, dass ja auch der Dom für einen konkreten Glauben steht, der eine klare Botschaft hat. Und die darf man ja auch vermitteln – gerade auch durch Kunst. Ich finde es ja sehr gut, dass der unter Teil der HIMMELSLEITER in der Taufkapelle beginnt. Das ist doch eine theologische und religiöse starke Aussage! Mit der Taufe beginnt das Leben als Christ und damit das Leben auf dem Weg der Tugenden. Wenn man genau hinsieht, dann erkennt man ja auch, dass sich die erste Sprosse bewusst in Richtung des Taufbeckens krümmt.

JOACHIM WERZ: Dann war also auch die Entzündung der Himmelsleiter in der Osternacht, in der ja traditionell die Katechumenen getauft werden, keineswegs terminliche Willkür, sondern symbolische Kommunikation!?

BILLI THANNER: Ja! Es sollte unbedingt auf das Osterfest fertig und dann auch installiert werden. In der Osternacht 2021 war die offizielle Eröffnung. Es war wunderbar, wenngleich keine Zuschauer dabei sein konnten …

JOACHIM WERZ: In Genesis steht der Traum des Jakobs auch für die Verheißung Gottes. Deine Himmelsleiter in Zeiten von COVID-19 – eine Botschaft, die weit über einen konkreten Ausstellungsraum hinausragen soll?

BILLI THANNER: Ja, wir brauchen – gerade in diesen Zeiten – Hoffnung. Almuth Spiegler von *Die Presse* sagte: „Der Hoffnung die Leiter machen" – Dieses Wort gefällt mir sehr gut und ist passend.

JOACHIM WERZ: Ein Blick in die mediale Berichterstattung sowie auf den Seiten Deiner sozialen Netzwerk-Auftritte zeigt: Die Menschen freuen sich über Deine Himmelsleiter. Täglich mehrere verlinkte Bilder des Kunstwerks zu Deinem Instagram-Profil machen deutlich, dass Deine Kunst und damit auch der Stephansdom (wieder) wahrgenommen wird. Muss Kunst im 21. Jahrhundert sichtbarer werden? Auch und vor allem gerade in den sozialen Netzwerken?

BILLI THANNER: Absolut! Kunst muss sichtbarer werden. Ich merke es gerade ja, dass Menschen total offen sind für zeitgenössische Kunst. Auch für Kunst mit einer religiösen oder ethischen Aussage. Wir brauchen überzeugende und tragende Konzepte für Öffentlichkeitsarbeit von Künstlerinnen und Künstler!

JOACHIM WERZ: Gibt es zur Himmelsleiter ein Begleitprogramm, insofern sich dies in Zeiten der Pandemie realisieren lässt?

BILLI THANNER: Aufgrund der Pandemie noch nicht. Leider …

JOACHIM WERZ: Dürfen sich denn dann wenigstens andere Städte darauf freuen, in ihren Stadtzentren Deine Himmelsleiter errichten zu dürfen? Und verrätst Du uns, ob wir in den nächsten Jahren weitere Kunstwerke in oder an Kirchen von Dir sehen dürfen?

BILLI THANNER: Von mir aus sehr gerne! Als Reaktion auf dieses Gespräch in „das münster" meldete sich die Kirchengemeinde St. Lamberti in Münster. Sie bekundeten an der Himmelsleiter Interesse und ich sagte sofort zu. Ab September 2022 wird die Himmelsleiter über den Dächern der deutschen Stadt Münster erstrahlen. Das ist ganz wunderbar! Die Himmelsleiter geht nun auf Reise. An anderen Orten soll sie als Zeichen zwischen Himmel und Erde leuchten!

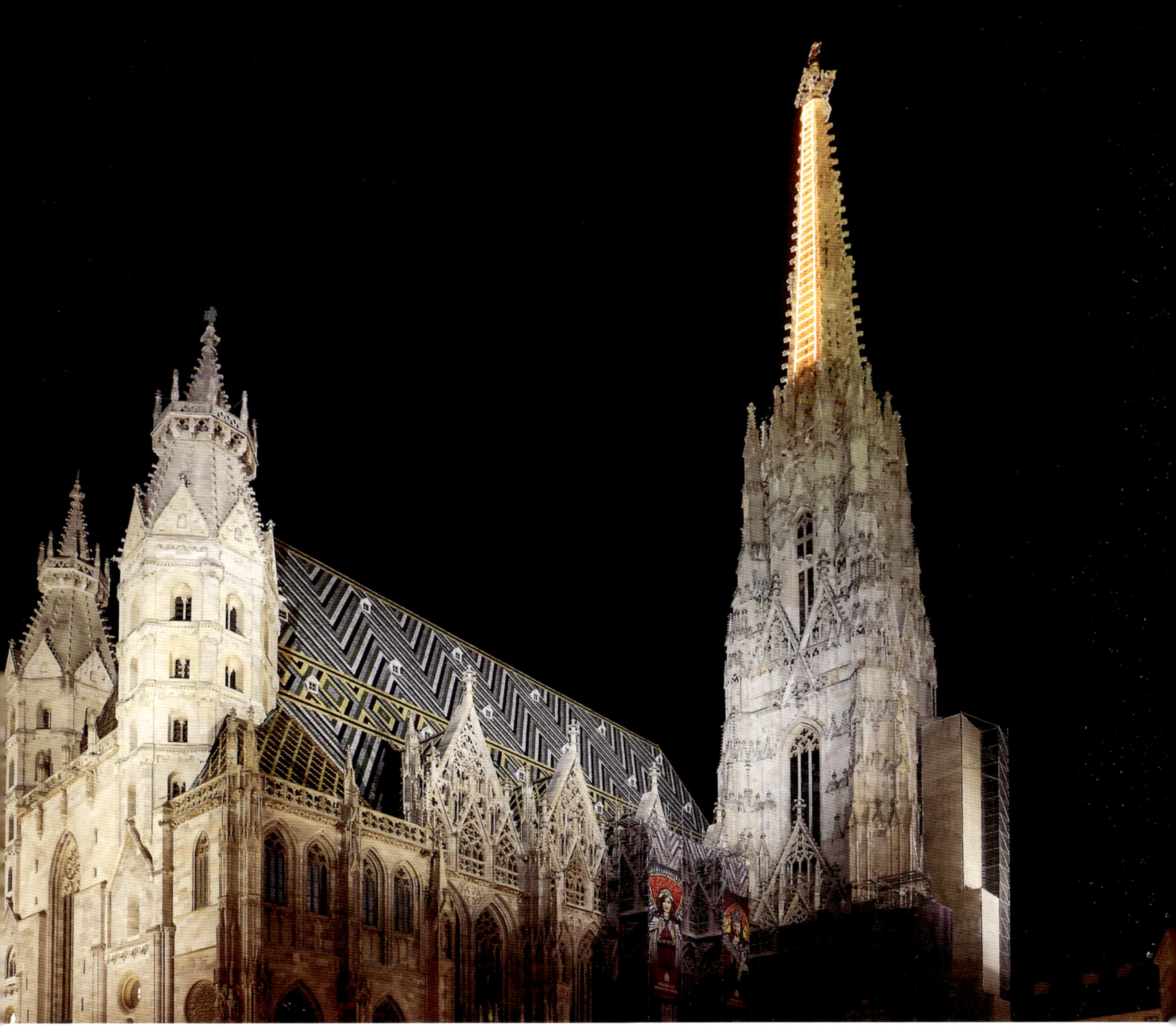

Abb. 6: Die Himmelsleiter erstrahlt in den Nachthimmel der Stadt Wien

FOTODOKUMENTATION

Aufbau und Installation

Der Weg vom Atelier an die Turmspitze des Stephansdomes war ein langer: mehrere Wochen konzeptionelle und logistische Vorbereitung sowie drei Wochen Installation vor Ort. Begleitet wurden die Arbeiten der Himmelsleiter durch die aufmerksamen Augen und das künstlerische sowie technische Knowhow von Billi Thanner. Auch Dompfarrer Toni Faber verfolgte das Projekt nicht nur in seiner Planung, sondern ebenfalls in seiner konkreten Realisierung. Vor allem die Anbringung in 136 Metern Höhe stellte eine Herausforderung dar, denn allen Beteiligten war klar, dass die Himmelsleiter den verschiedenen Witterungen standhalten muss, um so weder die Installation noch die Passanten zu gefährden. Auch im Inneren des Domes wurde ein Teil der Himmelsleiter mithilfe des Dombaumeisters und der Mitarbeiter der Firma Simacek angebracht. Nur ein eingespieltes und professionelles Team konnte zusammen mit Billi Thanner dieses erstmalige Kunstprojekt zwischen Himmel und Erde realisieren.

Vorbereitungen und Aufbau der Himmelsleiter im Atelier und im Inneren des Domes

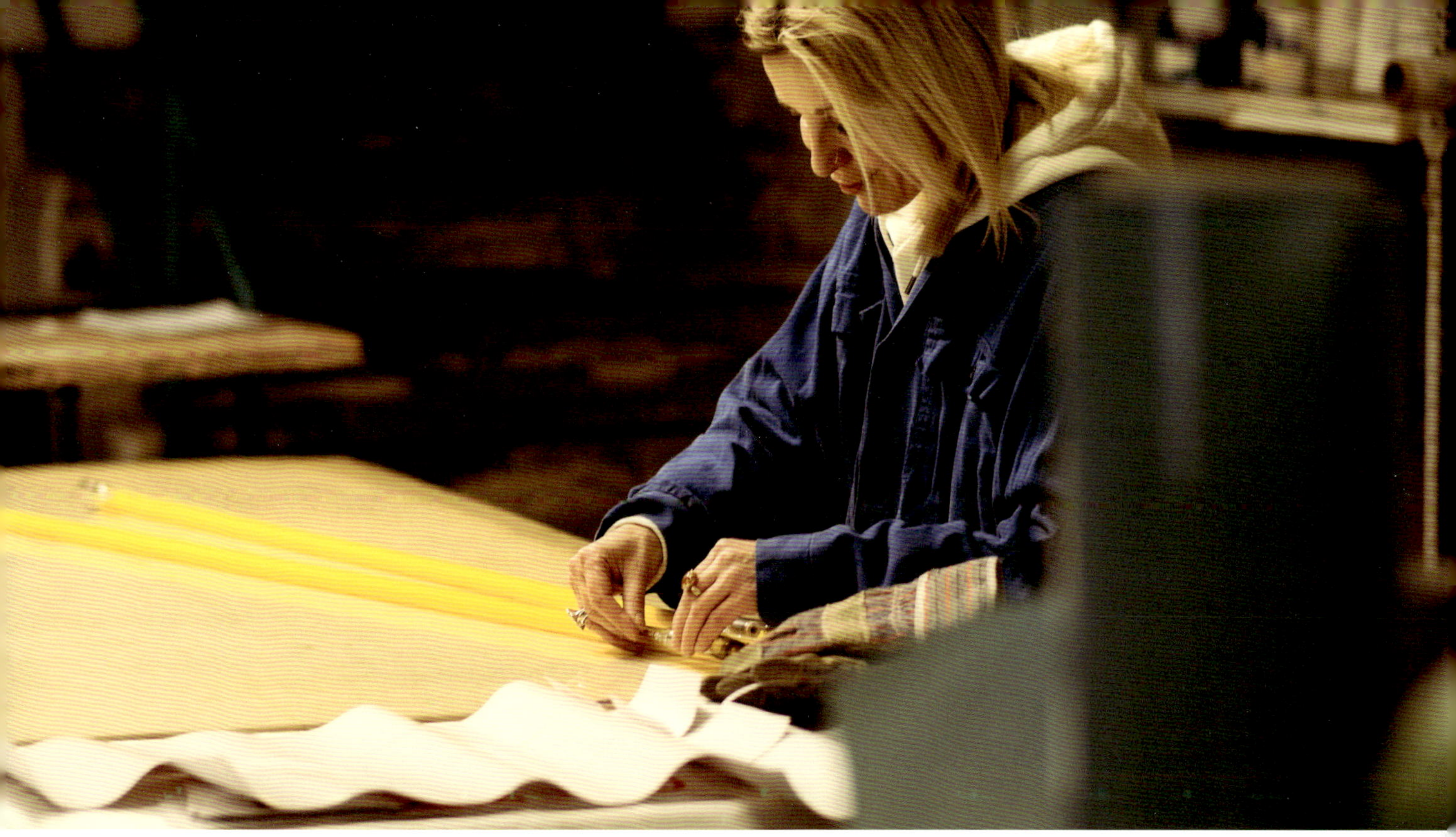

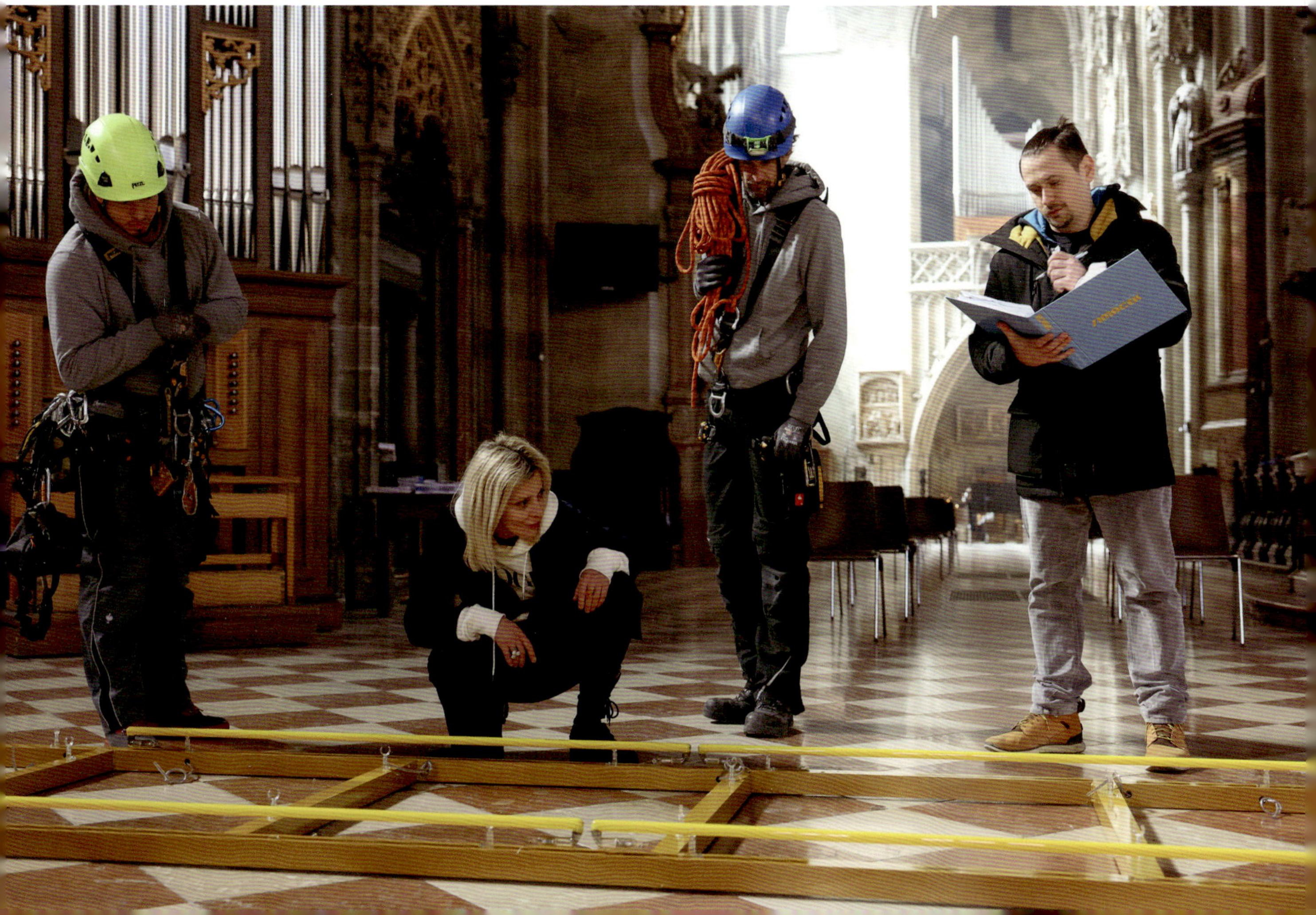

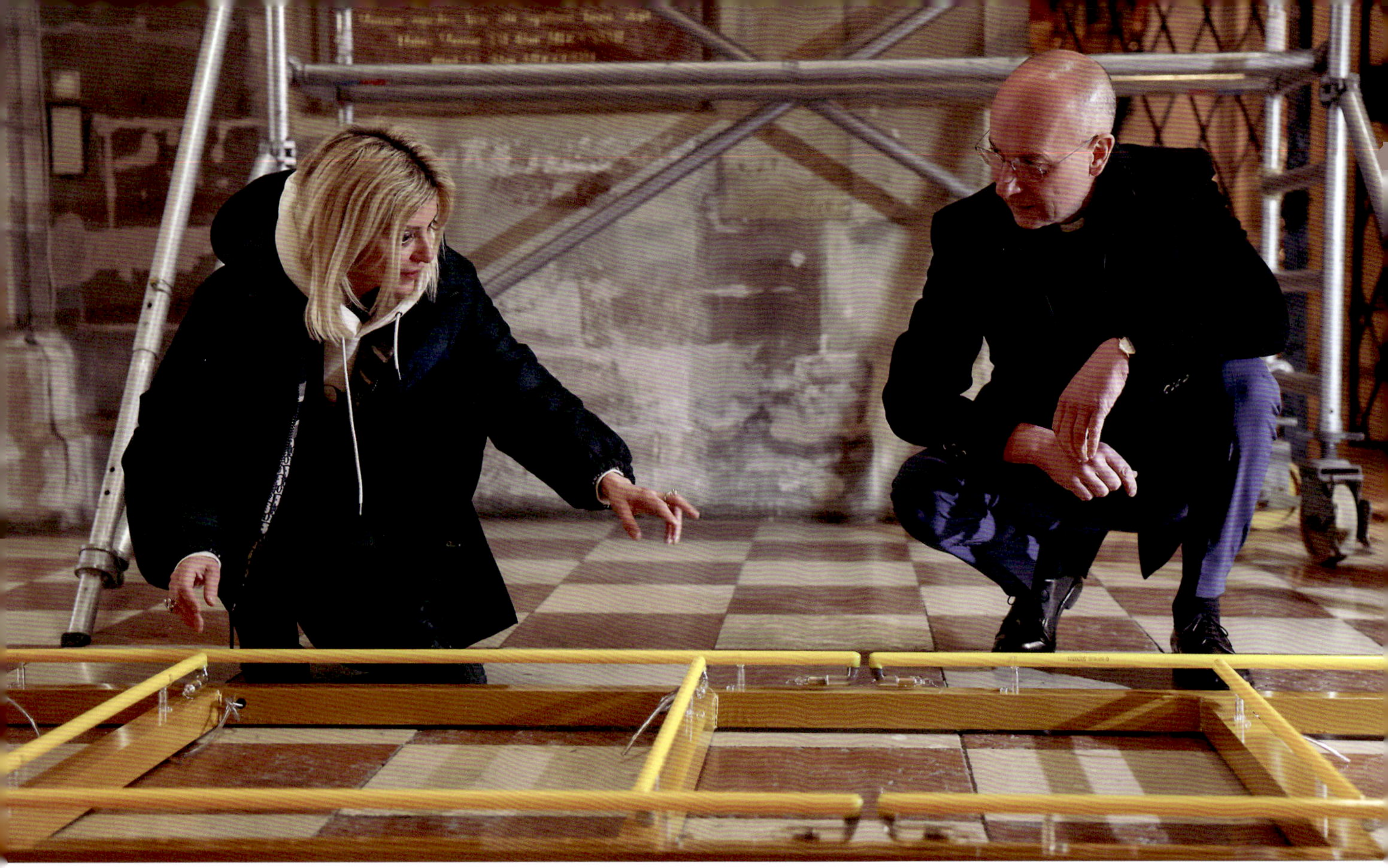

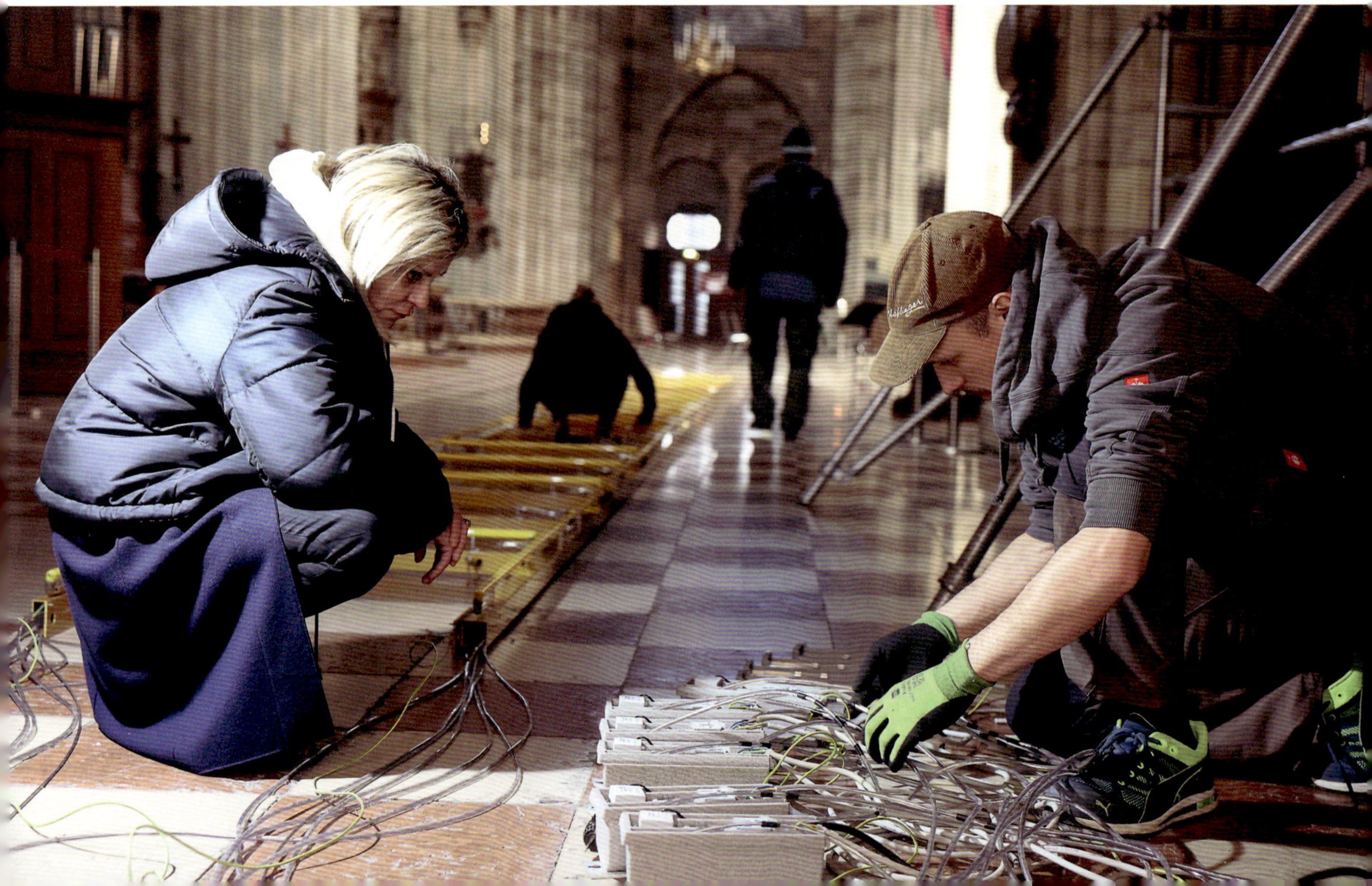

Die Illumination steht in dieser herausfordernden Zeit für die drei göttlichen Tugenden Hoffnung, Glaube und Liebe – stellvertretend für die große Zahl an Tugenden der spirituellen Tradition der Kirchenväter, ganz besonders der Wüstenväter. Einer von ihnen, Johannes Klimakos (+ um 649) lebte bereits 16-jährig als Mönch auf der Sinaihalbinsel; dort war er 40 Jahre Eremit, davon einige Jahre Abt eines Klosters. Er schrieb ein Werk der christlichen Aszese, das zu den wichtigsten Schriften in der monastischen Tradition zählt: „Die Leiter zum Paradiese". In 30 Stufen schildert er darin den geistlichen Aufstieg des Mönchs: Vom Bruch mit der Welt, über die Grundtugenden, die Reinigung des Gottessuchers, die Krönung des Weges der Praxis, bis zur Einigung mit Gott führen diese Schritte des geistlichen Wachstums, sie enden in der Agape, des Ruhens in Gott durch Glaube, Hoffnung und Liebe.

(DOMPFARRER TONI FABER)

Erklärende Worte und aufmerksame
Blicke von Künstlerin Billi Thanner

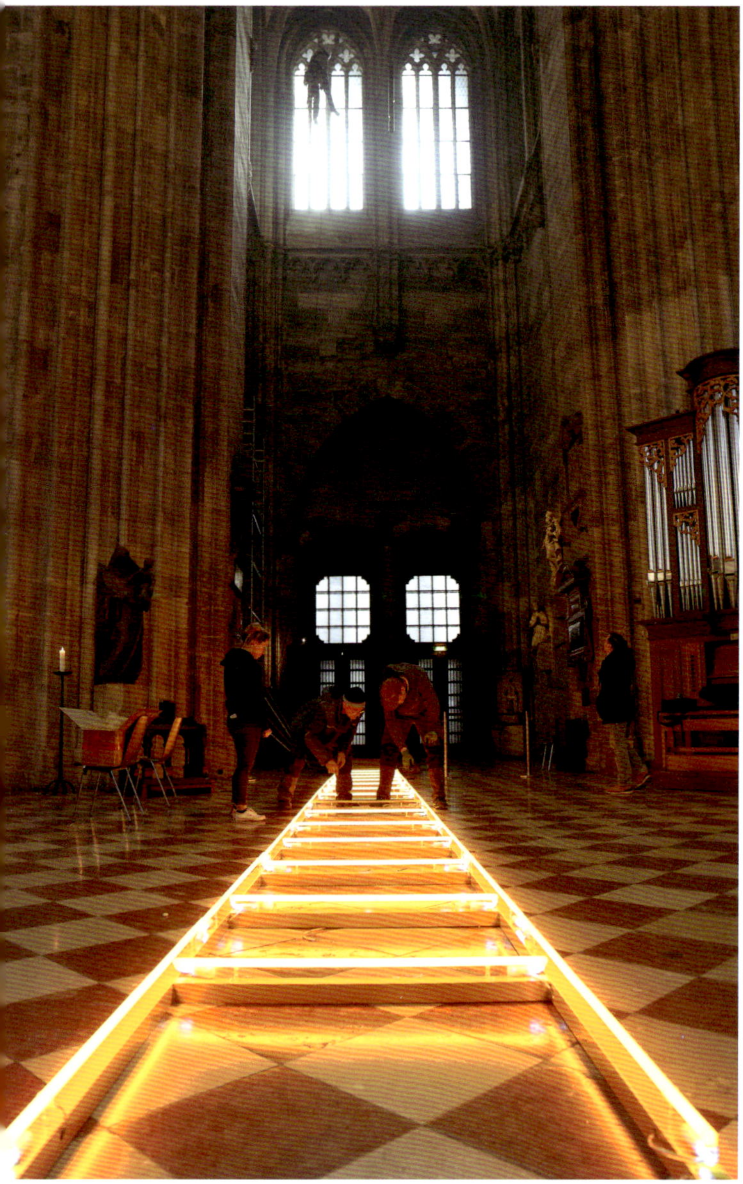

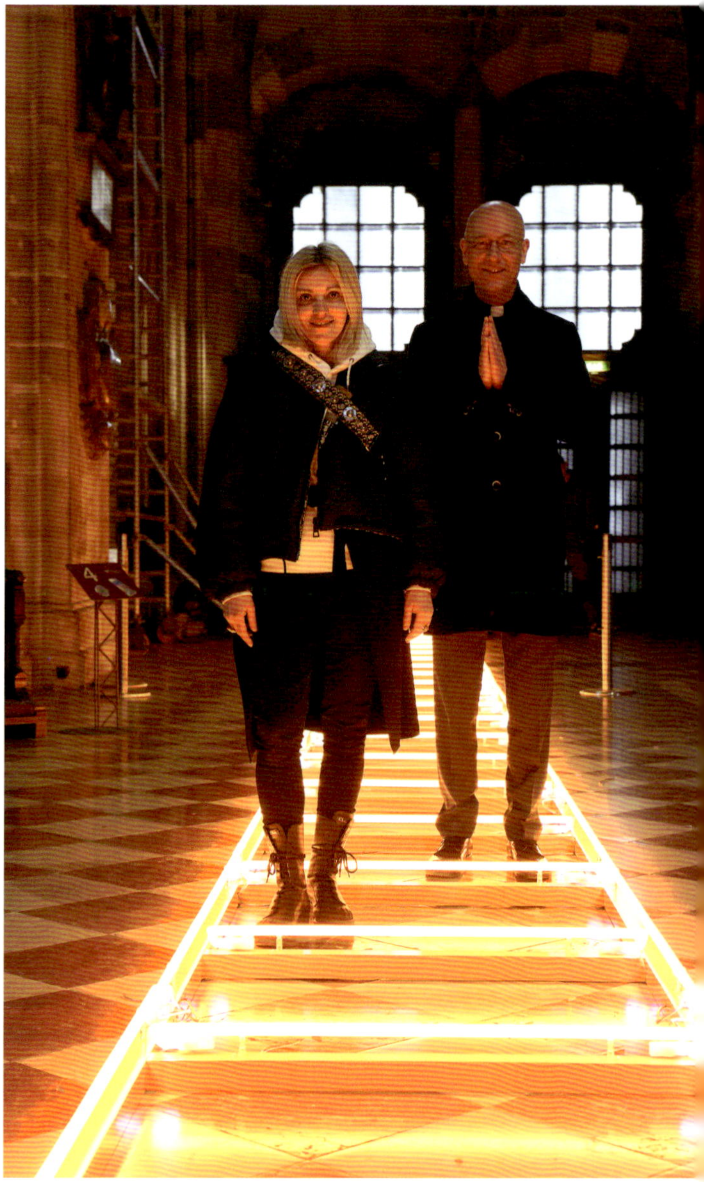

Ein strahlendes Ergebnis – Künstlerin Billi Thanner und Dompfarrer Toni Faber sind mit der Testung der zusammengebauten Sprossen und Holme für die Installation innerhalb des Domes sehr zufrieden

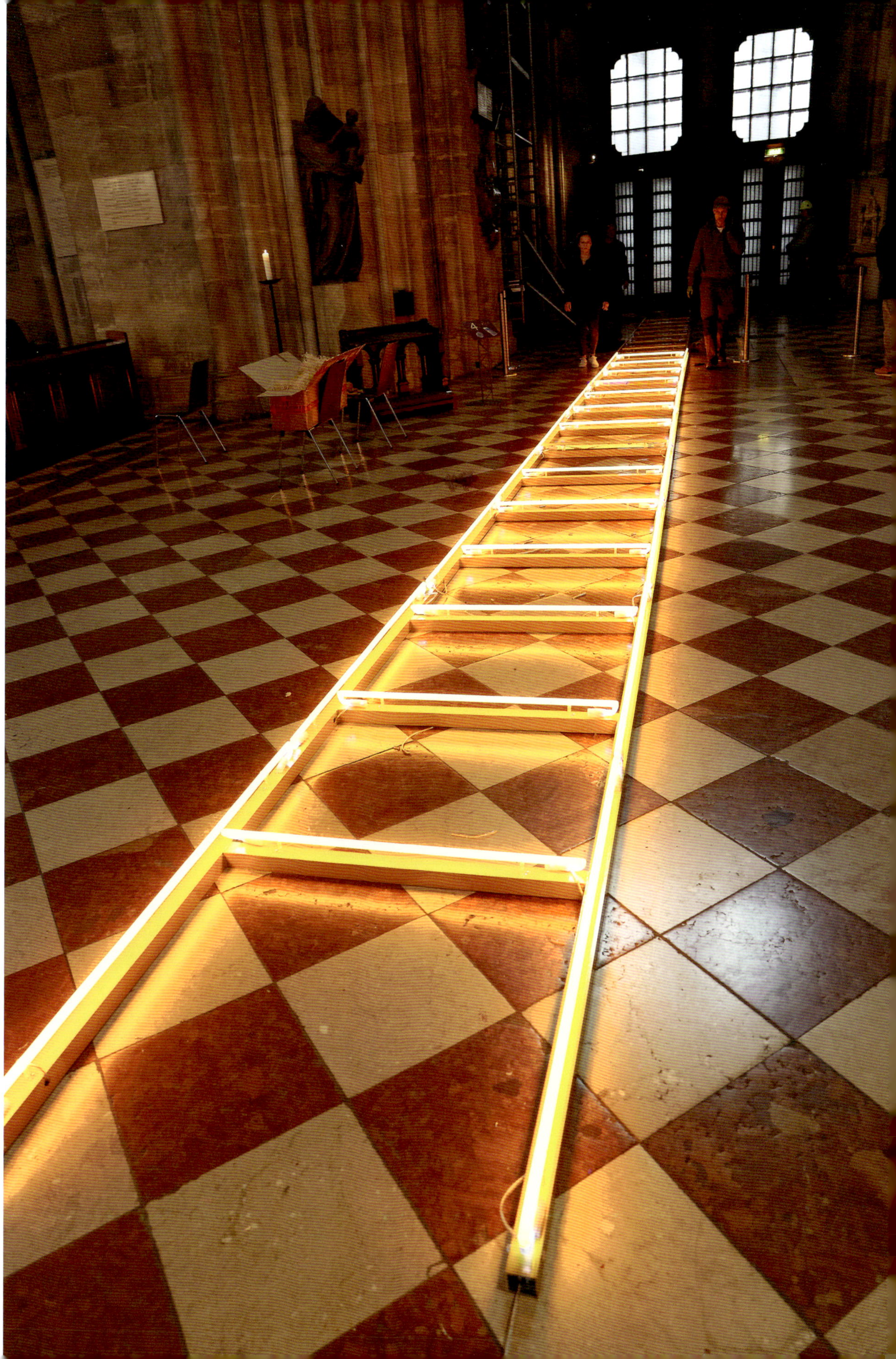

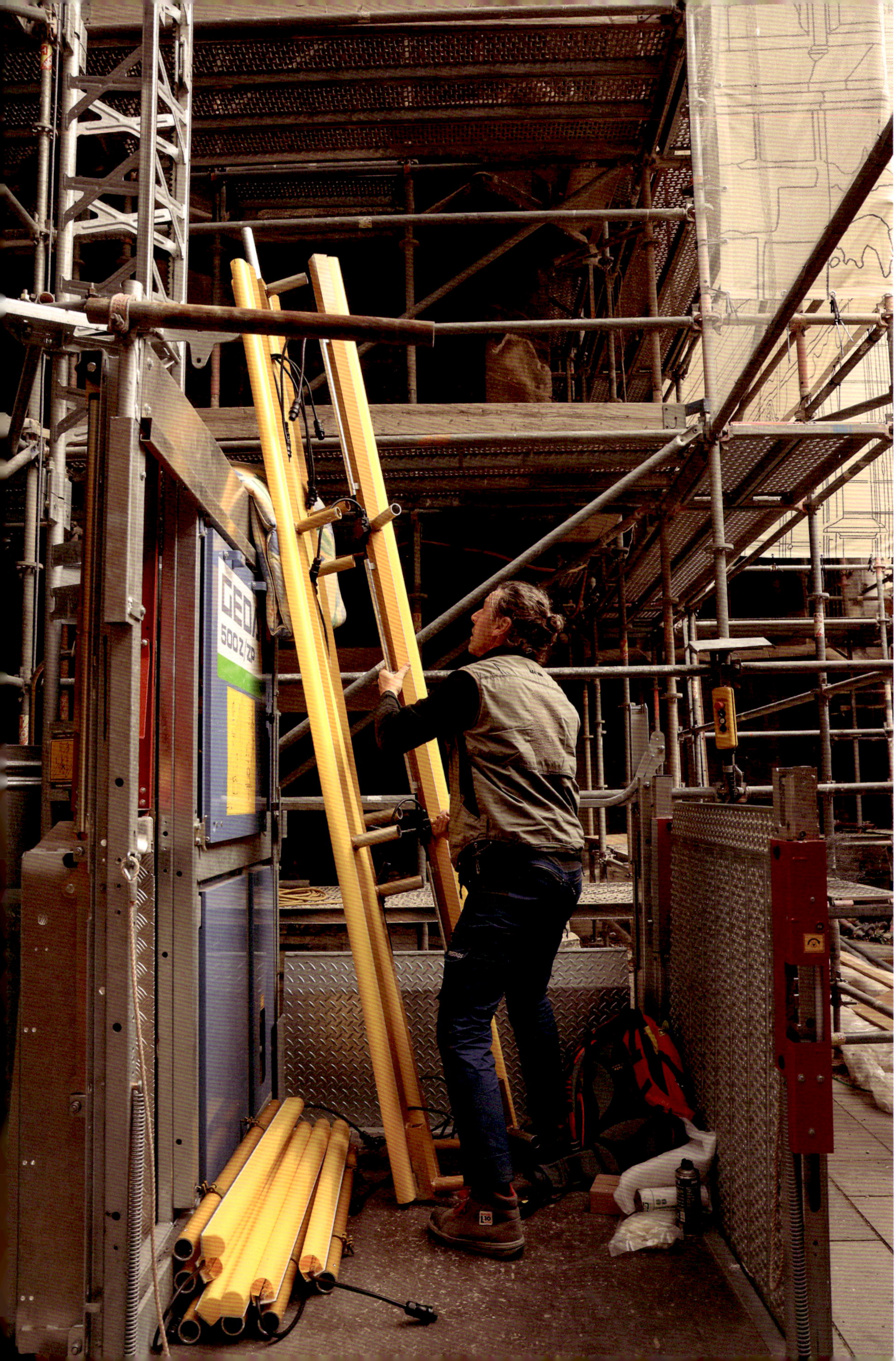
GED
500Z/ZP

Eine Schule der Herzensbildung also, die nicht nur Mönchen in der Wüste gut ansteht, sondern für jeden Menschen die Einladung ausspricht, im Alltag die Herzensqualität zu erhöhen. Welche Tugend, in welcher Anzahl und unter welchen Bezeichnungen Tugenden gewählt werden, ist dabei nachrangig. Die Kardinalstugenden Klugheit, Tapferkeit, Gerechtigkeit und Mäßigung meinen jedenfalls die Grundausrichtung eines christlichen Bemühens um ein erfülltes Leben. Drumherum können viele Tugenden eingeübt werden, die dieses Bemühen um ein gutes Leben ausfächern. Damit wir alle in den Himmel kommen.

(DOMPFARRER TONI FABER)

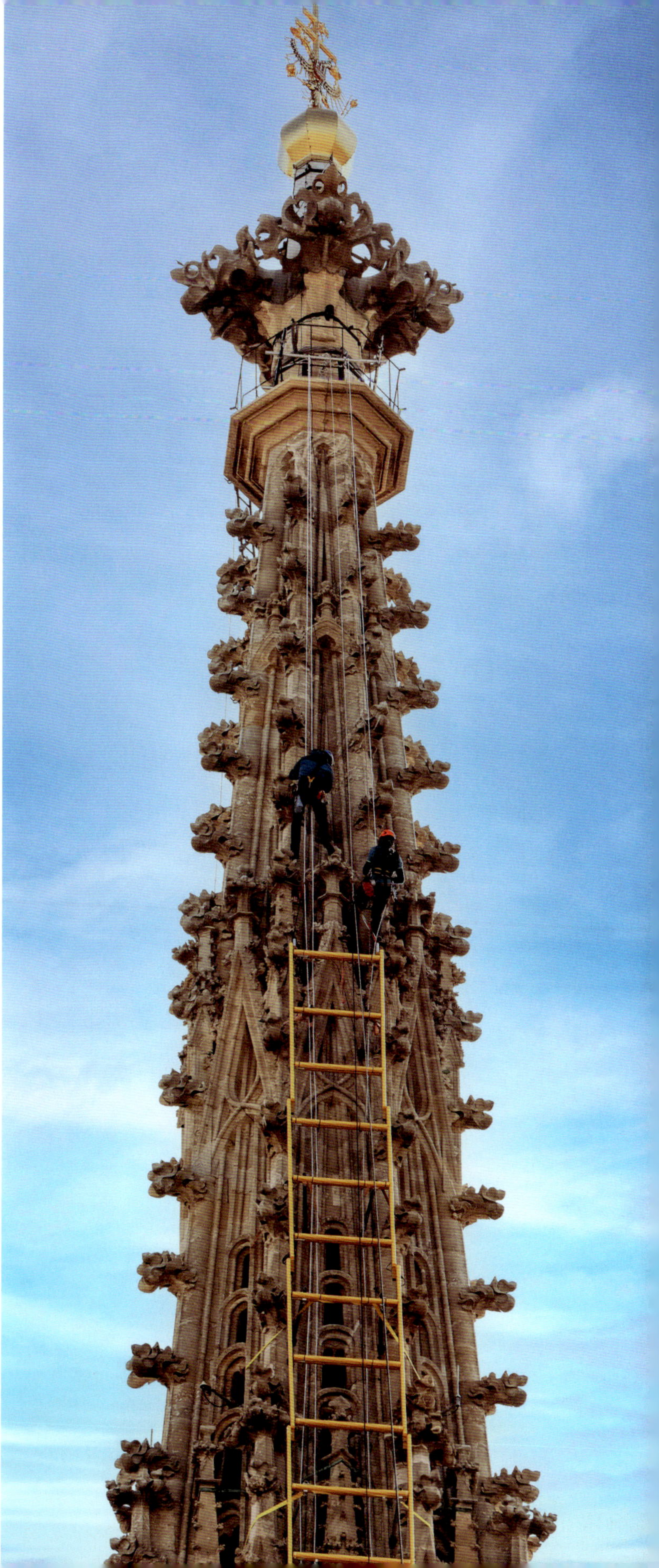

Installation am Südturm des Wiener Stephansdoms

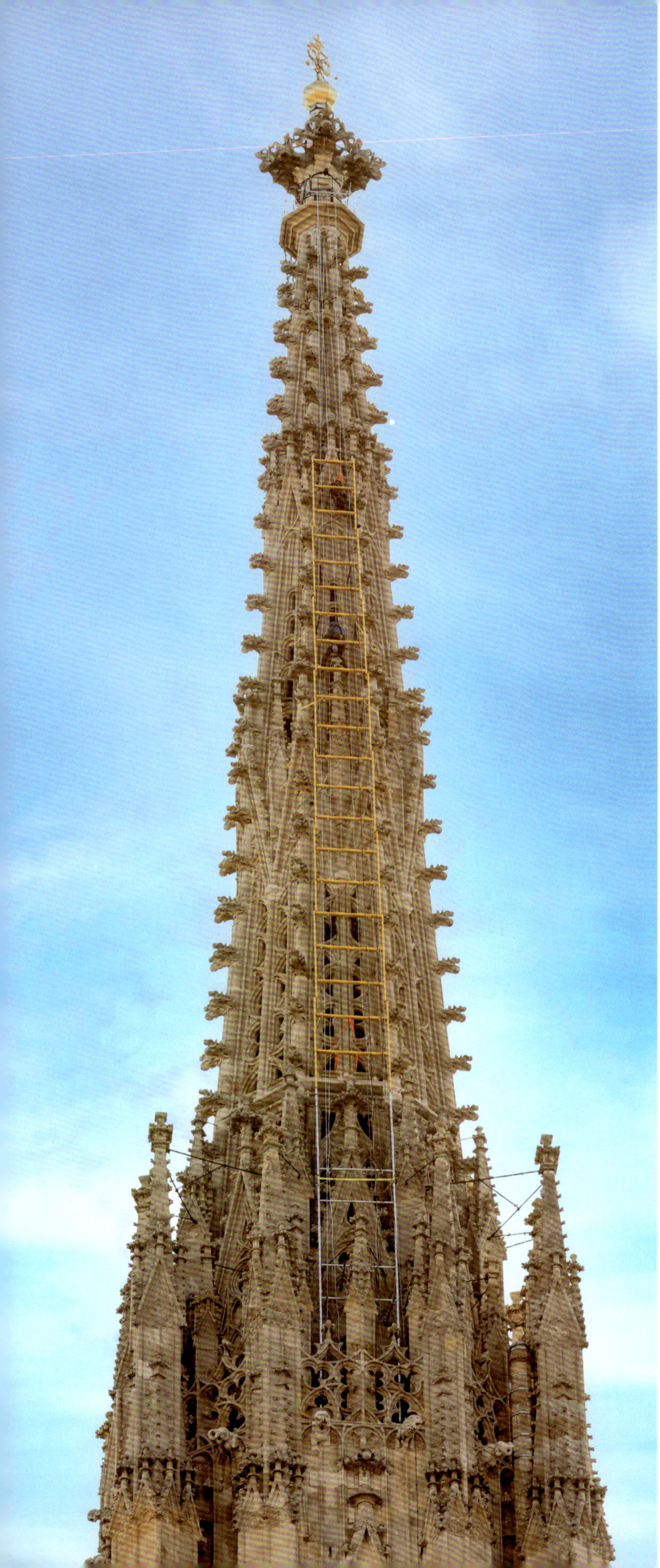

Trotzdem, trotzdem sagen wir, wir haben Hoffnung. Trotzdem sind wir bereit, füreinander einzustehen. Umso mehr müssen wir trotz aller Bedrängnisse einfach Zeichen der Hoffnung und Hoffnungsbringer füreinander sein.

(DOMPFARRER TONI FABER)

Die Himmelsleiter strebt in den Wiener Himmel empor

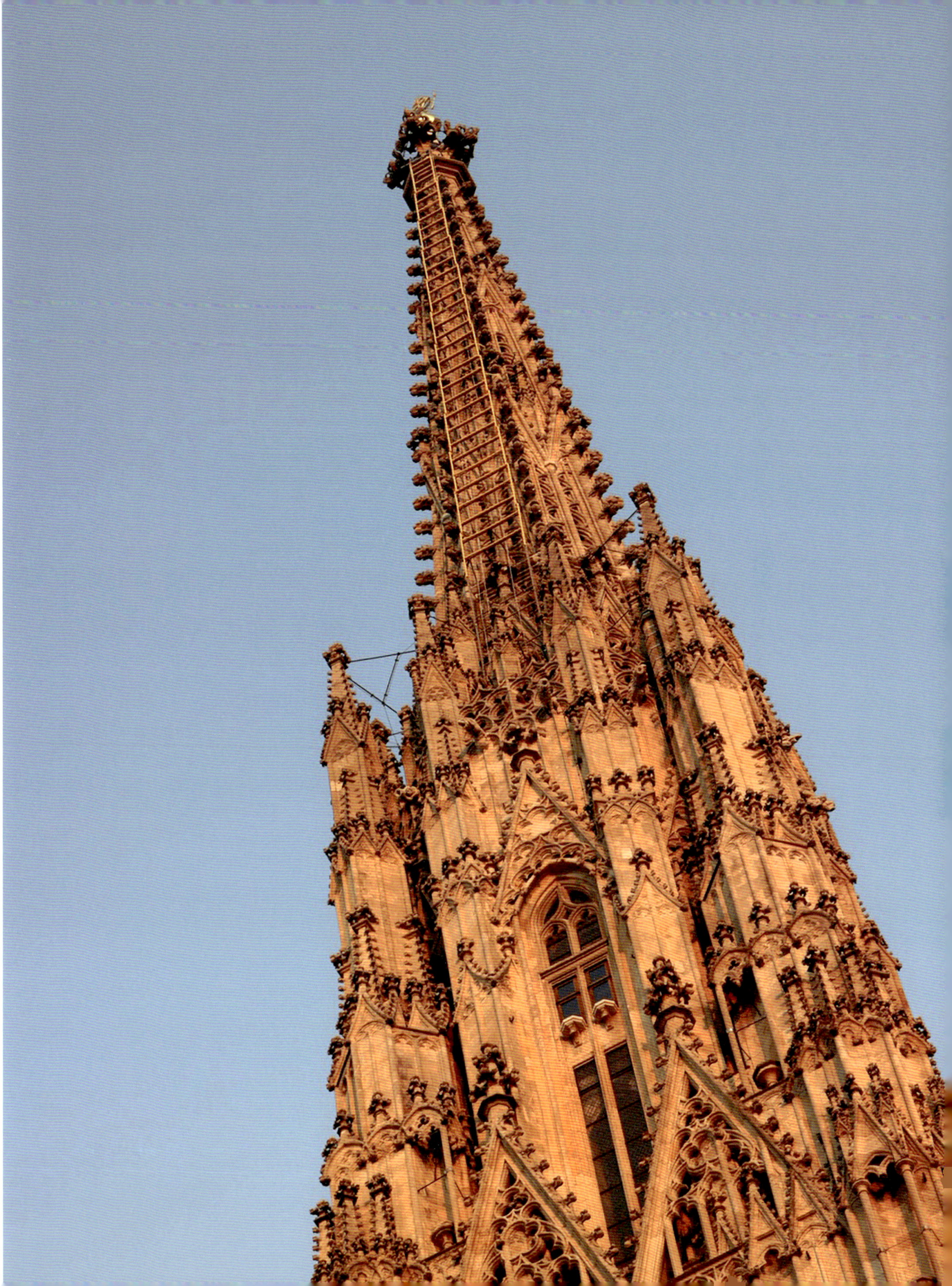

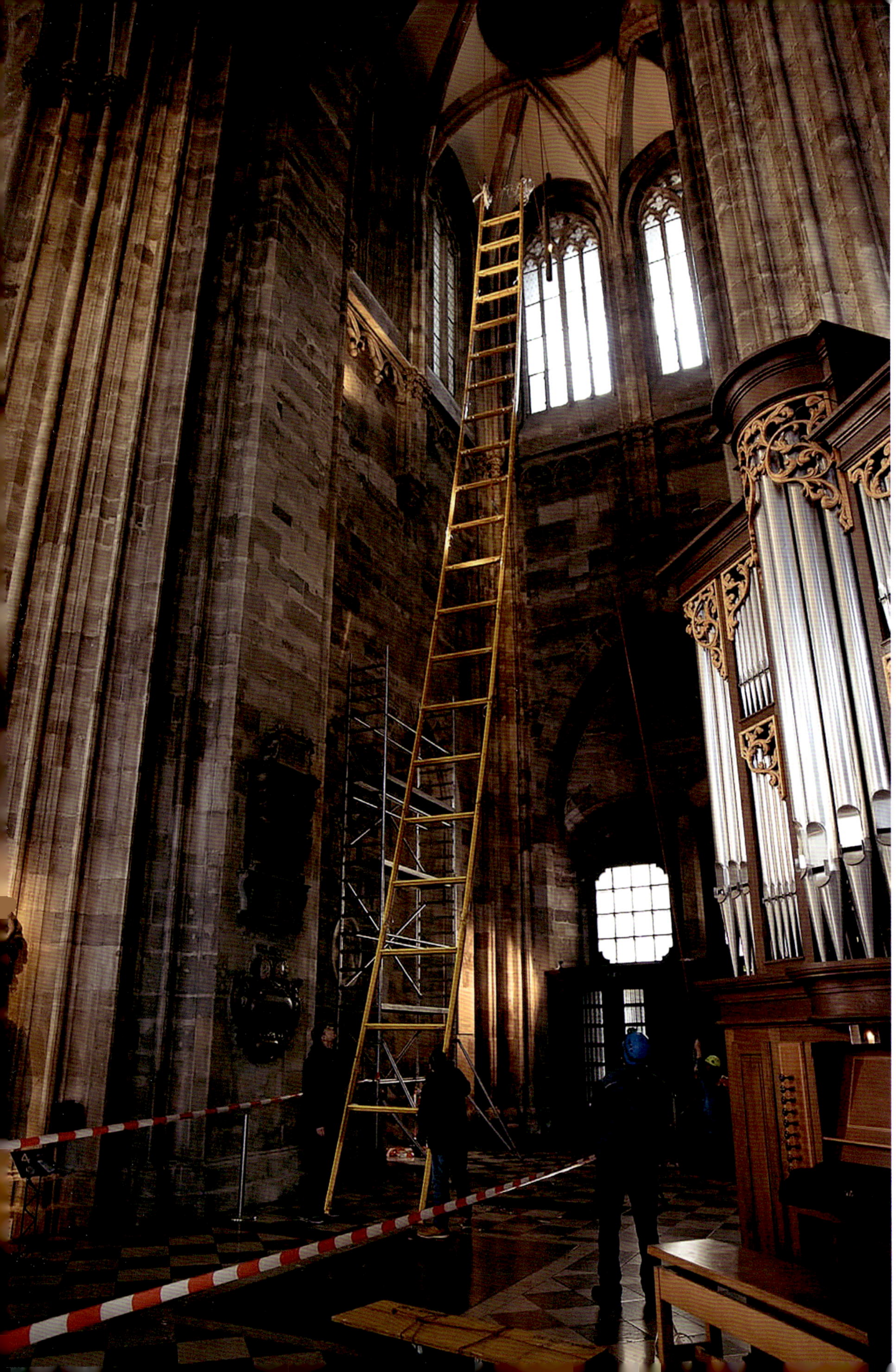

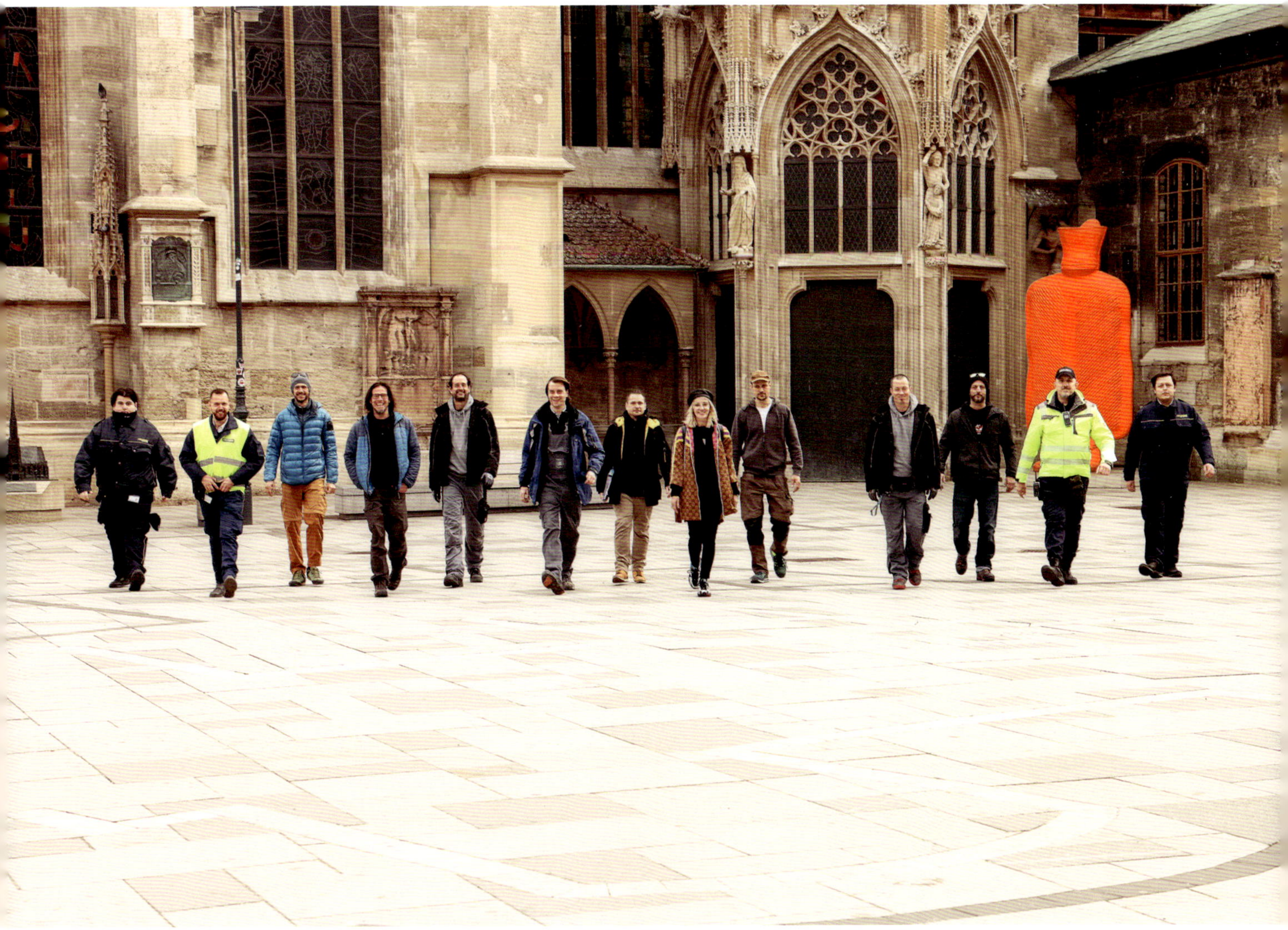

Teamarbeit – drei Wochen lang wurde in enger Abstimmung und souveräner Zusammenarbeit die Himmelsleiter im und am Dom installiert

Links: Installation in der Taufkapelle von St. Stephan

Eröffnung und erstmalige Erleuchtung

Am 31. März 2021 wurde die Himmelsleiter von Billi Thanner erstmals mit einer Performance erleuchtet. Im Rahmen dieser Eröffnungsfeier, die COVID-19-bedingt nur für die Presse zugänglich war, tanzten 32 Tänzerinnen und Tänzer. Gemeinsam mit Billi Thanner stellten diese die 33 Tugenden dar und symbolisierten somit die 33 Sprossen der Himmelsleiter. Choreografiert wurde die Eröffnung von Nadja Puttner. Anwesend waren neben den Pressevertretern Claudia Stöckl (Moderatorin), Ursula Simacek (Sponsorin) und Dompfarrer Toni Faber. Seit dem 3. April, der Osternacht im Jahr 2021, erstrahlt die Himmelsleiter über den Dächern der Stadt Wien und ist gerade in Zeiten der COVID-19-Pandemie zum Zeichen der Hoffnung und der Verbindung zwischen Himmel und Erde geworden.

Performance „Die 33 Tugenden" im Rahmen der Presseveranstaltung am 15. März 2021

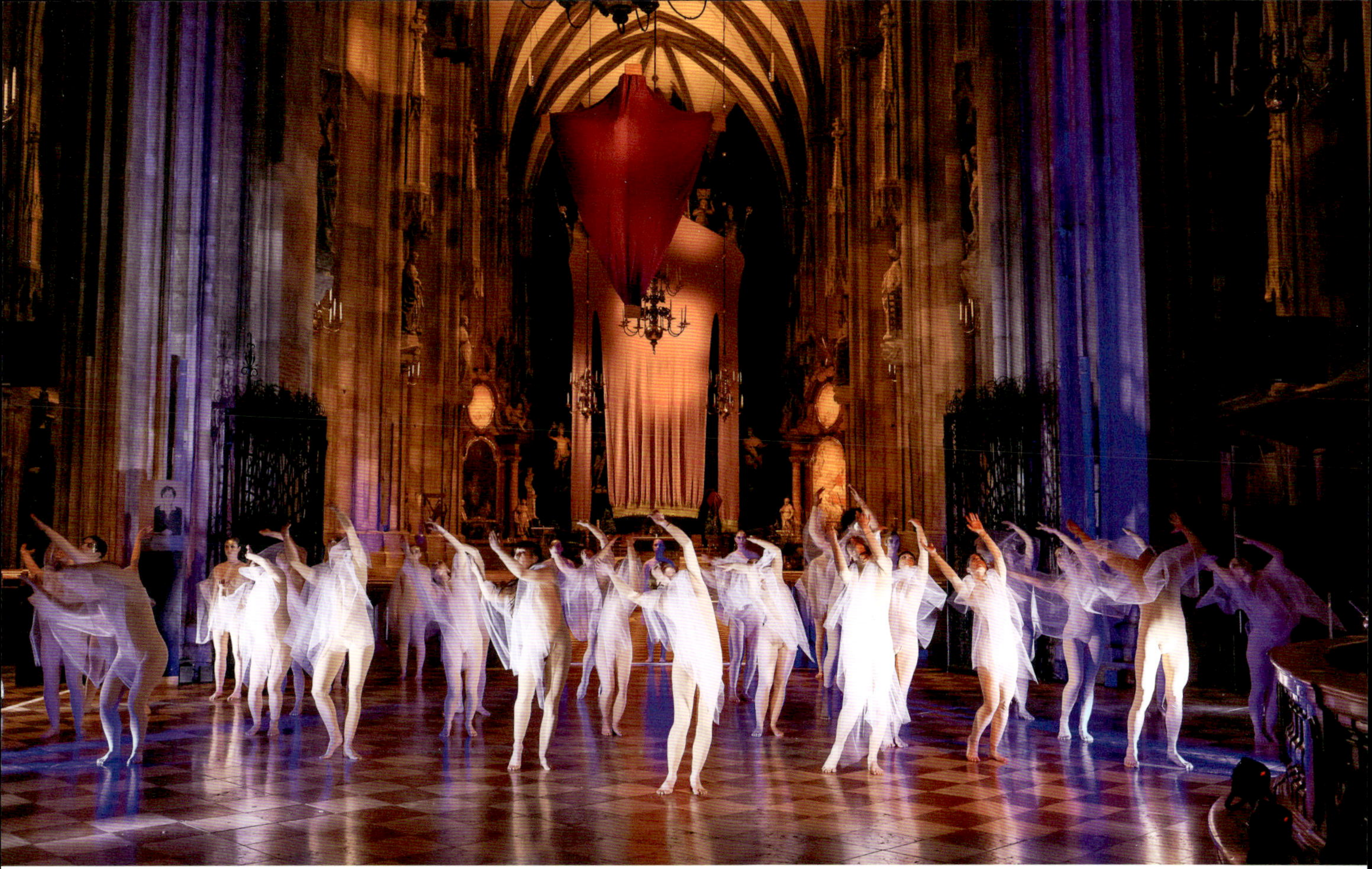

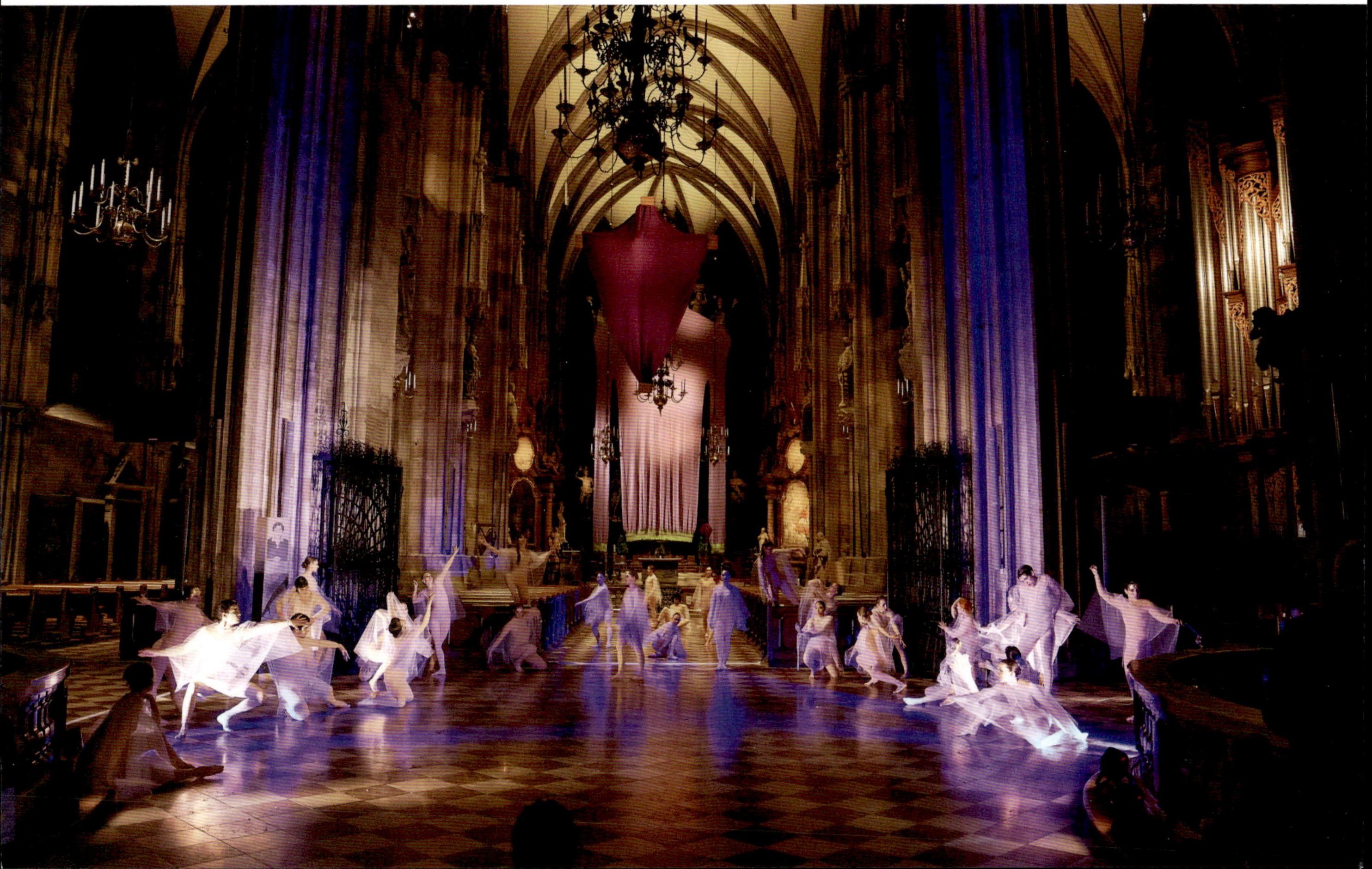

Die Eröffnung der HIMMELSLEITER war eine tolle Erfahrung und sehr spannend. Mit einer so großen Gruppe gemeinsam zu tanzen und eine Performance in so kurzer Zeit aufzustellen war einmalig. Man kommt mit 32 anderen, teilweise fremden Leuten zusammen und obwohl man sich eigentlich nicht kennt, unterstützen sich alle. Kurz vor dem Auftritt sitzen alle zusammen und warten und dieses Gemeinschaftsgefühl war irrsinnig toll. Ein professionelles Make-Up und das Kostüm haben dann noch ihren Teil zu dem speziellen Auftritt beigetragen. Der doch kalte Kirchenboden war bei der recht langen Performance schnell vergessen, weil das Tanzen einfach viel Spaß gemacht hat und die Atmosphäre ganz besonders war. Ich bin sehr, sehr dankbar, dass ich die Möglichkeit hatte, an dieser wunderbaren Eröffnung teilzunehmen und möchte nochmal DANKE an alle Beteiligten sagen!

(KATHARINA LENTSCH)

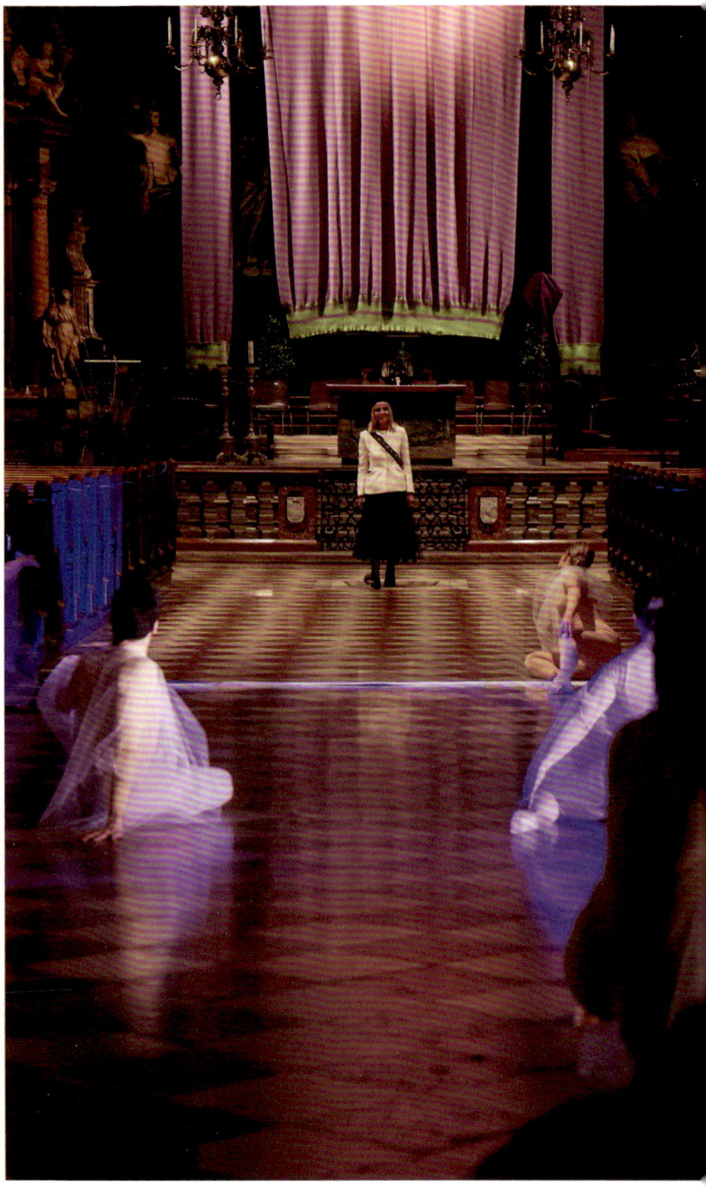

Künstlerin Billi Thanner als eine von 33 Tugenden

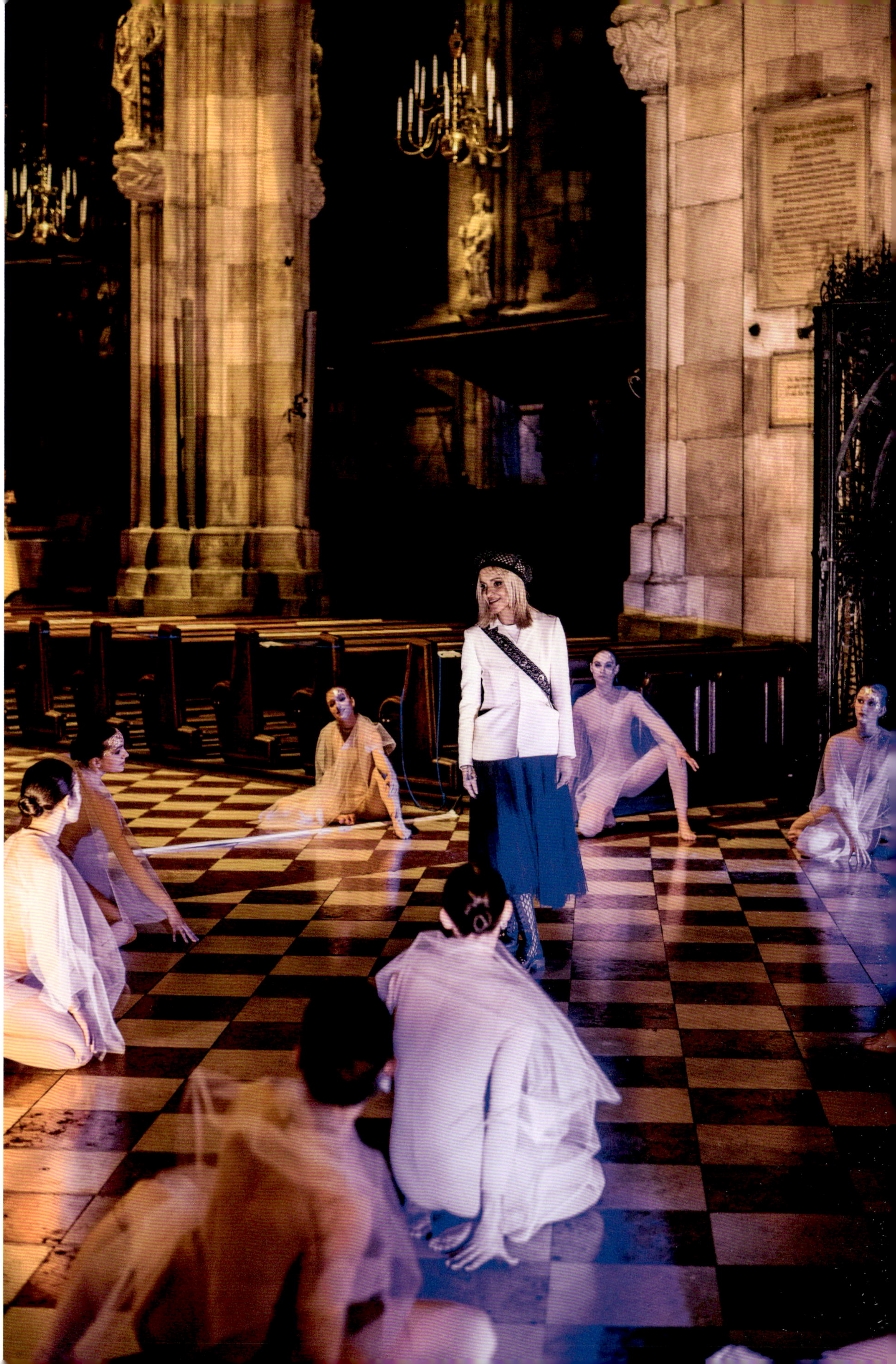

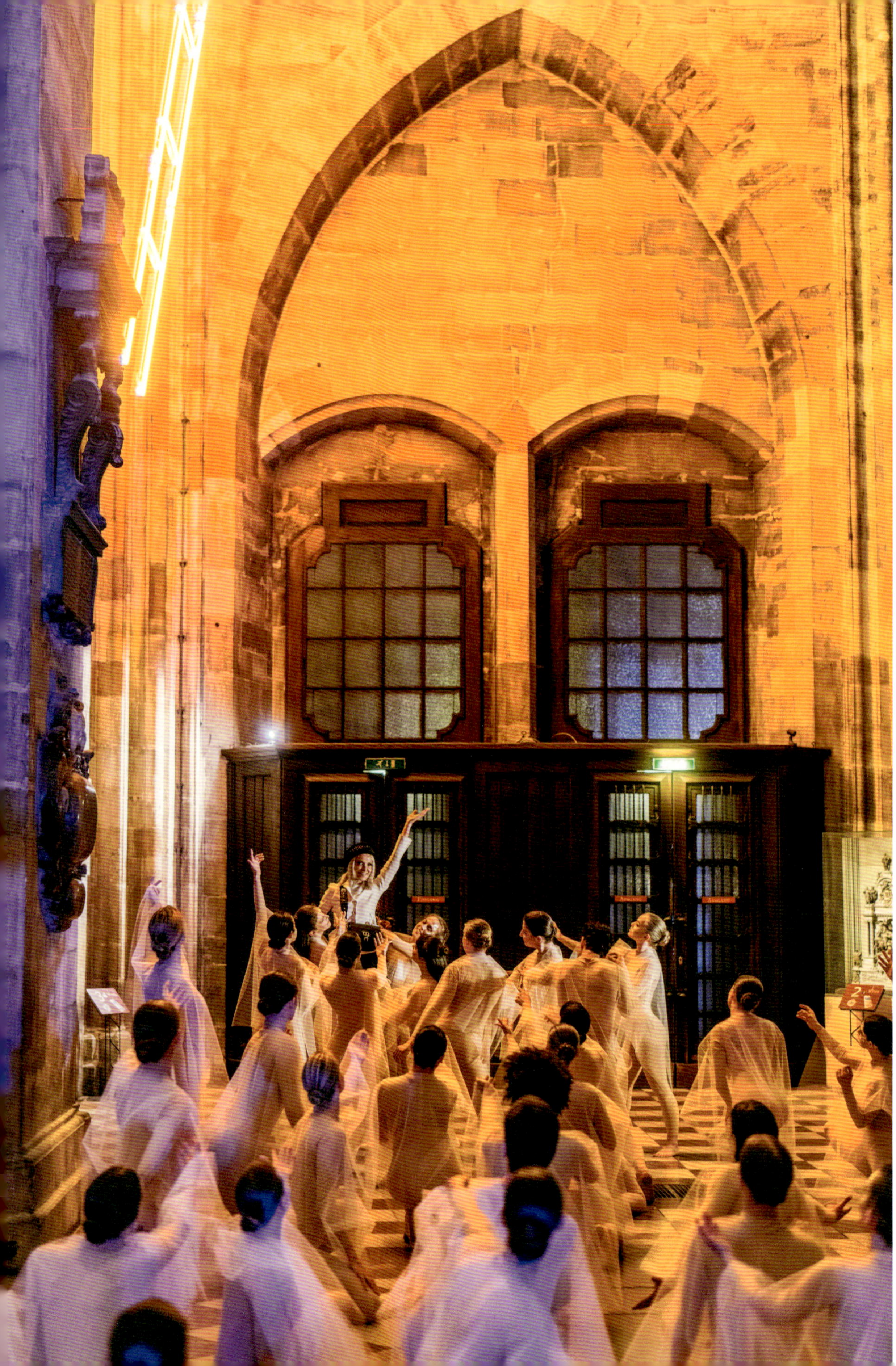

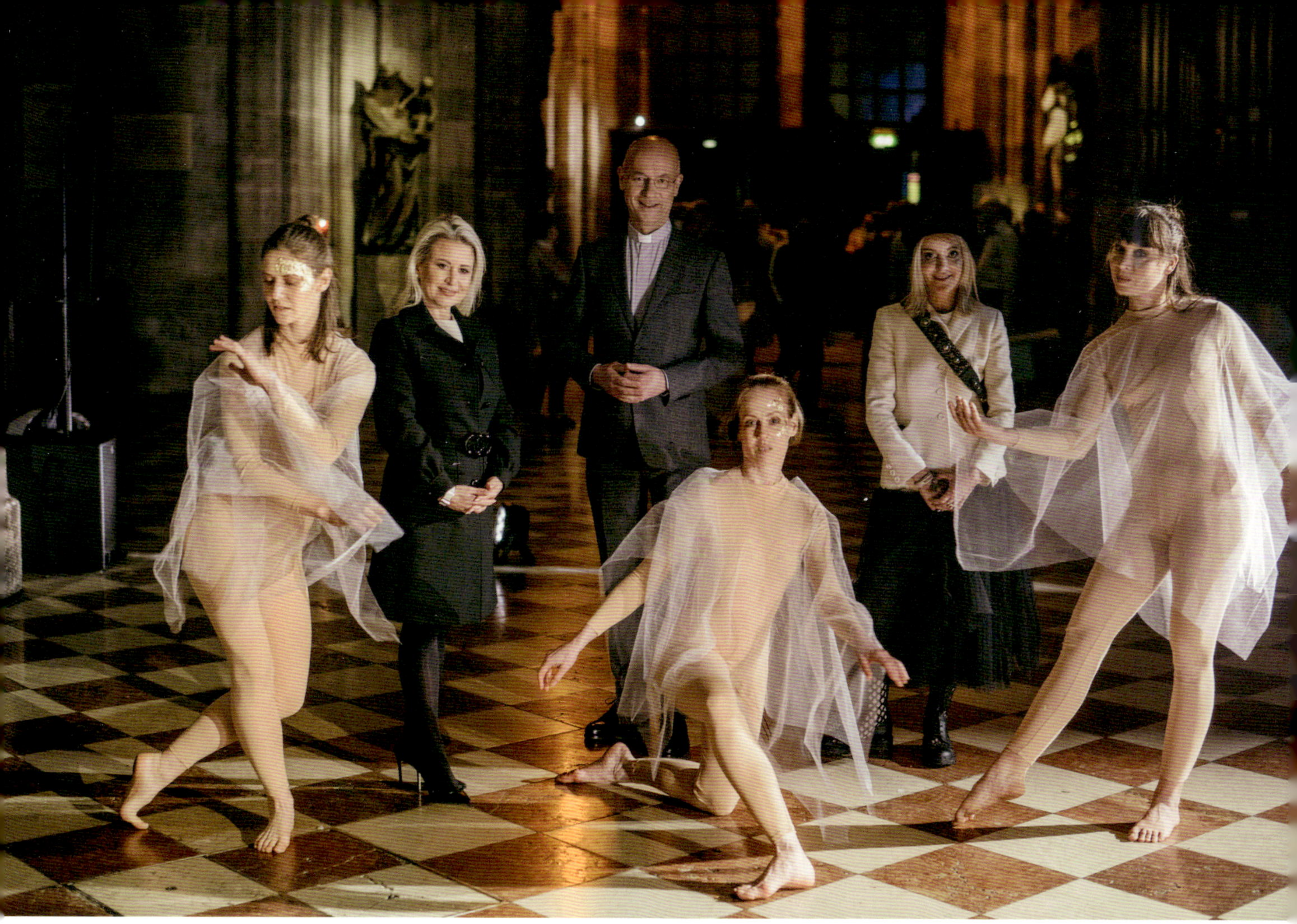

Umringt von drei Tungenden: Ursula Simacek,
Dompfarrer Toni Faber und Billi Thanner (v. l.)

„Es war ein unglaubliches Gefühl und eine Ehre für mich, so ein tolles Kunstprojekt im Stephansdom eröffnen zu dürfen. Gerade in Zeiten von Corona ist eine Tanzperformance etwas ganz Besonderes. Auch wenn deswegen ein umfangreiches Schutzmaßnahmen-Konzept eingehalten werden muss und ein großer logistischer Aufwand dahintersteht, so war es am Ende ein voller Erfolg. Eine langjährige Tanzkollegin sowie Freundin von mir sagte kurz vor dem Auftritt: „Kennst du diese 5 Sekunden, bevor du auf die Bühne gehst? Dieser Adrenalinkick, den man hat? Das ist es, was ich so sehr vermisst habe!" Dazu kann man nichts mehr hinzufügen, denn das ist die Magie der Bühne.

(SARAH SCHMELZER)

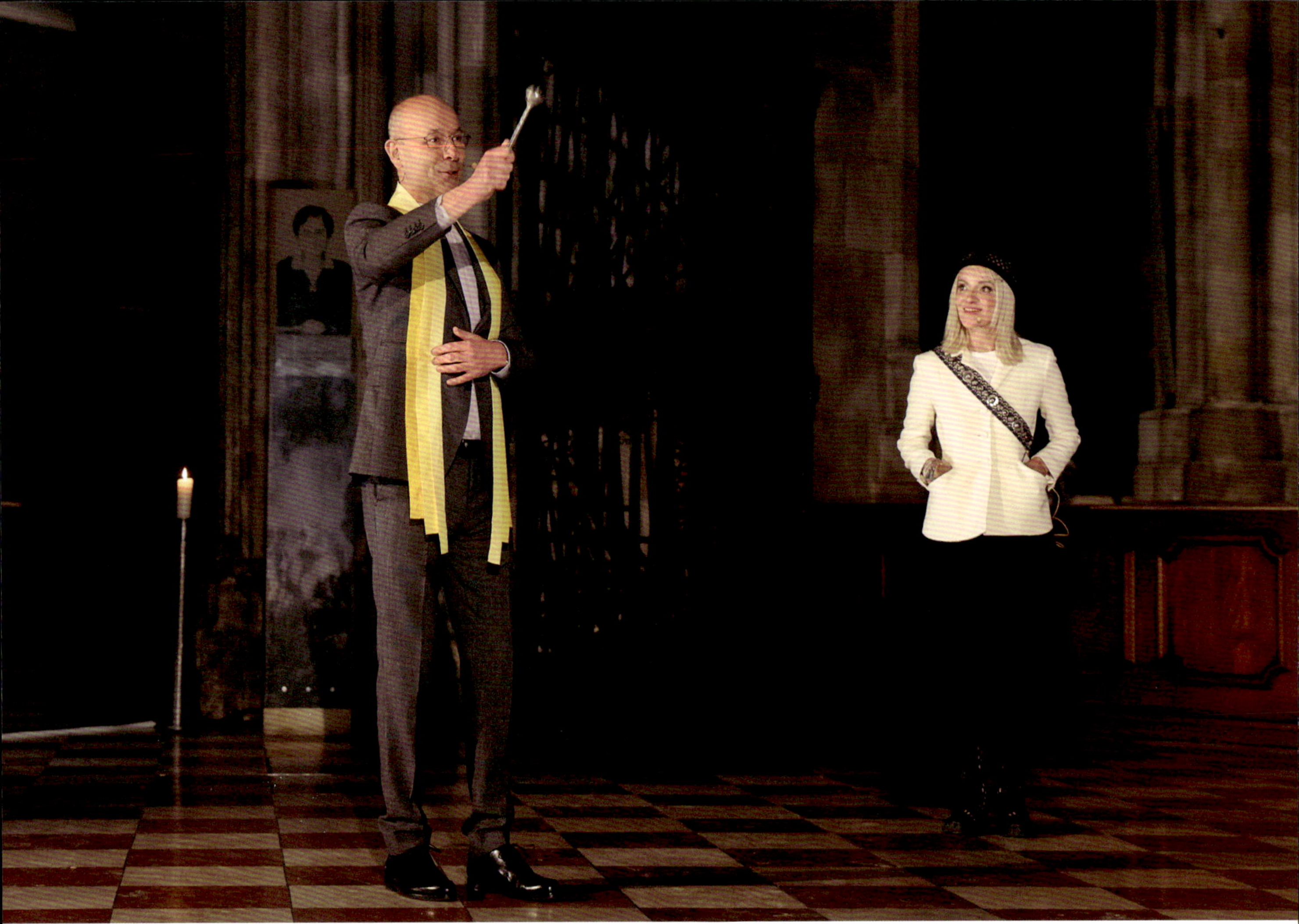

Die Himmelsleiter soll für alle, die sie sehen, zum Segen werden – Dompfarrer Toni Faber segnet die Kunstinstallation

Moderatorin Claudia Stöckl, Förderin Ursula Simacek,
Künstlerin Billi Thanner, Dompfarrer Toni Faber (v. l.)

Es war ein besonderes Erlebnis, in einer so beeindruckenden Location wie dem Stephansdom, gemeinsam mit so vielen großartigen Tänzerinnen und Tänzern die Eröffnungsperformance zur HIMMELSLEITER tanzen zu dürfen. Ich bin sehr dankbar, dass ich die Möglichkeit hatte, diese Erfahrung zu machen.

(RONJA RAPPL)

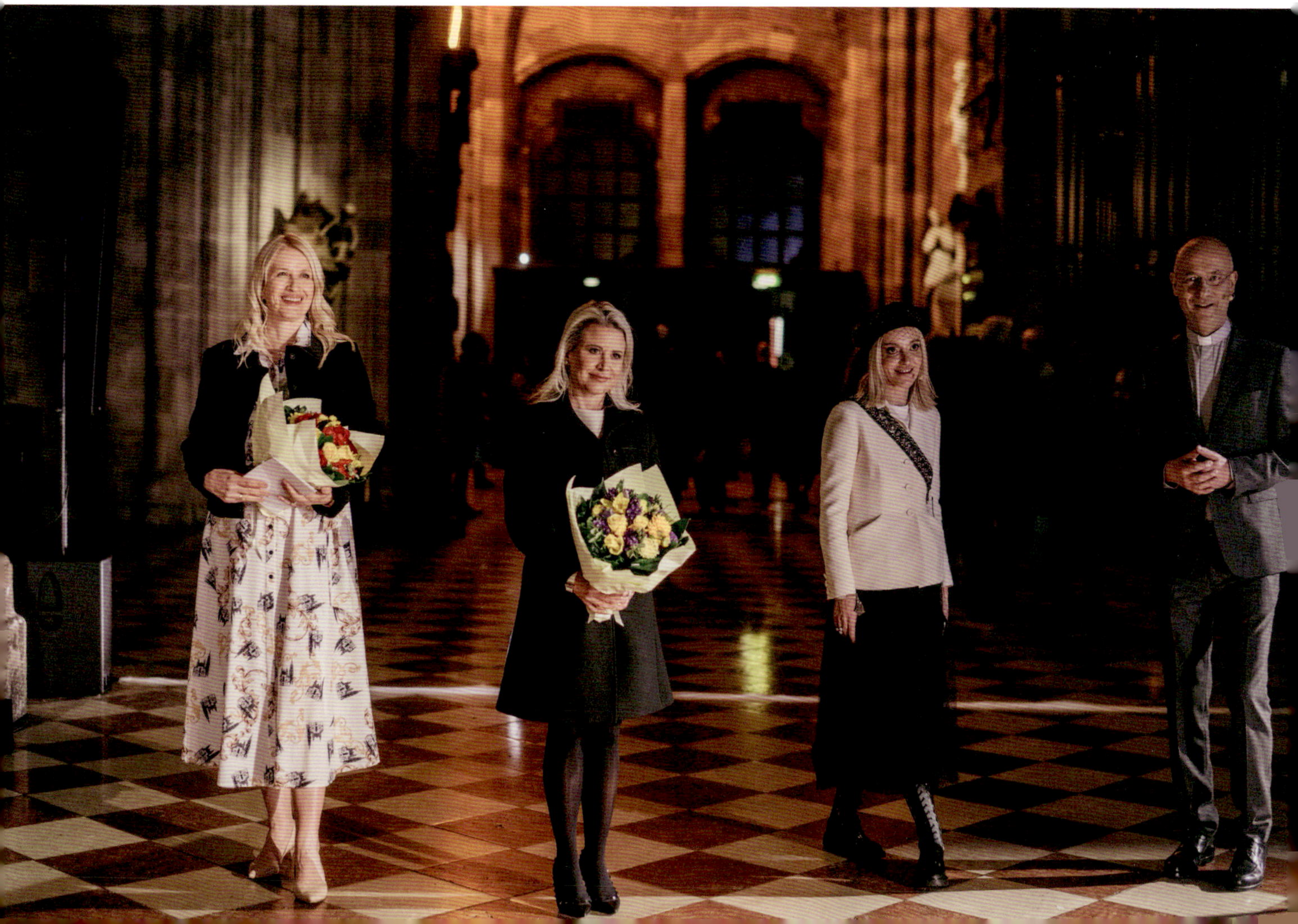

Ausstrahlung und Rezeption

Die Himmelsleiter erfuhr und erfährt seit Bekanntwerden der Pläne von Billi Thanner und Dompfarrer Faber eine vielfältige und beachtliche Rezeption – vor allem in sozialen Medien wie Instagram. Unter den Hashtags bzw. den Hashtagkombinationen #billithanner #stephansdom #himmelsleiter wird das Wahrzeichen der Stadt mit der Himmelsleiter am Südturm verbunden und über Zeit und Raum hinweg dokumentiert. Vor allem in der Pandemie wird die Himmelsleiter im öffentlichen sowie digitalen Raum eine Botschaft der Hoffnung, die es zwischen Himmel und Erde gibt.

Ein sichtbares Zeichen in der Dunkelheit – Die Himmelsleiter von Billi Thanner am Wiener Stephansdom

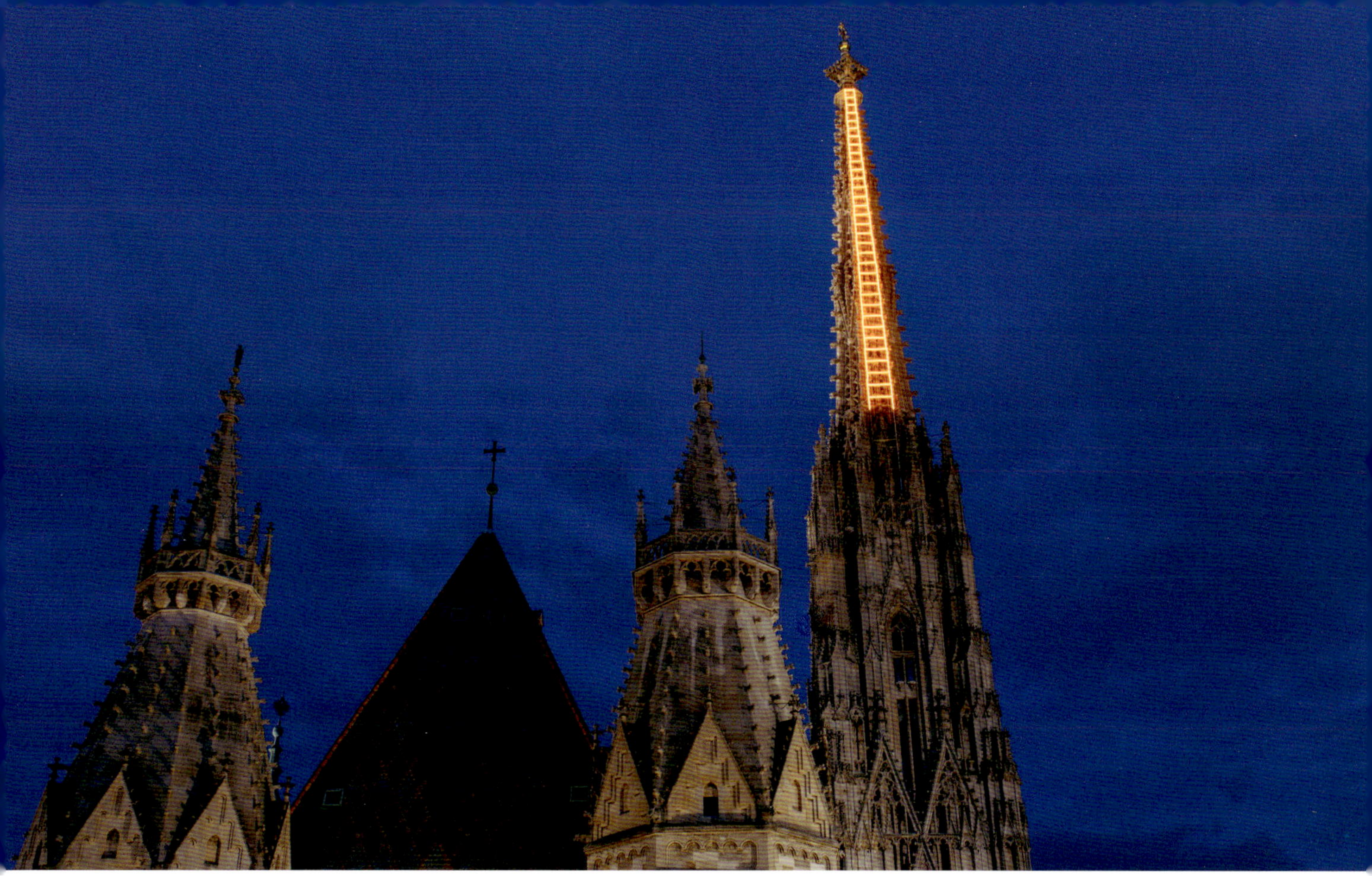

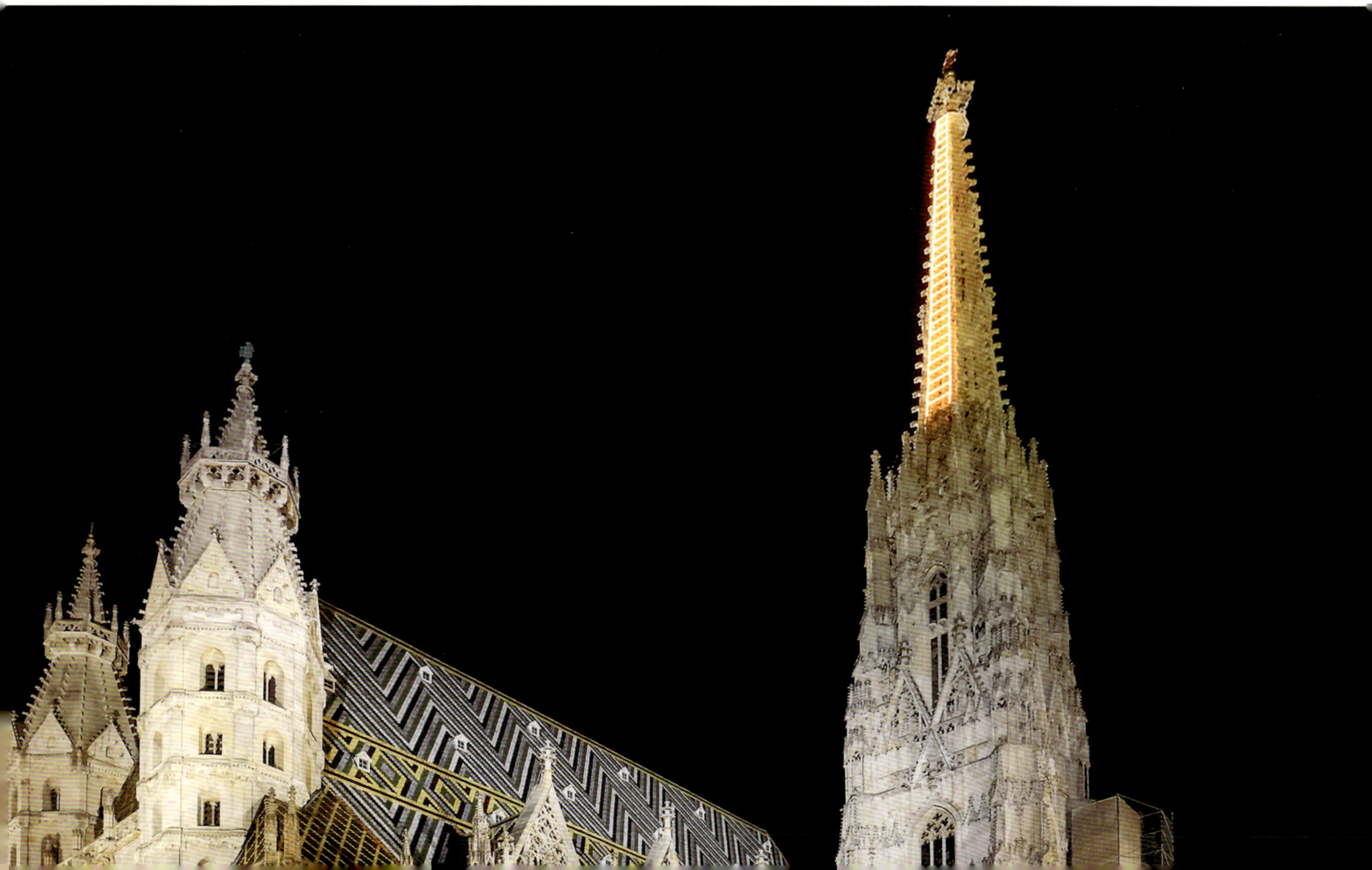

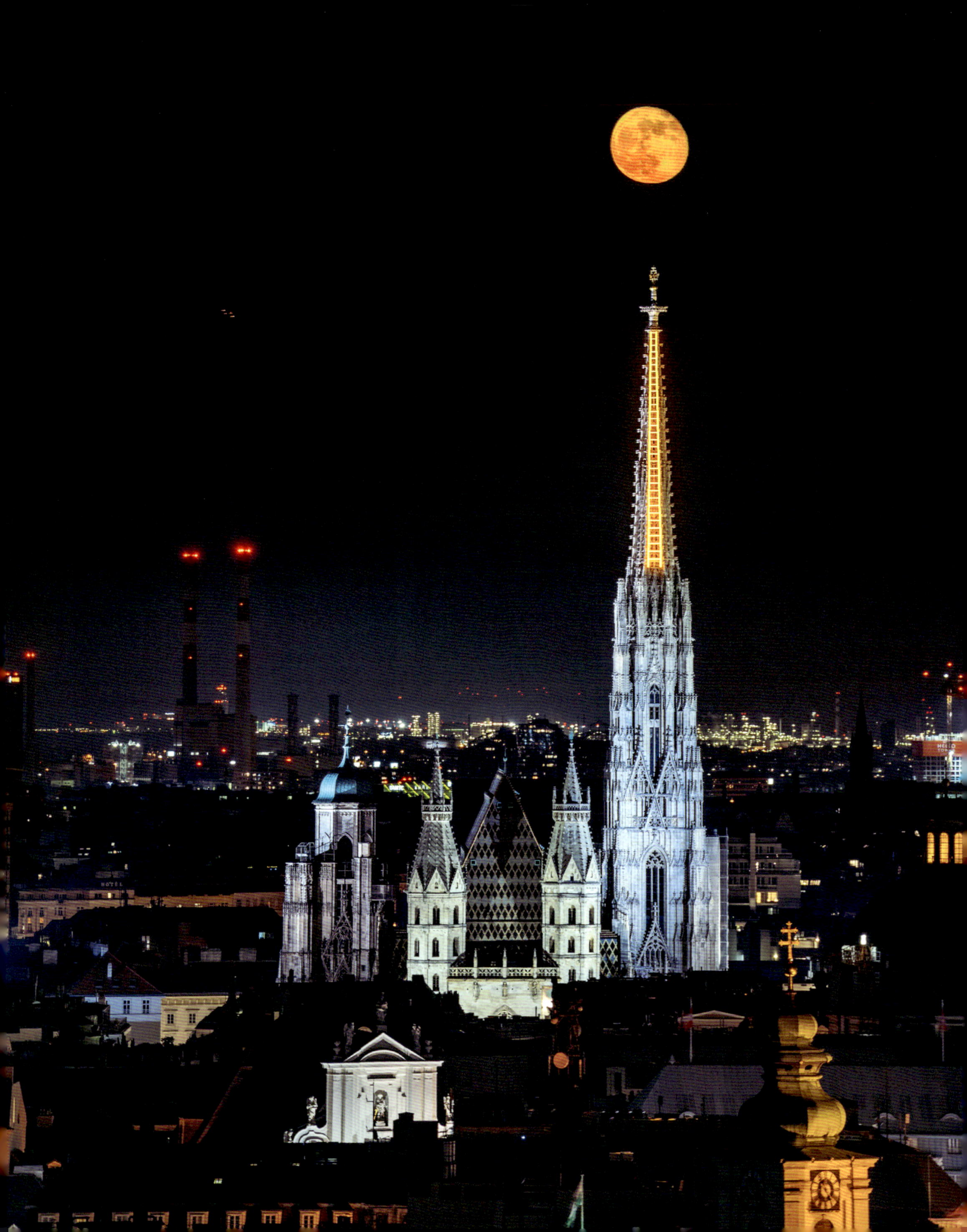

03.04.2021, Domradio.de

Hoffnungssymbol im Stephansdom.
Himmelsleiter in Wien

In der Osternacht bekommt der Stephansdom eine Himmelsleiter als Symbol der Hoffnung. Die Kunstinstallation soll so aussehen, als würde sie vom Boden aus bis zur Turmspitze des Südturms gehen.

04.04.2021, EuroNews

54 Sprossen in den Wiener Himmel

Der Wiener Stephansdom hat zu Ostern, der Auferstehung Christi, ein zum Thema passendes Kunstwerk bekommen. Die Himmelsleiter genannte Lichtskulptur besteht aus zwei Teilen, sie erstreckt sich von der Taufkapelle im Inneren und führt hinauf bis an die Spitze des Südturms auf 136 Meter.

Eine Verbindung zwischen Himmel und Erde – vor allem in den Abend- und Nachtstunden strahlt die Himmelsleiter markant und lässt die Blicke nach oben richten

02.05.2021, Domradio.de

Himmelsleiter im Stephansdom bleibt bis September. Symbol der Hoffnung

Verlängerung für ein Symbol der Hoffnung: Die Kunstinstallation Himmelsleiter der Wiener Künstlerin Billi Thanner bleibt noch bis Ende September im Stephansdom. Die Resonanz auf die Installation sei sehr positiv gewesen.

11.08.2021, 06:15, Heute

Himmelsleiter am Stephansdom von Blitz ausgeknipst.

Das Kunstwerk am Südturm blieb zwei Nächte lang finster. Der Stromausfall war nach dem Gewitter zunächst unbemerkt geblieben.

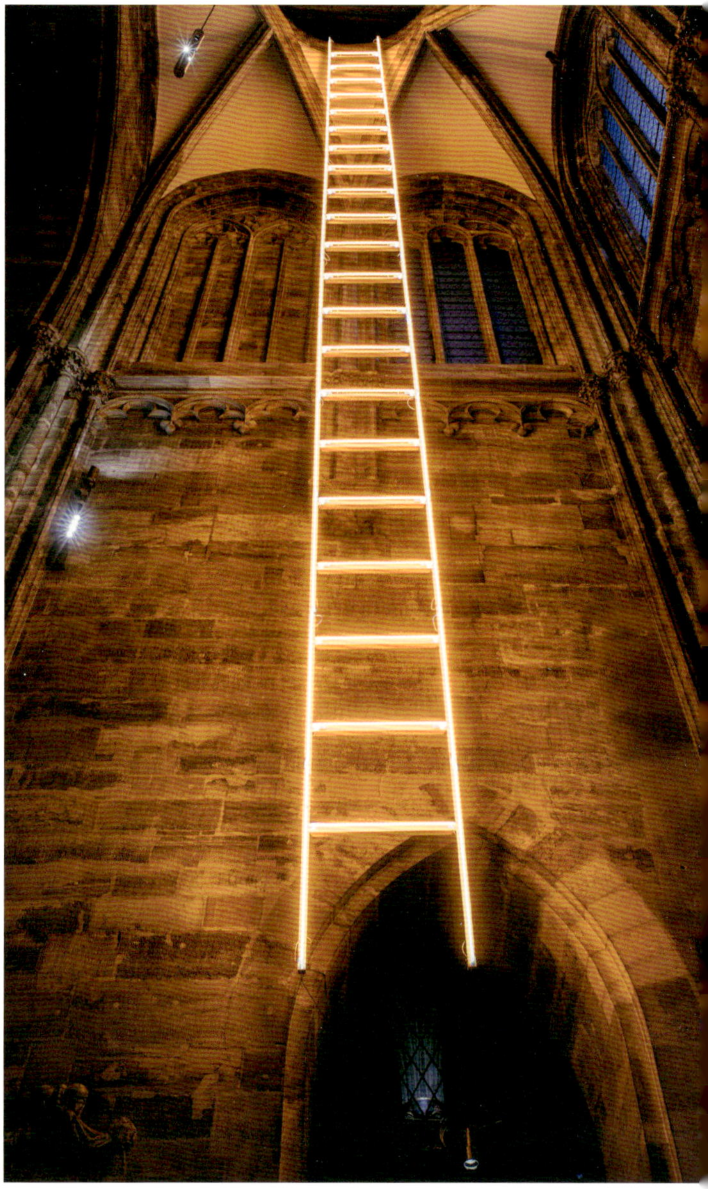

Ausgangspunkt der Leiter ist die Taufkapelle, als Ort der christlichen Initiation

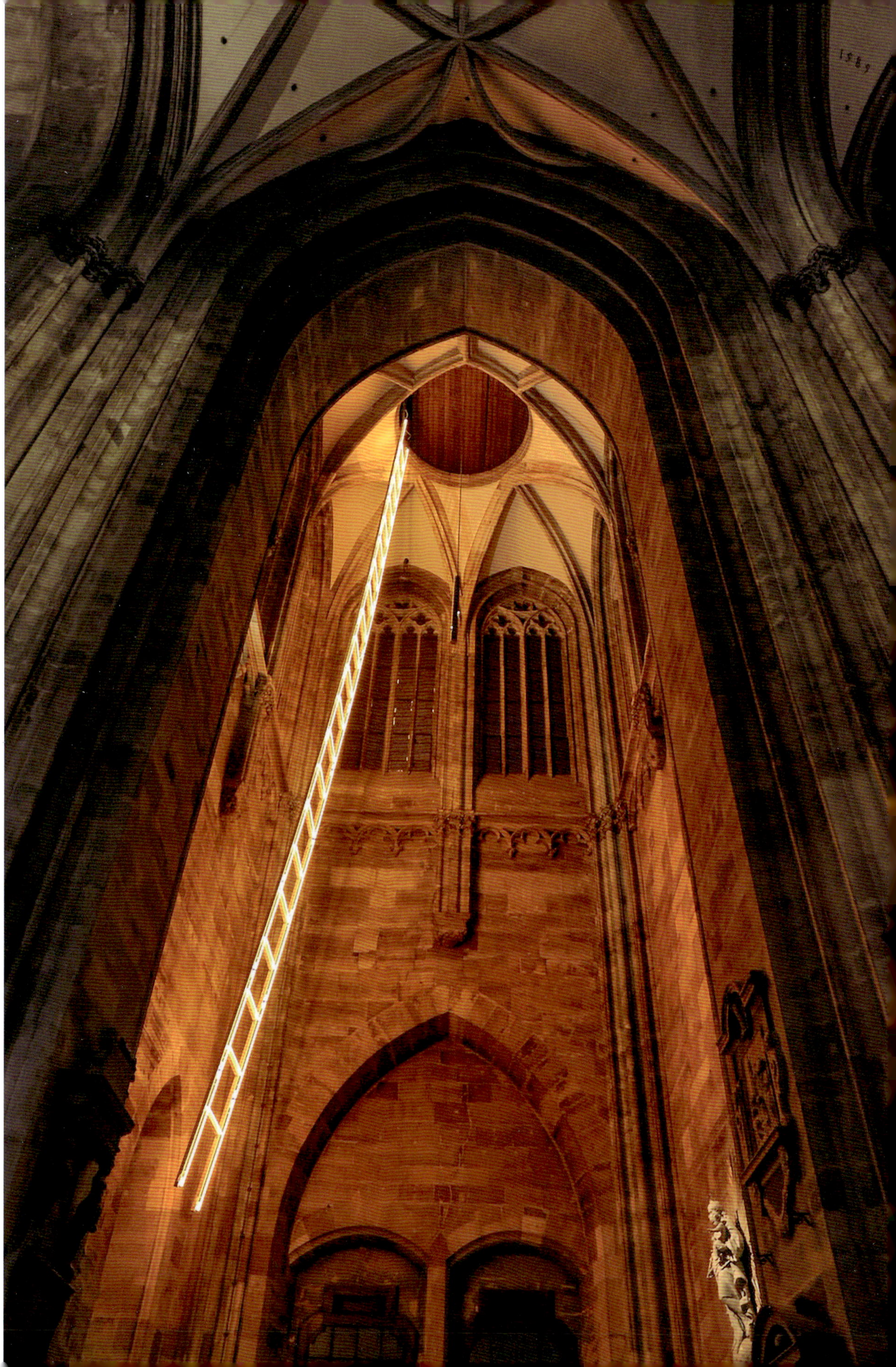

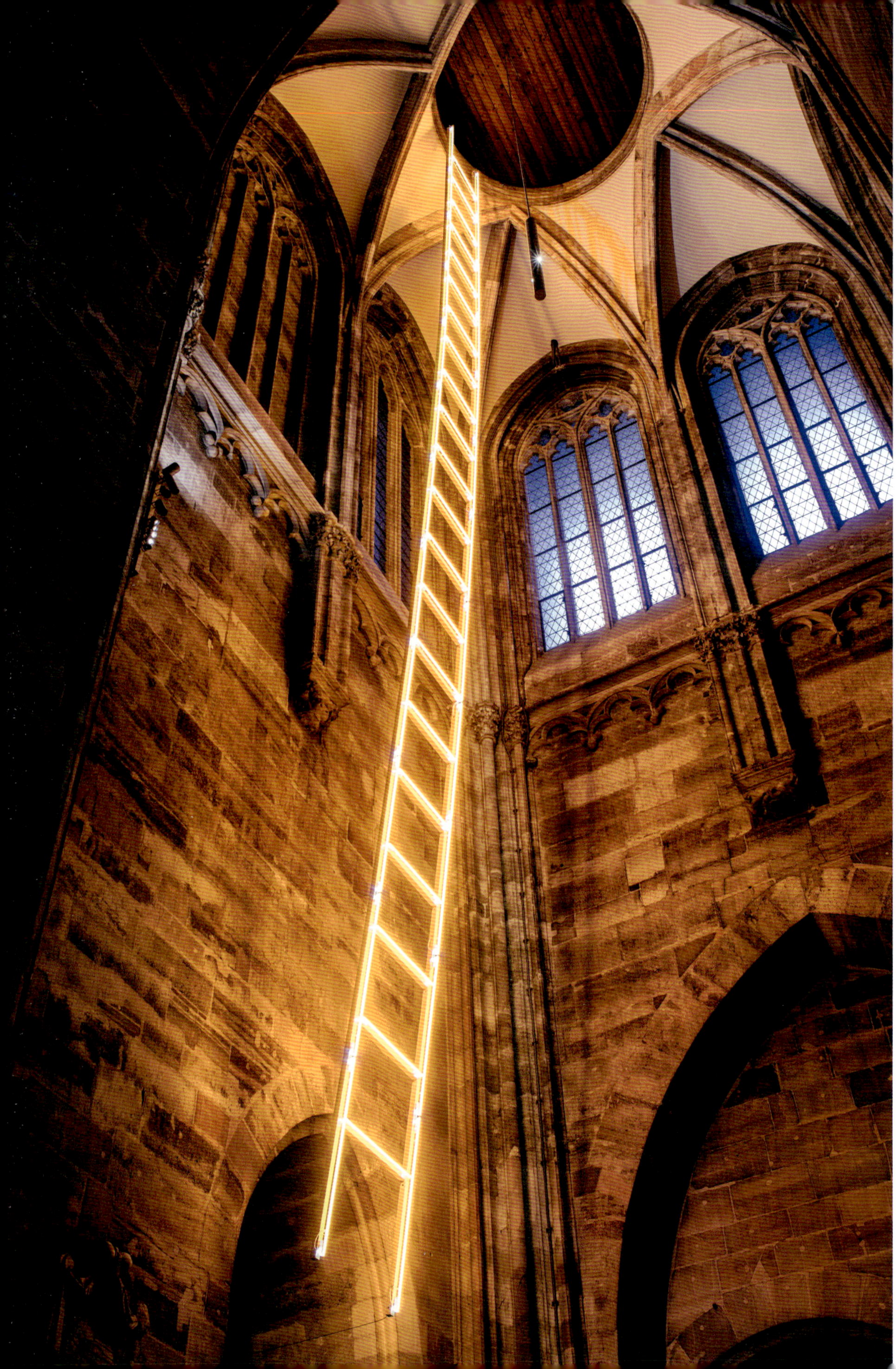

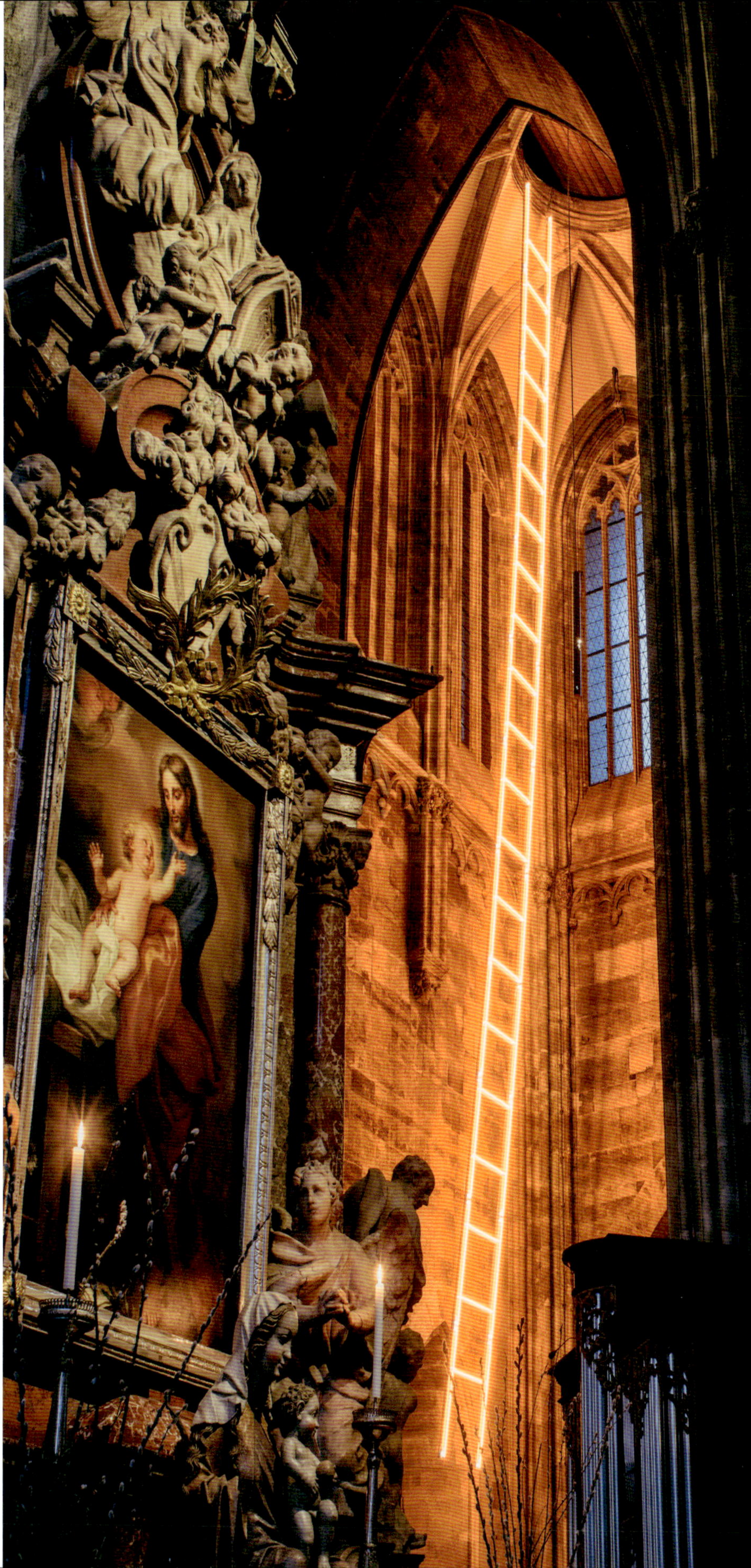

HIMMELWÄRTS
JAKOBS TRAUM IN BET-EL

Edith Petschnigg

„In welcher Sprache träumen Sie?"[1] lautet der Titel eines Bandes zur österreichischen Lyrik des Exils und Widerstands. Träume sind höchstpersönliche Lebensäußerungen, die oftmals nicht nur visuelle, sondern auch auditive Elemente umfassen. Im Falle eines langfristigen Aufenthalts in einem Land, in dem nicht die eigene Muttersprache gesprochen wird, kann es geschehen, dass sich auch die im Traum wahrgenommene Sprache entsprechend ändert. Auch biblische Traumerzählungen spiegeln nicht selten Flucht-, Exil- oder Diaspora-Erfahrungen wider. Die Hebräische Bibel (bzw. das Alte Testament als erster Teil der christlichen Bibel) lässt sich in weiten Teilen als aus kollektiven Krisenerfahrungen entstandene Literatur und als deren literarischer Bewältigungsversuch lesen.[2] Die folgende Einschätzung Heinz-Josef Fabrys möge diesen Zusammenhang näher erhellen:

> Das Alte Testament […] wäre möglicherweise ohne die assyrische Krise nicht geschrieben worden. Das kann umgekehrt heißen, dass das Alte Testament die israelitisch-jüdische Antwort auf diese Krise ist. In der Tat zieht sich die Reaktion auf diese und die Verarbeitung dieser Krise durch große Teile des Alten Testaments hindurch. Alle Propheten haben die beiden mesopotamischen Völker im Blick, das Deuteronomistische und das Chronistische Geschichtswerk liefern die Grunddaten, und selbst das kleine Jona-Buch siedelt den theologischen Aufruf zur Umkehr ausgerechnet in der Hauptstadt Assyriens, in Ninive an. Auch Bücher, denen man es auf dem ersten Blick nicht ansieht, sind als Reaktion auf die assyrische und auch die babylonische Krise geschrieben: allen voran der Pentateuch, darin das Jerusalemer Geschichtswerk als Antwort auf die assyrische Krise, und das Große Exilische Geschichtswerk und die Priesterschrift als Antwort auf die babylonische Krise.[3]

Eine der wohl bekanntesten und künstlerisch am häufigsten rezipierten biblischen Traumgeschichten ist Jakobs Traum in Bet-El (Gen 28,10–22), eine Episode des Jakobszyklus', die sich unterwegs oder, besser gesagt, auf der Flucht in einer Situation ereignet, die sich in heutiger Begrifflichkeit als psychosoziale Krisensituation bezeichnen lässt. Jakob, der an späterer Stelle den Namen Israel (Gen 32,29) erhalten wird, ist eine schillernde Gestalt mit vielen Facetten, mit Licht- und Schattenseiten, Betrüger und Betrogener zugleich, kein Heiliger, aber ein von Gott Gesegneter. Renate A. Klein schildert den biblischen Jakob in treffender Prägnanz wie folgt:

> Ein sympathischer Schelm ist dieser Jakob, pfiffig und bemitleidenswert, vorschnell und mutig, ein Mensch mit großen Stärken und genauso großen Schwächen, einer wie du und ich, einer, mit dem wir uns identifizieren können, gerade weil er nicht das makellose Vorbild ist. Gott steht trotzdem – oder gerade darum? – auf seiner Seite und schreibt auf Jakobs krummen Lebenslinien gerade.[4]

1 Miguel Herz-Kestranek (Hg.), In welcher Sprache träumen Sie? Österreichische Lyrik des Exils und des Widerstands (Antifaschistische Literatur und Exilliteratur 21), Wien 2007.

2 Vgl. Thomas Römer, The Hebrew Bibel As Crisis Literature, in: Angelika Berlejung (Hg.), Disaster and Relief Management (FAT 81), Tübingen 2012, S. 159–177 und Heinz-Josef Fabry, „Wehe Ninive, du Stadt der Blutschuld" (Nah 3,1). Die assyrische Krise in Israel-Juda, in: Armin Lange u.a. (Hg.), Judaism and Crisis. Crisis as a Catalyst in Jewish Cultural History, Göttingen 2011, S. 25–47.

3 Fabry, Wehe Ninive (s. Anm. 2), S. 43.

4 Renate A. Klein, Jakob. Wie Gott auf krummen Linien gerade schreibt (Biblische Gestalten 17), Leipzig 2007, S. 10.

Jakobs Betrug: was der Traumvision vorausging

Vom biblischen Erzählverlauf her befinden wir uns in der Zeit der biblischen Erzeltern, die im ersten Buch der Tora, dem Buch Genesis, geschildert wird. Jakob, der Sohn Rebekkas und Isaaks sowie der Enkel Saras und Abrahams, ist jene Gestalt des Buches Genesis, der der längste Textzusammenhang gewidmet ist (Gen 25–50). Die Erzelterngeschichten liefern keine historischen Berichte, sondern haben, wie auch andere Narrationen des Alten Vorderen Orients und der Antike, die Funktion, die Welt derer, die sie erzählen, zu konstituieren. Sie sind in diesem Sinne als „Welt erzeugende Erzählungen" einer bestimmten Gemeinschaft zu verstehen – eine Begrifflichkeit, die von der Philosophie, geprägt durch Nelson Goodman Ende der 1970er Jahre, über die Literaturwissenschaft in die Bibelwissenschaft aufgenommen wurde.[5] Als Herkunftswelt der Jakobserzählungen lässt sich aufgrund der dort genannten Orte, die im Norden Palästinas und im Ostjordanland liegen, das Nordreich Israel erkennen.[6] Der Jakobszyklus, als Ursprungsgeschichte Israels konzipiert, zählt zu den ältesten Erzählzyklen der Bibel und ist entstehungsgeschichtlich vor der Einnahme und Zerstörung des Nordreiches Israel durch das neuassyrische Reich im Jahr 722 v. Chr. anzusetzen.[7]

In Gen 27, dem Kapitel, das Jakobs Traumoffenbarung vorangeht, erfahren die Lesenden von einem Familienkonflikt und den dunklen Seiten des jungen Jakob. Isaak, Jakobs Vater, ist alt geworden und erblindet. Vor seinem Tod will er die Familienangelegenheiten ordnen und seinem Erstgeborenen, Jakobs Zwillingsbruder Esau, den Erstgeburtssegen geben und ihm damit die Patriarchenrolle übertragen. „Segnen"/„Segen" ist das zentrales Leitwort der Erzählung, 23-mal findet sich die entsprechende hebräische Wurzel ברך (*brk*) in diesem Kapitel.[8] Der Segen ist heißbegehrt: Durch Täuschung und Betrug, initiiert durch seine Mutter Rebekka, deren Lieblingssohn Jakob ist,[9] erschleicht sich der Zweitgeborene den Erstgeburtssegen seines Vaters (Gen 27,1–40). Als Esau und Isaak bemerken, was geschehen ist, ist das Gesagte nicht wieder zurückzunehmen; Jakob hat bereits den Herrschaftssegen erhalten. Dennoch erhält auch Esau einen väterlichen Segen, der ihm ankündigt, sich dereinst vom Joch seines Bruders befreien zu können.[10]

Der erschlichene Erstgeburtssegen ist zunächst alles andere als segensreich für Jakob. Esau ist wutentbrannt und trachtet ihm nach dem Leben (Gen 27,41), woraufhin Rebekka Jakob zur Flucht aus Beerscheba, im nördlichen Negev gelegen, zu ihrem Bruder Laban ins rund 700 km entfernte Haran in Nordwest-Mesopotamien[11] auffordert. Auch Isaak motiviert Jakob zum Aufbruch, segnet ihn noch einmal und sagt ihm auch zu, dass der Segen Gottes, des Allmächtigen, mit ihm sein werde (Gen 28,1–4). Jakob gehorcht seinen Eltern und macht sich auf den Weg (Gen 28,5.7).

5 Vgl. Irmtraud Fischer, Dokumentierte Welt versus Welt erzeugende Erzählung. Aspekte zur Sinn stiftenden Funktion der Bibel, in: Jahrbuch für konstruktivistische Religionsdidaktik 7 (2016), S. 23–32, insb. S. 24–25.

6 Vgl. Kathrin Gies, Jakob, in: Das wissenschaftliche Bibellexikon im Internet (WiBiLex), https://www.bibelwissenschaft.de/stichwort/22151/ (erstellt: Juni 2013) (abgerufen am 21.12.2021).

7 Vgl. Israel Finkelstein, Das vergessene Königreich. Israel und die verborgenen Ursprünge der Bibel, München 2017, S. 163–165.

8 Vgl. Georg Fischer, Traum-Theologie. Zu Gen 28,10–19a, in: Pastoraltheologie / Göttinger Predigtmeditationen 192/5 (2013), S. 381–386, S. 381.

9 Zur Rolle Rebekkas in Gen 27 siehe Irmtraud Fischer, Gottesstreiterinnen. Biblische Erzählungen über die Anfänge Israels, Stuttgart [2]2000, S. 89–93.

10 Vgl. Klein, Jakob (s. Anm. 4), S. 47–49.

11 Vgl. Hans Jochen Boecker, 1. Mose 25,12–37,1. Isaak und Jakob (Zürcher Bibelkommentare), Zürich 1992, S. 58.

Jakobs Traum: vom nächtlichen Segen Gottes in Bet-El

Im Folgenden sei der Wortlaut von Jakobs Traumvision und seinem anschließenden Gelübde (Gen 28,10–22) nach der Einheitsübersetzung 2016 wiedergegeben:

> 10 Jakob zog aus Beerscheba weg und ging nach
> Haran. 11 Er kam an einen bestimmten Ort und
> übernachtete dort, denn die Sonne war unterge-
> gangen. Er nahm einen von den Steinen dieses
> Ortes, legte ihn unter seinen Kopf und schlief dort
> ein. 12 Da hatte er einen Traum: Siehe, eine Treppe
> stand auf der Erde, ihre Spitze reichte bis zum Him-
> mel. Und siehe: Auf ihr stiegen Engel Gottes auf und
> nieder. 13 Und siehe, der HERR stand vor ihm und
> sprach: Ich bin der HERR, der Gott deines Vaters
> Abraham und der Gott Isaaks. Das Land, auf dem
> du liegst, will ich dir und deinen Nachkommen ge-
> ben. 14 Deine Nachkommen werden zahlreich sein
> wie der Staub auf der Erde. Du wirst dich nach Wes-
> ten und Osten, nach Norden und Süden ausbreiten
> und durch dich und deine Nachkommen werden
> alle Sippen der Erde Segen erlangen. 15 Siehe, ich
> bin mit dir, ich behüte dich, wohin du auch gehst,
> und bringe dich zurück in dieses Land. Denn ich
> verlasse dich nicht, bis ich vollbringe, was ich dir
> versprochen habe. 16 Jakob erwachte aus seinem
> Schlaf und sagte: Wirklich, der HERR ist an diesem
> Ort und ich wusste es nicht. 17 Er fürchtete sich
> und sagte: Wie Ehrfurcht gebietend ist doch die-
> ser Ort! Er ist nichts anderes als das Haus Gottes
> und das Tor des Himmels. 18 Jakob stand früh am
> Morgen auf, nahm den Stein, den er unter seinen
> Kopf gelegt hatte, stellte ihn als Steinmal auf und
> goss Öl darauf. 19 Dann gab er dem Ort den Namen
> Bet-El – Haus Gottes –. Früher hieß die Stadt Lus.
> 20 Jakob machte das Gelübde: Wenn Gott mit mir
> ist und mich auf diesem Weg, den ich gehe, behü-
> tet, wenn er mir Brot zum Essen und Kleider zum
> Anziehen gibt, 21 wenn ich wohlbehalten heimkeh-
> re in das Haus meines Vaters, dann wird der HERR
> für mich Gott sein 22 und dieser Stein, den ich als
> Steinmal aufgestellt habe, soll ein Gotteshaus wer-
> den. Von allem, was du mir gibst, will ich dir gewiss
> den zehnten Teil geben.

In V.11 lässt sich die besondere grammatikalische Einführung des „Ortes", an dem Jakob nächtigt, auch anhand der Übersetzung bereits erkennen. „Ort"/„Stätte" (מקום – *maqom*) ist das Leitwort der Erzählung, das in ihr sechsmal vorkommt (V.11.16.17.19). Gleich bei der ersten Nennung in V.11 wird der Begriff im Hebräischen mit dem bestimmten Artikel eingeführt.[12] Es ist nicht „ein (beliebiger) Ort", an dem Jakob sein Nachtlager einrichtet, sondern „der Ort" bzw. „ein bestimmter Ort" nach der Übertragung der Einheitsübersetzung. Was hat es mit dieser merkwürdigen Konstruktion auf sich? Der Einbruch der Nacht zwingt Jakob, seine Reise zu unterbrechen. Dies geschieht an „dem Ort", der den Lesenden im weiteren Verlauf von Gen 28 als Bet-El vorgestellt wird (V.19). So verwebt die Erzählung Jakobs Traumvision mit der ätiologischen Deutung, wie die Stadt Bet-El, die früher Lus hieß und 16 km nördlich von Jerusalem lag, ihren Namen erhielt. Der als ursprünglich angesehene Name Lus bedeutet „Mandelbaum" und verweist möglicherweise darauf, dass an diesem Ort Mandelbäume wuchsen.[13]

12 Vgl. ebd., S. 59.

13 Vgl. Klaus Koenen, Bethel [Ort], in: Das wissenschaftliche Bibellexikon im Internet (WiBiLex), https://www.bibelwissenschaft.de/stichwort/10612/ (erstellt: Juni 2007; letzte Änderung: Mai 2010) (abgerufen am 21.12.2021).

Bet-El ist – nach Jerusalem – die zweitwichtigste Stadt in der Hebräischen Bibel. Sie war ein bedeutender Kultort des Nordreiches Israel und von überregionaler Bedeutung; hier wurden Opfer dargebracht, die Priesterschaft wurde durch die Abgabe des Zehnten versorgt. Im letzten Drittel des 8. Jh. v. Chr. wurde Bet-El zudem zum königlichen Heiligtum erhoben. Nach dem Untergang des Nordreiches blieb das Heiligtum von Bet-El bestehen; Gottesdienste wurden weiterhin, auch nach der Zerstörung des Jerusalemer Tempels und dem Untergang des Südreiches Juda im Jahr 586 v. Chr., gefeiert (vgl. Am 5; Sach 7,2). In persischer Zeit, als der Zweite Tempel in Jerusalem errichtet worden war, dürfte die Stadt ihre Bedeutung als Kultort verloren haben. Für die hellenistische Zeit verdichten sich Hinweise, dass Bet-El erneut an Wichtigkeit gewann. Summa summarum spiegeln die alttestamentlichen Texte Bet-El-Traditionen vom 8. bis zum 2. Jh. v. Chr. wider.[14]

Gen 28,10–22, der rezeptionsgeschichtlich bedeutsamste Text der biblischen Bet-El-Überlieferungen, erzählt, wie Jakob auf seiner Flucht in Richtung Haran zufällig auf diesen Ort stößt und dort nächtigt. Seinen Kopf an einen Stein gebettet schläft er ein und erhält im Traum einen Blick in die himmlische Welt. In seiner Vision sieht er eine vertikale Verbindung zwischen Erde und Himmel, die im Hebräischen mit dem Hapax legomenon סלם (*sulam*) bezeichnet wird, also einem Wort, dass nur an dieser Stelle in der Bibel vorkommt. *Sulam* meint eine begehbare Verbindung zwischen Erde und Himmel, die eher als Treppe denn als Leiter vorzustellen ist, wie ein Vergleich mit einem altbabylonischen Gebet an den Sonnengott Šamaš nahelegt.[15] Die Vorstellung einer Sprossenleiter kam erst durch Übersetzungen ins Griechische (Septuaginta: κλῖμαξ) und Lateinische (Vulgata: *scala*) auf.[16]

Die Vorstellung einer Himmelstreppe begegnet ebenso in einer aus dem 7. Jh. v. Chr. stammenden Version des mesopotamischen Mythos von Nergal und Ereškigal. Die hier genannte Treppe bildet eine Verbindung zwischen Unterwelt und Himmelswelt, auf der Götterboten sowie der Unterweltsgott Nergal selbst auf- und abschreiten. Auch terminologisch findet sich in der Bezeichnung der Himmelstreppe mit *simmelat šamāmi* eine Parallele zum hebräischen Begriff *sulam*.[17] Es handelt sich also bei der in Gen 28,12 genannten begehbaren Verbindung zwischen Himmel und Erde um ein Motiv, das das Alte Israel mit seiner altorientalischen Umwelt teilt. Auch auf der biblischen Himmelstreppe schreiten Boten Gottes auf und nieder. An ihrer Spitze sieht Jakob niemanden anders als JHWH selbst, die Gottheit Israels. In Jakobs Traumvision stellt sich JHWH als Gott der Väter vor, und wie sein Großvater Abraham erhält auch Jakob eine Land- und Nachkommensverheißung. Zudem sagt ihm JHWH seinen Beistand und Schutz zu. Die nächtliche Traumoffenbarung in Gen 28,13–15 ist die erste Wortmeldung Gottes in der Jakobsgeschichte seit dem Geburtsorakel an Rebekka (Gen 25,13).[18] In Gen 27, der Betrugsgeschichte, tritt Gott bezeichnenderweise nicht in Erscheinung. Erst jetzt, als Jakob alles zu verloren haben scheint, was er sich durch die Täuschung des Vaters und Bruder zu gewinnen erhofft hat, tritt JHWH wieder in Erscheinung.

14 Vgl. Melanie Köhlmoos, Bet-El – Erinnerungen an eine Stadt. Perspektiven der alttestamentlichen Bet-El-Überlieferungen (FAT 49), Tübingen 2006, S. 306–308.

15 Vgl. Friedrich Hartenstein, Wolkendunkel und Himmelsfeste. Zur Genese und Kosmologie der Vorstellung des himmlischen Heiligtums JHWHs, in: Bernd Janowski / Beate Ego (Hg.), Das biblische Weltbild und seine altorientalischen Kontexte (FAT 32), Tübingen 2001, S. 125–179, S. 156 f.

16 Vgl. Jörg Lanckau, Himmelsleiter, in: Das wissenschaftliche Bibellexikon im Internet (WiBiLex), https://www.bibelwissenschaft.de/stichwort/21230/ (erstellt: Okt. 2009) (abgerufen am 22.12.2021).

17 Vgl. Hartenstein, Wolkendunkel (s. Anm. 15), S. 157; Lanckau, Himmelsleiter (s. Anm. 16).

18 Vgl. Klein, Jakob (s. Anm. 4), S. 59.

Die Lesenden des Erzelternerzählungen wissen bereits seit Gen 25,23, dass Jakob der von Gott Auserwählte ist und nicht sein älterer Zwillingsbruder Esau. Nun wird ihm selbst ein Wort Gottes zuteil. Wie zuvor der in die Wüste geflüchteten Sklavin Hagar (Gen 16) offenbart sich Gott dem Jakob ebenfalls in einer prekären Situation. Als Jakob erwacht, fällt es ihm wie Schuppen von den Augen: Er erkennt, dass Gott an dem Ort, der zufällig sein Nachtlager wurde, anwesend ist. Dementsprechend bezeichnet der den Ort als „Haus Gottes" und als „Tor des Himmels" (V.17). Auch die Vorstellung vom Himmelstor teilt die biblische Erzählung mit dem Mythos von Nergal und Ereškigal: Den Endpunkt der Himmeltreppe bildet dort das „Tor Anus, Enlils und Eas".[19] Treppe und Tor symbolisieren eine Verbindungslinie zwischen himmlischer und irdischer Welt, die für Jakob unerwartet sichtbar wird. Frühmorgens, wie die Erzählung fortfährt, noch unter dem Eindruck des außergewöhnlichen Traumes, errichtet Jakob an der Stätte seines Nachtlagers ein Steinmal (V.18) – Steinheiligtümer bzw. Mazzeben sind vor allem aus der Mittelbroncezeit bekannt[20] – und benennt den Ort mit dem sprechenden Namen Bet-El, Haus Gottes (V.19). Außerdem gelobt Jakob, so Gott gemäß seiner Zusage handeln wird, an diesem Ort ein Heiligtum zu errichten und den Zehnten als Abgabe darzubringen (V.20–22). Damit verankert die biblische Narration die Grundsteinlegung eines zentralen Heiligtums des Nordreiches Israel bereits weit zurückliegend in der vorstaatlichen Zeit.

Jakobs Nachtlager am heiligen Ort: Traum und Inkubation im Alten Orient

Gen 28,10–22 legt Wert darauf zu betonen, dass Jakob ohne sein Wissen an einem heiligen Ort nächtigt. Erst im Laufe der Erzählung stellt sich heraus, dass an diesem Ort Gott gegenwärtig ist. Doch wie bereits dargestellt, wird dieser Ort erzähltechnisch mit dem determinierten Artikel eingeführt – und damit besonders hervorgehoben. Für die Lesenden ist Bet-El zudem bereits aus Gen 12,8 und 13,3 bekannt. Aus der Umwelt Israels existieren zahlreiche Belege, dass an heiligen Orten Träume mithilfe verschiedener Praktiken bewusst herbeigeführt wurden, um eine göttliche Antwort auf eine Frage zu erhalten oder um von einer Krankheit geheilt zu werden. Die weite Verbreitung dieser Praxis lässt vermuten, dass auch im antiken Israel und Juda Menschen Heiligtümer aufsuchten, um Traumbotschaften zu empfangen oder Heilung zu erfahren,[21] obgleich für Israel und Juda keine eindeutigen Nachweise vorliegen.[22]

Der Fachterminus dieser divinatorischen Praktik lautet „Inkubation", abgeleitet von „lateinisch *incubare* ‚auf etwas liegen', nämlich einem ‚reinen Lager' (griechisch *klínē*) in oder bei einem Heiligtum".[23] In den antiken Kulturen des Mittelmeerraumes und Mesopotamiens war die Praxis des Traumsuchens an einem Heiligtum weit verbreitet, wie zahlreiche Inschriften und literarische Texte über Inkubationen zeigen. Allein aus Griechenland sind 200 Inkubationsorte bekannt, als berühmtester gilt

19 Vgl. Hartenstein, Wolkendunkel (s. Anm. 15), S. 157.

20 Vgl. Ina Willi-Plein, Das Buch Genesis. Kapitel 12–50 (Neuer Stuttgarter Kommentar – Altes Testament 1/2), Stuttgart 2011, S. 187.

21 Vgl. Jörg Lanckau, Wurde im antiken Juda und Israel Inkubation praktiziert? Eine Spurensuche in der Bibel, in: Welt und Umwelt der Bibel 3 (2019), 51–53, 51; ders., Inkubation (erstellt: Juli 2013), in: Das wissenschaftliche Bibellexikon im Internet (WiBiLex), https://www.bibelwissenschaft.de/stichwort/21814/ (abgerufen am 22.12.2021).

22 Vgl. Jean-Marie Husser, Dreams and Dream Narratives in the Biblical World (The Biblical Seminar 63), Sheffield 1999, S. 172.

23 Lanckau, Inkubation (WiBiLex) (s. Anm. 21).

Epidauros.[24] In der Bibel werden Träume und Traumdeutung allerdings ambivalent gesehen. Vor allem prophetische und weisheitliche Schriften lehnen göttliche Offenbarung durch Träume ab, wenn auch nicht durchgängig (zu diesen Ausnahmen zählen etwa die Bücher Joël und Ijob). Dieser ablehnenden Position stehen positive Darstellungen von biblischen Traumdeutern wie Josef und Daniel gegenüber. In der Tora werden Träume zudem ausdrücklich als Offenbarungsmedium Gottes an prophetisch begabte Menschen genannt (Num 12,6).[25] So ergeht beispielsweise das erste Gotteswort an den jungen Samuel in der Nacht, während dieser im Tempel von Schilo schläft (1 Sam 3), und auch in dieser Erzählung geschieht die Traumoffenbarung für den Protogonisten unerwartet. Aufgrund der ambivalenten Sichtweise auf Träume als Offenbarungsmedium in den biblischen Schriften besteht Grund zur Annahme, dass Anspielungen auf Inkubationen dementsprechend theologisch korrigiert wurden.[26]

Dennoch lassen sich in einigen biblischen Erzählungen Spuren einer Inkubationspraxis erkennen. Um diese erhellen zu können, lohnt ein motivgeschichtlicher Vergleich mit Quellen aus der Umwelt Israels. Auch wenn der Ablauf des Traumsuchens nicht in allen altorientalischen und antiken Inkubationsberichten derselbe ist, so lassen sich doch wesentliche Elemente festmachen, die transkultureller Art sind. Dazu zählen das Bemühen um rituelle Reinheit der Ratsuchenden durch Waschungen und Bäder, die Wahl eines günstigen Zeitpunktes sowie das Darbringen von Opfergaben. Das Anliegen wird mittels rituellem Klagen, Weinen oder Gebeten zum Ausdruck gebracht. Das Lager der Traumsuchenden soll sich möglichst nahe am Heiligtum befinden, wobei der Lage des Kopfes besondere Aufmerksamkeit beigemessen wird. Als Dank für das erhaltene Omen werden nach dem Erwachen Opfer dargebracht.[27] Jakobs Traum weist deutliche Parallelen zu außerbiblischen Inkubationserzählungen auf: Die Problemlage als Anstoß zur Traumsuche ist gegeben (Esau trachtet Jakob infolge des Segensbetruges nach dem Leben), Jakob legt sich an einem bestimmten Ort zum Schlafen nieder, die Position seines Kopfes nahe einem Stein wird betont, im Traum empfängt er sowohl eine Vision als auch eine Audition, und nach dem Erwachen errichtet er ein Erinnerungssteinmal, auf dem er Öl darbringt.[28]

Inspirationen aus Jakobs Traumgesicht

Träume faszinieren die Menschheit seit jeher. Auch in biblischen Erzählungen werden Träume und Traumdeutung thematisiert. Jakobs Traum von der Himmelstreppe – rezeptionsgeschichtlich wohl besser bekannt als Himmelsleiter – hat nicht nur eine reiche Auslegungsgeschichte im Judentum und Christentum erfahren, sondern wurde auch in der Kunst durch die Jahrhunderte hindurch vielfältig rezipiert.[29] Er ist der erste und wohl der bekannteste Traum der Hebräischen Bibel, eine literarische Traumschilderung, die motivisch eng verbunden ist mit dem mythischen Weltbild Mesopotamiens. Ob sich in Gen 28,10–22 Reminiszenzen an die antike Inkubationspraxis finden, ist nicht eindeutig belegbar, wohl aber als wahrscheinlich anzusehen.

Jakobs Vision spricht von einer begehbaren Verbindung zwischen irdischer und himmlischer Welt. In den Erzählungen des Buches Genesis werden in hoher sym-

24 Vgl. ebd.

25 Vgl. Barbara Leicht, Und Gott sprach im Traum. Träume im Alten Testament, in: Welt und Umwelt der Bibel 3 (2019), S. 14–18, S. 15, S. 18.

26 Vgl. Lanckau, Inkubation praktiziert? (s. Anm. 21), S. 52.

27 Vgl. Jörg Lanckau, Können Träume heilen? Von der Traumsuche im Heiligtum, in: Welt und Umwelt der Bibel 3 (2019), S. 46–50, S. 48–50.

28 Vgl. Lanckau, Inkubation praktiziert? (s. Anm. 21), S. 51–52.

29 Siehe etwa C. M. Kauffmann, Jakob, in: Lexikon der christlichen Ikonographie 2 (Sonderausgabe 2015), Sp. 370–383.

bolischer Verdichtung Grundthemen des menschlichen Lebens zur Sprache gebracht, so wohl auch die Sehnsucht nach einer Verbindung zum Göttlichen, gerade in den Krisenzeiten des Lebens. Biblische Texte als kanonische Texte bedürfen fortwährend der Aktualisierung, um bedeutsam zu bleiben – nicht nur in einem exegetischen oder rezeptionsgeschichtlichen Sinne, sondern auch in lebenspraktischer Hinsicht.

So dürfen auch wir uns im Hier und Heute, im Spiegel unseres Lebens betrachtet, inspiriert durch durch Jakobs Traum folgende Fragen stellen: Wo bin ich wie Jakob, wo kann ich mich mit dieser Gestalt identifizieren? Inwiefern inspirieren mich Jakobs Aufbruch ins Ungewisse und seine Erfahrungen in Bet-El auf meinem Lebensweg? Wo wird für mich die Verbindung zum Göttlichen erfahrbar? Was in meinem Lebens ist mir „Himmeltreppe" und „Tor des Himmels"? Wo spüre ich den Segen Gottes? Wohin führt mich meine Traum-Reise mit Gott?

Die Liste von Inspirationsmöglichkeiten aus Jakobs Traum in Bet-El ließe sich lange fortsetzen. Vielleicht ist die Stille der Nacht auch heute noch ein Ort, an dem sich das Tor des Himmels auftut und neue Wege sichtbar werden.

ST. STEPHAN ALS HISTORISCHER ORT DER „KUNSTSCHAFFENDEN" IM MITTELALTER

Barbara Schedl

Einleitung

Im 15. Jahrhundert berichtete der Gelehrte und Domherr von St. Stephan, Thomas Ebendorfer (1388–1464), von zahlreichen kunstverständigen Gesellen aus allen Ländern, die Herzog Rudolf IV. (1339–1365) herbeigerufen haben soll, als dieser im Jahr 1359 den Entschluss fasste, die Wiener Pfarrkirche zu erweitern. Unter ihnen war ein wunderbar begabter Meister aus Klosterneuburg, der durch seine hohe Kunst, den Gedankenreichtum seiner Pläne alle Steinmetze in Erstaunen versetzte und sie alle das Talent dieses Meisters nicht fassen konnten.[1] Ob es sich damals tatsächlich so oder ähnlich zugetragen hat, lässt sich nicht mit Gewissheit sagen.

Urkundlich überliefert ist die Grundsteinlegung zur Erweiterung von St. Stephan durch Rudolf IV. und seine Gemahlin, Katharina von Böhmen, für 1359.[2] Damals war bereits der Ausbau des Kirchenchores zu einer großen Halle im Gange. Wo konkret nun der Grundstein von dem Fürstenpaar gelegt wurde, geht aus der Urkunde von 1359 nicht hervor. Fest steht, dass sie St. Stephan künftig zur Grablege für die Habsburger erwählten und an der Kirche ein Kollegiatkapitel mit 24 Chorherren stifteten.[3] Damit erfuhr die Pfarrkirche St. Stephan nicht nur eine Rangerhöhung, sondern auch eine Funktionserweiterung. Rudolf IV. und seine Gemahlin waren Initiatoren eines umfangreichen Ausbaues der Kirche, dessen Konzept neben dem erwähnten sich bereits im Bau befindlichen Hallenchores, der künftig die Herzogsgrablege beherbergen sollte, auch eine Vergrößerung des Langhauses mit den berühmten Fürstenportalen und die Errichtung von zwei Türmen an den Querhausarmen vorsah. Fortan finanzierten Generationen der Wiener Stadtbevölkerung das Großbauprojekt, bis das

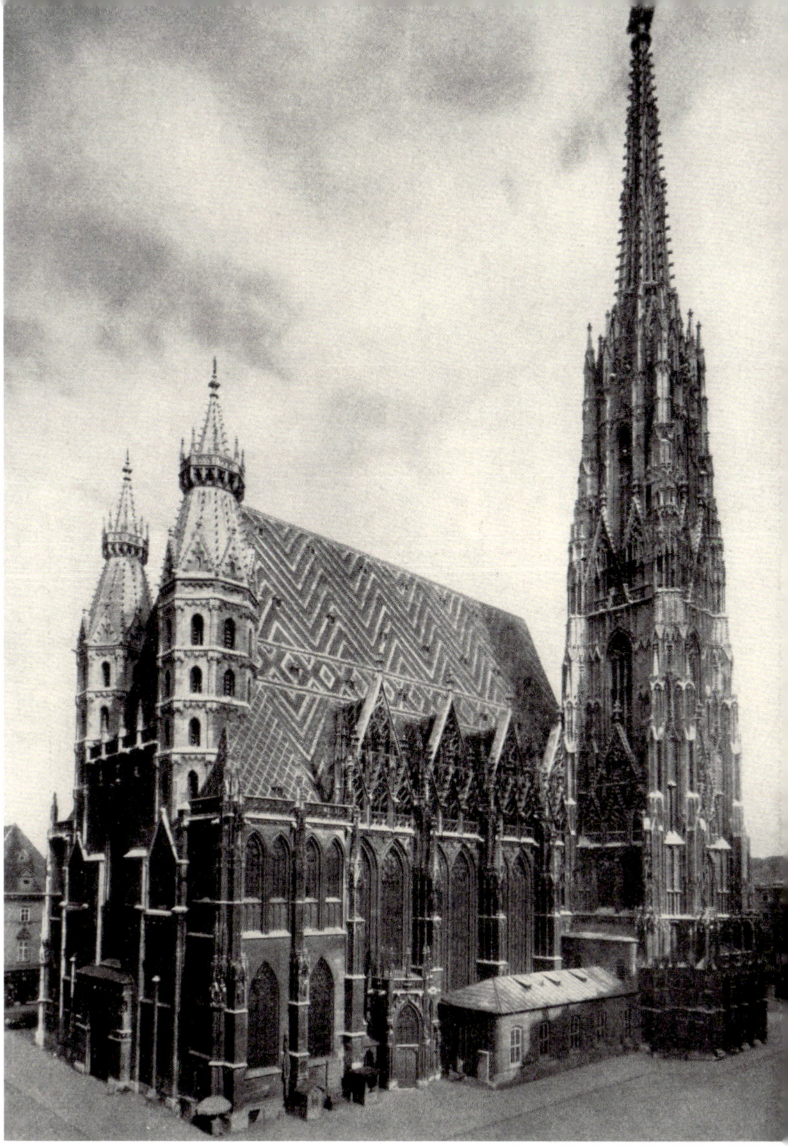

Abb. 1: Wien St. Stephan, Ansicht von Südwesten mit dem Hohen Turm.

1 Thomas Ebendorfer zit. nach Alphons Lhotsky, Thomas Ebendorfer, Cronica Austriae (Monumenta Germanie historica, Scriptores rerum Germanicarum, N.S. 13), Berlin / Zürich 1967, S. 283.

2 Barbara Schedl, St. Stephan in Wien. Der Bau der gotischen Kirche, Wien / Köln / Weimar 2018, S. 49–52; Wien Diözesanarchiv, Urkunde vom 9. Juli 1359 siehe: https://www.monasterium.net/mom/AT-DAW/Urkunden/13590709/charter (abgerufen am 12.12.2021).

3 Schedl, St. Stephan (s. Anm. 2), S. 49–50; Wien Diözesanarchiv, 2. Stiftsbrief vom 16. März 1365 siehe: https://www.monasterium.net/mom/AT-DAW/Urkunden/13650316_2/charter (abgerufen am 12.12.2021).

Vorhaben im 1. Viertel des 16. Jahrhundert unvollendet eingestellt wurde.[4]

Zweifellos zählt die Stephanskirche mit ihrem steilen bunten Dach und den spitz in den Himmel ragenden Hohen Turm an der Südseite zu den Meisterleistungen architektonischen Könnens des Spätmittelalters nördlich der Alpen (Abb. 1). Die wenigen noch in situ überlieferten Ausstattungsstücke aus der Zeit der Erbauung der Kirche – wie beispielhaft die Fürstenportale, die Kanzel oder die Musikempore – zeugen von einer enormen Virtuosität und Kunstfertigkeit der Baukünstler und Steinmetze.

Die folgenden Ausführungen widmen sich den grandiosen Leistungen der spätmittelalterlichen Meisterpersönlichkeiten und den innovativen, qualitätsvollen Werken der Steinmetzkunst sowie deren aufwendigen Werkprozessen.

Die Meister der „Steinwerke"

Die Errichtung eines Sakralbaues war für die Menschen des Mittelalters eine gewaltige Herausforderung.[5] Im Vergleich zum Profanbau war der Kirchenbau eines der umfangreichsten Bauaufgaben. Technische, organisatorische und ästhetische Ansprüche waren deutlich größer, denn die Bedeutung und die Pracht des Bauwerks zu Ehren Gottes sollte weithin sichtbar sein. Die Kirche verdeutlichte die besondere Stellung der Gott dienenden Personen, die sich durch die Gründung und den zahlreichen Zuwendungen zum Bau ewiges Gedächtnis erkauften und Seelenheil erhofften.

Die über Generationen fortdauernden sakralen Großbauprojekte – ob Bischofskirche, Pfarrkirche oder Klosterkirche – erforderten nicht nur die nötigen Geldmittel, eine Vielzahl an Arbeitskräften, große Mengen an geeigneten Baumaterialien, besonders verlangten sie eine geschickte Organisation und ein ausgezeichnetes Baukonzept. Diese Aufgaben bewältigten der werkausführende Meister und der ihm zur Seite stehende Parlier. Die Administration des Budgets übernahm ein Bauverwalter.

Der Werkmeister koordinierte die Baustelle. Unter großer Eigenverantwortung organisierte er die Zusammenarbeit aller am Bau tätigen Handwerker – wie Steinmetze, Steinhauer, Steinmetzkünstler, Maurer, Zimmerleute, Versetzer, Schmiede oder Knechte. Vor allem war er Konzepteur des Bauwerkes, also der kreative Kopf des Unternehmens. Er verfügte über organisatorische Kompetenzen, handwerkliche Fertigkeiten, planerisches Können und beherrschte konstruktive, technologische Zusammenhänge. Unter diesen Rahmenbedingungen schuf er künstlerisch innovative Objekte, Formen und Raumlösungen.

Sein Ausbildungsweg führte ihn vom Erlernen des Steinmetzhandwerks über eine langjährige Berufspraxis auf mehreren Baustellen, in der Erfahrungen und praktische Kenntnisse gesammelt wurden, zumeist in die Position eines Parliers bzw. in Folge in das Amt des Werkmeisters.

Aus den Schriftquellen geht hervor, dass sich im Laufe des Mittelalters die Position des werkausführenden Meisters wandelte.[6] Aufgrund der komplexer werdenden Anforderungen der Baukunst der Spätgotik gegenüber der des Hochmittelalters, wie die umfangreichen technologischen Errungenschaften in effizienteren Fertigungs- und Versatztechniken oder die Entwicklung im Dachkonstruktions- und Gewölbebau, kam es

4 Schedl, St. Stephan (s. Anm. 2), S. 124–128; Barbara Schedl, Von der „Abmeßung Sanct Stefans Thurm". Der Hohe Turm des Wiener Stephansdomes im 16. Jahrhundert, in: RIHA Journal 0244 | 20 May 2020.

5 Günther Binding, Der Baubetrieb im Mittelalter, Darmstadt 1993; ders., Als die Kathedralen in den Himmel wuchsen. Bauen im Mittelalter, Darmstadt 2006.

zu einer immer größer werdenden Spezialisierung in der Entwurfs- und Baupraxis. In diesem Kontext ist vor allem der Planungsprozess hervorzuheben, der sich mit den ab dem 13. Jahrhundert aufkommenden proportionsgerechten Zeichnungen mehr und mehr ausdifferenzierte. Zahlreiche überlieferte Planrisse in unterschiedlichem Detailierungsgrad zeugen von den aufwendigen Konstruktionsverfahren und dem Können der Meister. Das Planverfahren unterlag einer Spezialisierung, allerdings lässt sich nur schwer beurteilen, wer alles an den aufwendigen Architekturkonzepten beteiligt war; selten erfährt man, welche Rolle der Bauherr spielte und nach welchen Kriterien die Aufträge vergeben wurden.

Aufgrund der komplexen spätgotischen Raum- und Gewölbelösungen sowie den extravaganten Kleinarchitekturen, die auf uns gekommen sind, ist davon auszugehen, dass nur ein in der Baukunst äußerst versierter Werkmeister einen entsprechenden technisch und ästhetisch anspruchsvollen Entwurf anfertigen konnte. Es reichte nicht aus, anderes zu kopieren oder imitieren, wesentlich waren Erfindungsgabe und Kunstfertigkeit im Herstellungsprozess. Beherrschte man dies, gehörte man zur Elite der Werkmeister, um die sich die Bauherren rissen. Betrachtet man aus heutiger Sicht Position, Amt und Image eines spätgotischen Architekten nördlich der Alpen, handelte es sich dabei um einen kleinen, aber sehr exklusiven Kreis von Meisterpersönlichkeiten. Sie standen zu einander in großer Konkurrenz, wenn sie sich um lukrative Aufträge an den diversen Kirchenbaustellen bewarben.

Die Baumeisterpersönlichkeiten, die an dem Wiener Großbauprojekt St. Stephan arbeiteten, waren Stararchitekten internationalen Ranges.[7] In den Schriftquellen zur Wiener Stephanskirche werden die werkausführenden Meister stets als *meister* oder *pawmeister* bezeichnet.[8] Viele von ihnen kamen von auswärts; hatten ihr praktisches Wissen in der Steinmetzkunst und ihre Erfahrungen an bedeutenden Baustellen wie etwa in Böhmen oder im Südwesten des Reiches erworben.

Die Baumeister wurden nicht von kirchlichen Würdenträgern oder dem Landesfürst, sondern vom Wiener Rat, dem obersten Verwaltungsgremium der Stadt, berufen.[9] Dies hatte den Grund darin, dass die Wiener Stephanskirche in erster Linie die Hauptpfarre der Wiener Stadtbevölkerung war und diese, wie erwähnt, den Bau finanzierte. Ein vornehmer, vermögender Ratsbürger, der so genannte Kirchmeister, verwaltete ehrenamtlich das Bau- und Kirchenbudget. Die *meister* bekamen einen wöchentlichen Lohn für ihre Tätigkeit an der Baustelle St. Stephan, ein Hofgewand im Sommer und eines im Winter.[10] So sie kein Haus in Wien erwarben bzw. besaßen, wurde ihnen eine Dienstwohnung bei der

6 Stefan Bürger, Werkmeister – Ein methodisches Problem der Spätgotikforschung in: Stefan Bürger / Bruno Klein (Hg.), Werkmeister der Spätgotik. Position und Rolle der Architekten im Bauwesen des 14. bis 16. Jahrhunderts, Darmstadt 2009, S.18–36.

7 Peter Kurmann, „Stararchitekten« des 14. und 15. Jahrhunderts im europäischen Kontext, in: Rainer C. Schwinges / Peter Moraw (Hg.), Europa im späten Mittelalter. Politik – Gesellschaft – Kultur (Historische Zeitschrift, Beihefte, NF 40), München 2006, S. 539–557; Johann Josef Böker, Laurenz Spenning und die Entwicklung des Architektenberufes im späten Mittelalter, in: Stefan Bürger / Bruno Klein (Hg.), Werkmeister der Spätgotik, Personen Amt und Image, Darmstadt 2010, S. 162–170.

8 Richard Perger, Wiener Künstler des Mittelalters und der beginnenden Neuzeit (Artur Rosenauer, Hg., Österreichische Akademie der Wissenschaften Veröffentlichungen der Kommission für Kunstgeschichte 7) Wien 2005; Schedl, St. Stephan (s. Anm. 2), S. 160; Folgende Baumeister lassen sich im Mittelalter bei St. Stephan nachweisen: Konrad der Maurer (1359 bis spätestens 1394), Ulrich Helbling (frühestens 1393 bis 1400), Wenczla (1400–1404), Peter von Prachatitz (1404–1407 / 1409?–1429), Hans von Prachatitz (1429–1435 / 1437?), Mathes Helbling (1435? –1444), Hans Puchspaum (1446–1454 oder 1455?), Laurenz Spenning (1455–1477), Simon Achleitner (1478–1482 oder 1488?), Jörg Kling (1488–1506), Jörg Öchsl (1506–1510), Anton Pilgram (1510–1515), Gregor Hauser (1514/15–1520), Michael Fröschl (1520–1556), Leonhard Eickl (1535–1556), Hans Saphoy (1556–1578).

9 Schedl, St. Stephan (s. Anm. 2), S. 78–92.

10 Karl Uhlirz (Hg.), Dom- und Metropolitanpfarrei Sankt Stephan Wien. Die Rechnungen des Kirchmeisteramtes von St. Stephan zu Wien über die Jahre 1404, 1407, 1408, 1415–1417, 1420, 1422, 1426,

Steinhütte, den lokalen Werkräumen der Großbaustelle, zur Verfügung gestellt. Die Werkstattgebäude lagen im Spätmittelalter an der Südseite des Stephansplatzes neben der Bürgerschule.

So wirkte bereits zu Beginn des 15. Jahrhundert mit Wenczla aus Prag ein Baumeister bei St. Stephan, der aus der berühmten Parler-Dynastie stammte.[11] Sein Vater, Peter Parler (1330/33–1399) war „Hofarchitekt" von Kaiser Karls IV. (1316–1374) und schuf den viel beachteten Chor des Prager Doms mit dem innovativen Parallelrippengewölbe sowie Bildwerke für dessen Ausstattung. Ihm folgten zwei Meiserpersönlichkeiten, ebenfalls aus Böhmen, nämlich Hans von Prachatitz und Peter von Prachatitz. Unter ihnen erfuhr der Hohe Turm der Stephanskirche – wie noch zu zeigen sein wird – eine Planänderung und erhielt seine schlanke, viel beachtete Gestalt.

Zwei Baumeister, die ebenfalls von auswärtigen Baustellen nach Wien berufen wurden, erlangten in Wien schon im 17. Jahrhundert legendenhaften Kultstatus. Beide hätten sich – wohl in Anspielung auf die mühsame Baugenese des unvollendet gebliebenen Nordturms – mit dem Teufel eingelassen. Zum einen war dies Meister Hanns Puchspaum, der die Grundfesten des Nordturms gelegt und damit den Turmbau begonnen hatte. Die andere Meisterpersönlichkeit soll ein gewisser Anton Pilgram gewesen sein, nach dessen Tod im Jahr 1515 die Bauarbeiten am Nordturm nicht weitergeführt wurden. Beiden Baumeistern wurde von der architekturhistorischen Forschung ein umfangreiches Oeuvre zugesprochen, was sich letztendlich aber als Konstrukt herausstellte.[12] Belegen lässt sich lediglich, dass Hans Puchspaum an der Großbaustelle in Ulm arbeitete, ehe er um 1443 mit dem Neubau des Chores der Steyrer Stadtpfarrkirche beauftragt wurde.[13] Im Jahr 1446 schloss er einen Vertrag mit dem Wiener Rat ab, um eine *visierung*, einen Entwurf, für die Gewölbezone und den Dachausbau des Langhauses vorzulegen. Für Meister Anton ist nachweisbar, dass er 1510 aus Brünn nach Wien kam.[14] Sein Name „Pilgram" findet sich erst 1584 kopial überliefert. Dokumentiert ist, dass er den damaligen Baumeister bei St. Stephan, Jörg Öchsel, aus dessen Amt verdrängte, was einen großen Skandal unter den Steinmetzkünstlern und deren Bruderschaft auslöste. Gleich zweimal ist sein Bildnis in der Stephanskirche verewigt, einmal beim Nordturm unter der Musikempore, dem berühmten Orgelfuß, und einmal im Kirchenlanghaus beim Treppenaufgang zur Kanzel. Über die ikonographische Bedeutung der beiden Werkstücke wird noch zu sprechen sein.

Im Kontext der Internationalität der Meisterpersönlichkeiten, die an St. Stephan wirkten, soll noch Laurenz Spenning hervorgehoben werden. Gegen die Mitte des 15. Jahrhunderts holte man Laurenz Spenning nach

1427, 1429, 1430, 1476, 1535 im Auftrage des Stadtrathes der K.K. Reichshaupt- und Residenzstadt Wien, 2 Bde, Wien 1901 und 1902; Schedl, St. Stephan (s. Anm. 2), S. 83.

11 Kurmann, „Stararchitekten« (s. Anm.7), S. 539–542; Schedl, St. Stephan (s. Anm. 2), S. 83 und S. 124–126.

12 Böker, Spenning (s. Anm. 7), S. 163–164; Gábor Endrödi, Der Architekt Anton von Brünn genannt Pilgram und der Bildhauer Meister MT, in: Achim Hubel / Jens Rüffer / Gábor Endrödi, Meister Ludwig – Peter Parler – Anton Pilgram (Jiří Fajt, / Markus Hörsch [Hg.], Kompass Ostmitteleuropa. Kritische Beiträge zur Kulturgeschichte, Bd. 3) Stuttgart 2011, S. 211–298.

13 Perger, Künstler (s. Anm.8), S. 151; Die Vertragsurkunde Puchspaums mit dem Wiener Rat ist verschollen, 1721 konnte Friedrich Tilmez diese jedoch noch einsehen: *Maister Hanns Puxspaumb hat sich verschrieben von wegen des Paus datz Sanndt Stephan gegen den Rat der Statt zuo Wienn und den Kirchmaister daselbs Simon Pötel, die In zuo ainen Paumaister der Kirch daselbs haben aufgenomen; von erst, das er In soll geben ein ganze Visirung, und die Ingeantwurdung des Paus, uncl Gewelben des Tomhaus der Kirchen, und was daran zu pauen ist. Er soll auch fleisich sein, und denen mit treuen und gantzen Vleiss obligen und an Wissen und Urlaub nicht ziechen* [...]; Friedrich Tilmez, Memorabilia de templo ac turri ad S(anctum) Stephanum Viennae Austriae, Wien 1721, S. 43.

14 Perger, Künstler (s. Anm.8), S. 143.144; Endrödi, Anton (s. Anm. 12), S. 211–223.

Wien. Er arbeitete zunächst als Palier und trat dann die Nachfolge von Hans Puchspaum als *meister* an.[15] Er leitete fast 23 Jahre lang den „Innenausbau" des Langhauses der Stephanskirche und realisierte auch andere Projekte in Wien sowie dem regionalen Umkreis. Ein Höhepunkt seines beruflichen Werdegangs war seine Teilnahme am Regensburger Hüttentag im Jahr 1459. Spätestens jetzt erfuhr die Steinhütte von Wien überregionalen Bekanntheitsgrad, denn Laurenz Spenning war maßgeblich bei der Konzeption des Regensburger Hüttentages und der Reorganisation des Steinmetzhandwerks beteiligt. Damals ging es darum, die seit geraumer Zeit vorherrschenden groben Missstände in dem Metier überregional und allgemein verbindlich zu ordnen.[16] Verabschiedet wurde eine für alle deutschsprachigen Hütten gültige Bruderschaftsordnung, die Berufsethos, Ausbildung und Wettbewerb des Steinmetzhandwerks regelte. 19 anwesende Steinmetzmeister und 23 Gesellen traten sogleich der neugegründeten Bruderschaft bei, wie dem Regelwerk zu entnehmen ist. Angeführt wird die Liste von Jodok Dotzinger, Münsterwerkmeister zu Straßburg, der zugleich auch zum obersten Richter des Steinwerks in den deutschen Landen erhoben wurde. Drei weitere Meister wurden als *oberste meister* ihrer Region auserwählt: Der Baumeister der Wiener Hütte, Laurenz Spenning, für Österreich, Böhmen und Ungarn, der Meister des Kölner Doms für Niederrhein und die Niederlanden, und der Meister des Berner Münsters für die Schweiz. Das bedeutete, dass die Großbaustellen Straßburg, Wien, Köln und Bern zu Haupthütten ernannt wurden; deren Meister galten fortan als oberste Instanz in deren jeweiligem Gebiet, wenn es um Fragen des Steinmetzhandwerks ging bzw. waren sie Schlichtungsstelle in Streitfällen.

Die sogenannte Regensburger Hüttenordnung von 1459 für alle *Meister und Gesellen des ganzen Handtwercks des Steynwercks und Steinmetzen in dütschen Landen* und der dort beschlossenen hervorgehobenen Rechtsstellung der Steinhütte Wien bei St. Stephan war für die weitere Entwicklung des Baugewerbes in den beiden Erzherzogtümer Österreich von großer Bedeutung. Vor allem im 17. Jahrhundert, als es Konflikte mit dem Maurergewerbe oder den hier tätigen italienischen Bauhandwerkern gab, berief man sich auf die alten Vorrechte der *Haupthütte bey St. Stephan.*[17]

Die „Herzogswerkstatt"

Wie eingangs erwähnt, ist der Meister des Bauentwurfs für die Erweiterung der Stephanskirche, den das Herzogspaar, Rudolf und Katharina, auserwählt hatte, namentlich nicht bekannt. Er soll, so die spätere Geschichtsschreibung, aus Klosterneuburg gekommen sein. Ebenso weiß man wenig Konkretes über das Aussehen des von ihm geplanten Gotteshauses. Über Fens-

15 Perger, Künstler (s. Anm. 8), S. 214.216; Böker, Spenning (s. Anm. 7), S. 164–169.

16 Rudolf Wisell, Die älteste Ordnung des großen Hüttenbundes der Steinmetzen von 1459 (nach der Thanner Handschrift), in: Zeitschrift für die Geschichte des Oberrheins NF 55, Heft 1 (1942), S. 51–133, hier: S. 52–63; Volker Segers, Studien zur Geschichte der Deutschen Steinmetzbruderschaft, Berlin 1980; Peter Morsbach, „in gütigkait und nach gewonhait des hantwerchs« Beiträge und Forschungen zur Organisation und Geschichte des Regensburger Steinmetzhandwerks im späten Mittelalter und in der Neuzeit, in: Verhandlungen des Historischen Vereins für Oberpfalz und Regensburg, 141 (2001), S. 7–58; Stefan Bürger (Hg.), Werkmeister in Konflikt. Quellen, Beiträge und ein Glossar zur Geschichte der sog. Bauhütten (Abhandlungen der Sächsischen Akademie der Wissenschaften zu Leipzig, Philologisch-historische Klasse, Bd. 84, Heft 5), Stuttgart / Leipzig 2020, Anhang, S. 254, S. 330.

17 U. a. bei der am 20. Februar 1637 gemeinsamen Tagung der Bruderschaft der Steinmetze und der Maurer bei der Haupthütte zu Wien. Carl A. Heideloff, Die Bauhütte des Mittelalters in Deutschland, Nürnberg 1844, S. 85–87; Hans Voltelini, Die Ordnungen der Wiener Bauhütte, in: Monatsblatt des Vereines für die Geschichte der Stadt Wien, 7 (1925), S. 60–64.

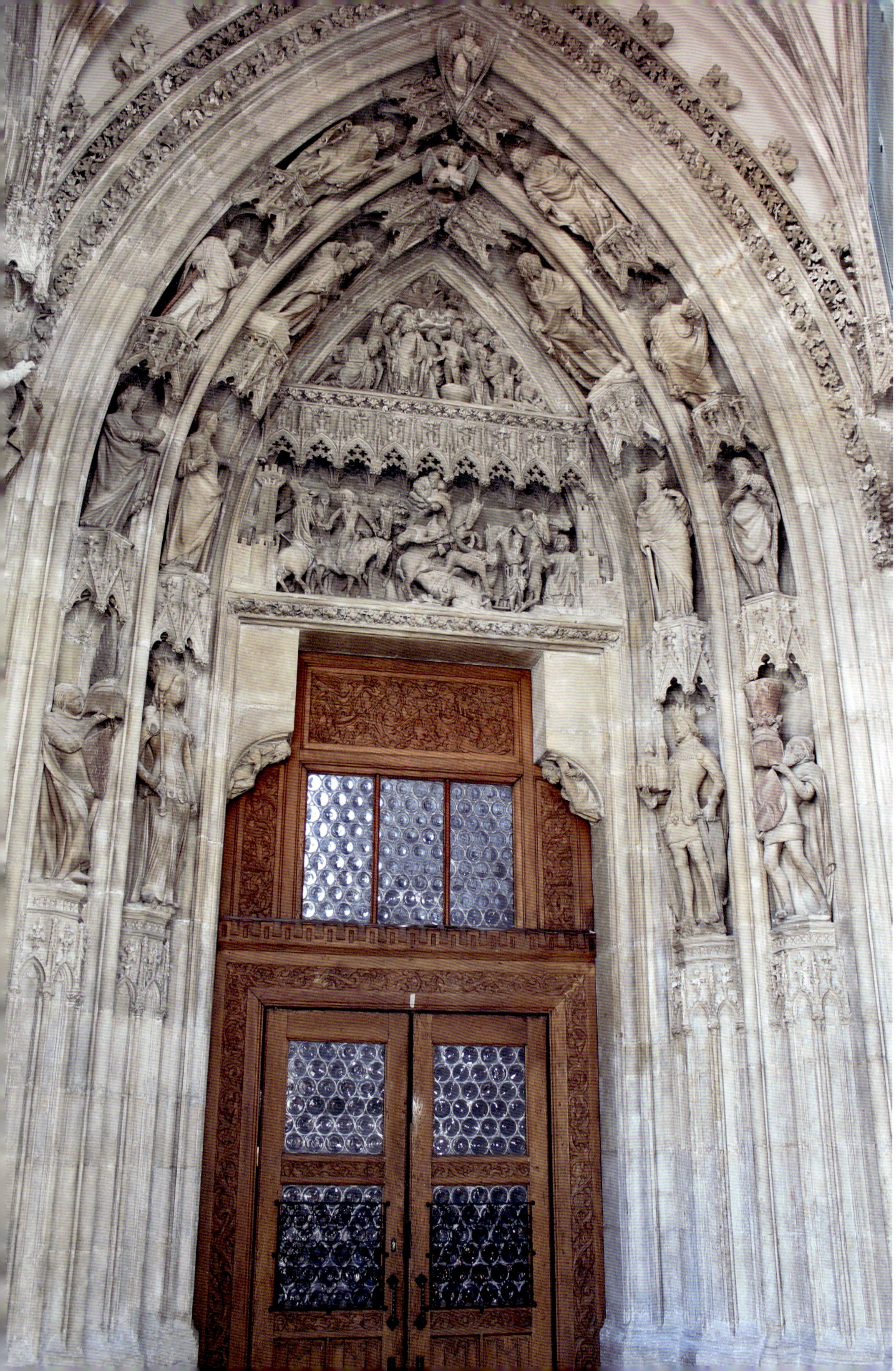

Abb. 2: Wien,
St. Stephan,
Singertor.

terlösungen und Maßwerkformen ist ebenso wenig bekannt, wie über geplante Gewölbefigurationen oder der Höhe der Türme und der Dächer. Auch über das Ausstattungskonzept lässt sich nur spekulieren, da Herzog Rudolf IV. bereits nach siebenjähriger Regentschaft 1365 in Mailand verstarb und das soeben angefangene Bauprojekt zunächst wohl zum Erliegen kam.[18] Andrerseits haben sich äußerst qualitätsvolle Bildwerke, die sogenannten Fürstenfiguren, aber auch die bautechnisch äußerst anspruchsvoll errichteten Seitenportale des Langhauses, die unteren Geschosse der Westkapellen sowie Fragmente der sepulkralen Ausstattung erhalten, die untrennbar mit Rudolf IV. und seiner Gemahlin verbunden sind. Sie verdeutlichen den hohen Machtanspruch und das Repräsentationbestreben des regierenden Habsburgers. Und sie lassen erkennen, dass mehrere Steinmetzhandwerker und Bildhauer – wohl im Auftrag des Habsburgers – damals an der Stephanskirche tätig waren. Für diesen Handwerkbetrieb wurde von der kunsthistorischen Forschung der Begriff „Herzogswerkstatt" eingeführt.[19]

Die Auswertung der schriftlichen Nachrichten zur Wiener Stephanskirche und der Baubefund erlaubt die Annahme, dass noch zu Lebzeiten Rudolfs VI. die westlichen Außenmauern des neuen Langhauses mit den Fürstenportalen, dem Bischofs- und dem Singertor, hochgezogen wurden.[20] Es handelt sich um prachtvolle Trichterportale, die in den für ihren Anspruch viel zu schmalen westlichen Halbjochen des Langhauses eingebaut wurden, was in der praktischen Umsetzung mit Schwierigkeiten verbunden war. Trotzdem konnte eine technisch präzise Einbindung der Architekturteile in das Jochsystem erreicht werden.[21] Beide Portale sind in ihrem architektonischen Aufbau mit Tympanon, Archivolten, Konsolsteine und Gewände fast identisch; beide besitzen überreichen Figurenschmuck (Abb. 2). Das Tympanon des nördlichen Portals zeigt Szenen aus dem Leben Mariens; in den Archivoltennischen finden sich Statuetten von weiblichen Heiligen. Das Tympanon des Südportals, des sogenannten Singertors, widmet sich der Pauluslegende; in den Archivolten sind die Apostel sowie Johannes der Täufer dargestellt.[22] Hervorzuheben ist besonders die bildhauerische Qualität des unteren Tympanonregisters am Singertor mit der Darstellung des Saulus, als er Jerusalem durch das Stadttor verlässt, der Bekehrung Pauli mit dem Sturz vom Pferd und schließlich der Heilung durch Hananias (Abb. 3). Der Steinmetzkünstler, der diese Bildfolge geschaffen hat, bildet viele Figuren vollplastisch aus; er arbeitet mit Verkürzungen und beherrscht es einwandfrei, die Tiefe des Raumes zu betonen. Erstaunlich ist die natürliche Wiedergabe der Pferde und deren Bewegung. Anders verhält es sich mit dem oberen Teil des Tympanons; hier wirken die Figuren gedrungen, von der Raumtiefe ist wenig zu spüren. Gleich bei beiden Fürstenportalen ist das Herzogspaar im Gewände wiedergegeben. Rudolf IV. trägt das Stiftermodell, begleitet wird er, ebenso wie seine Gemahlin, jeweils von einem Wappenträger, der unter der Last des Wappenschilds und des Prunkhelms nahezu zusammenzubrechen scheint.

18 Schedl, St. Stephan (s. Anm. 2), S. 49–74.

19 Franz Kieslinger, Zur Geschichte der gotischen Plastik in Österreich, Wien 1923; Barbara Schedl / Franz Zehetner (Hg.), St. Stephan in Wien. Die „Herzogswerkstatt", Wien / Köln 2022 (Einleitung „Zum Buch").

20 Schedl, St. Stephan (s. Anm. 2), S. 64–74

21 Stefan Breitling, Die Wiener Fürstenportale. Beobachtungen zur Baukonstruktion und zum Bauverlauf, in: Schedl / Zehetner, St. Stephan (s. Anm. 19), S. 101–119; Katharina Arnold, Arbeit nach Maß. Beobachtungen zum Planungs- und Entwurfprozess der Fürstenportale von St. Stephan in Wien, in: Schedl / Zehetner, St. Stephan (s. Anm. 19), S. 121–151.

22 Jakub Adamski / Thomas Flum, Die Paulusportale in Wien und Striegau. Historischer und kunsthistorischer Kontext einer Variation, in: Schedl / Zehetner, St. Stephan (s. Anm. 19), S. 223–235.

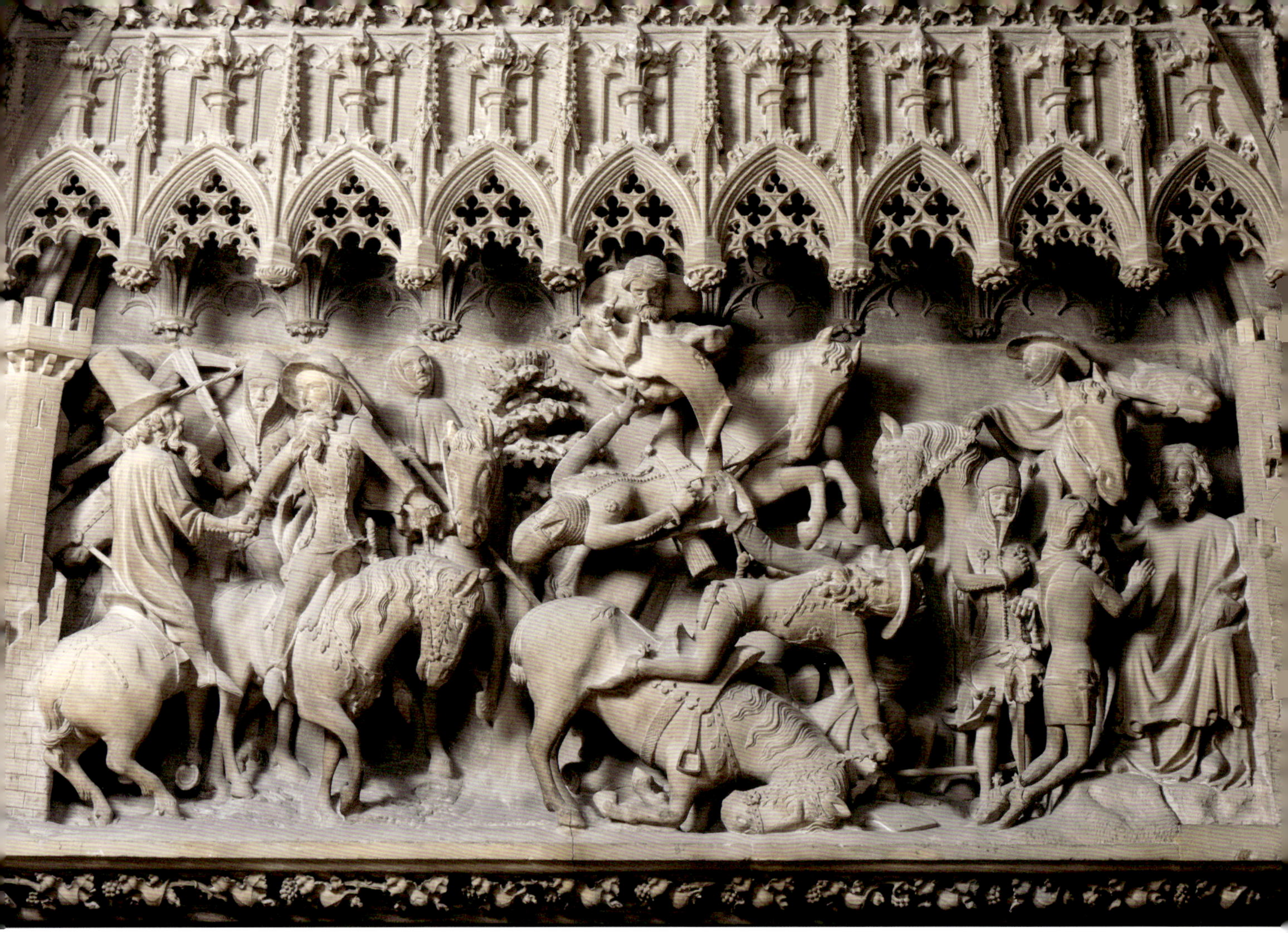

Abb. 3: Wien, St. Stephan, Singertor, Detail des Tympanons.

Auffällig ist deren übersteigerte Körperhaltung mit dem betonten Hüftschwung und die überaus extravagante, modische Kleidung, die geradezu erotisch wirkt.[23]

Herzog Rudolf IV. und Katharina von Böhmen präsentieren sich nicht nur an den beiden Portalen der Seitenschiffe, sondern sind auch im Außenbereich an der Westfassade in ähnlicher extravaganter Pracht dargestellt (Abb. 4). Das Figurenpaar ist Teil von insgesamt sechs überlebensgroßen Bildnisstatuen, die offenbar dynastische Beziehungen des regierenden Habsburgers zum Ausdruck bringen sollen.[24] Bei den Dargestellten handelt es sich um das bereits erwähnte Herzogspaar von der Westfassade der Kirche sowie um die Elternpaare von Rudolf IV. und Katharina, die an den Ecken des ersten Südturmgeschosses Aufstellung gefunden haben: Herzog Albrecht II. und seine Gemahlin

23 Assaf Pinkus, Prachtvolle Erscheinung und anmutige Bewegung. Höfisches Dekorum und die Wiener Herzogsfiguren, in: Schedl / Zehetner, St. Stephan (s. Anm. 19), S. 189–202.

24 Stella Rollig / Veronika Pirker-Aurenhammer (Hg.), Wiener Fürstenfiguren. Gotische Meisterwerke des Stephansdoms (Sonderschau im Prunkstall 17. Mai bis zur Wiedereröffnung des Wien Museums), Wien 2019.

Johanna von Pfirt sowie Kaiser Karl IV. und seine Gemahlin Blanche von Valois.[25] Zweifellos sind die Fürstenfiguren zu Lebzeiten Rudolfs IV. entstanden, zu einem Zeitpunkt, als das Langhaus, aber auch der Südturm noch nicht aufgerichtet waren, sodass über deren ursprüngliche Funktion nur spekuliert werden kann. Der stilistische Befund lässt aber erkennen, dass wohl drei Meister jeweils ein Figurenpaar schuf: So scheint das Herzogspaar durch überlängte, spindelförmige Körper mit weit geöffneten Mänteln fast zu schweben; hingegen ist das kaiserliche Paar äußerst zierlich, mit bewegtem Hüftschwung dargestellt, während das herzogliche Elternpaar veristische, fast porträthafte Züge aufweist.

So fragmentarisch sich auch das rudolfinische Konzept für St. Stephan heute präsentiert, umso deutlicher offenbaren sich jedoch die Qualität der Bildwerke und die architektonischen Meisterleistungen der sogenannten Herzogswerkstatt, die in der zweiten Hälfte des 14. Jahrhunderts in Wien gearbeitet hat.

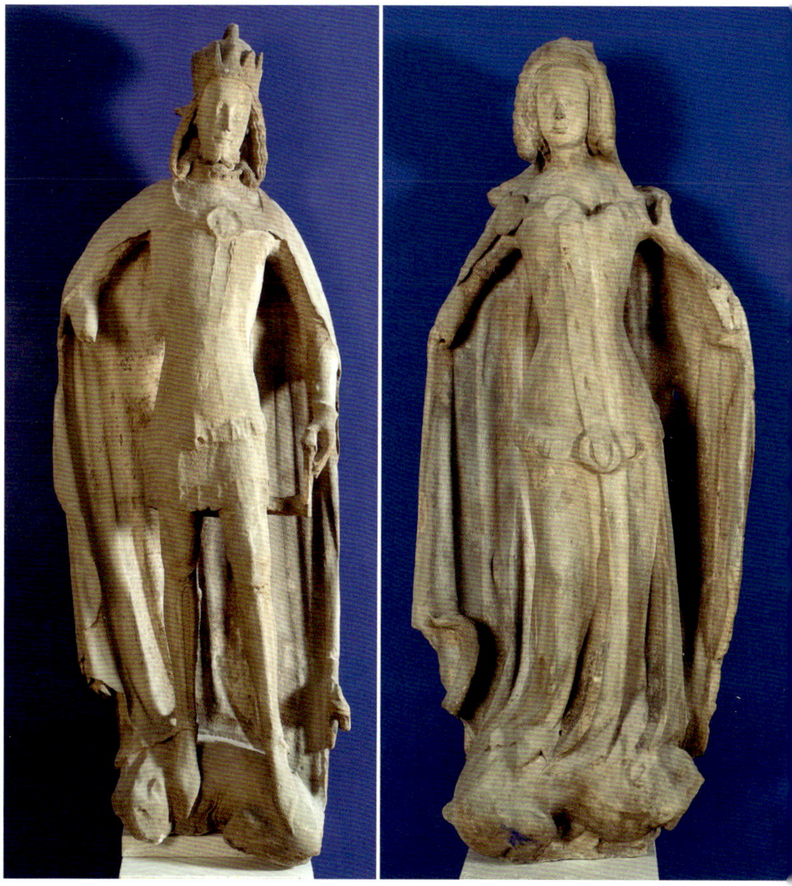

Abb. 4: Wien, St. Stephan, Rudolf IV. und Katharina von Böhmen von der Westfassade, Wien Museum (zurzeit Unteres Belvedere, Wien).

Der Hohe Turm

Ab dem Ende des 14. Jahrhundert lässt sich quellenmäßig belegen, dass der Südturm, der Hohe Turm, allmählich emporwuchs. Er zählte bei seiner Fertigstellung im Jahr 1433 zu den aufsehenerregendsten Turmbauprojekten, und er war mit 136 m nach dem Straßburger Münsterturm lange Zeit das höchste Bauwerk nördlich der Alpen.[26] Mit größter Wahrscheinlichkeit war aber von dem Architekten, den Herzog Rudolf IV. engagierte, ursprünglich ein das Querhaus flankierendes Turmpaar lediglich in der Dimension der westlichen Heidentürme geplant. Vermutlich um 1400 kam es dann zu einer Änderung des Konzepts.[27] So berichtet Thomas Ebendorfer, dass Teile des Südturms wegen Abweichungen vom ursprünglichen Plan bis zu jener Höhe abgetragen werden mussten, bis zu der ihn der erste Meister er-

25 Die sechs überlebensgroßen Figuren befinden sich heute in musealer Aufstellung. Die Skulpturen an der Westfassade und am Südturm sind Kopien aus dem 19. Jahrhundert.

26 Michael Viktor Schwarz, Hoch Hinaus. Gotische Türme im Wettbewerb, in: Michaela Kronberger / Barbara Schedl (Hg.), Der Dombau von St. Stephan. Die Originalpläne aus dem Mittelalter, (370. Sonderausstellung des Wien Museums Wien Museum Karlsplatz 11. März–21. August 2011) Wien 2011, S. 54–67.

27 Schedl, St. Stephan (s. Anm. 2), S. 100; Thomas Ebendorfer zit. nach Lhotsky, Ebendorfer (s. Anm. 1), S. 283–284.

richtet hatte. Anhand der fabrizierten Werkstücke, die in den Baurechnungen aufscheinen, lässt sich entnehmen, dass über dem Turmuntergeschoss, das bis zur Traufhöhe des Langhauses reicht, nun ein neues Geschoss, das Glockenstubengeschoss, aufgesetzt wurde. Bis 1416 war dieser Bereich fertiggestellt und man errichtete einen permanenten Glockenstuhl. Ab dann erfolgten Vorbereitungsarbeiten zum Weiterbau des nächstfolgenden Geschosses, das sich nun über einem Oktogon erheben sollte. In den Jahren 1426 und 1427 arbeitete man wohl an der Vollendung des Oktogongeschosses.[28] 1426 wurden für seine Gewölbe zehn Schlußsteine hergestellt. Baumeister Peter von Prachatitz bekam für die Herstellung von *16 tier zu dem turn* 24 Pfund zusätzlich zu seinem Wochenlohn. Dabei dürfte es sich um die ehemaligen Wasserspeier unter der Helmgalerie handeln, von denen je zwei Stück an den Oktogonseiten angebracht sind. Ab 1427 arbeitete man an dem letzten Turmgeschoß, dem filigranen Helm. Die Steinhütte produzierte zunächst 218 *stukch zum dach* und im Jahr 1430 sogar 519 Dachstücke. 1429 kommen dazu noch 7 *sturcz zum Dach*, vermutlich horizontale Steine, 43 Wimpergstücke zum Dach und 31 Fialstücke zum Dach. Möglicherweise waren die Arbeiten am Turmhelm 1430 bereits abgeschlossen, denn man begann im Dezember das Baugerüst abzubauen.[29] Es wurden Fahnen zum Schmuck des neuen Turmes hergestellt. Man kaufte dafür Stoff und bezahlte die Kosten, diese zu färben und anzufertigen.[30] Unter Meister Hans von Prachatitz kam es zur Vollendung des Hohen Turms.

Der viergeschossige Wiener Turmbau besticht durch seine reiche Gliederung der beiden quadratischen „Sockelgeschosse“; Oktogon und Turmhelm erscheinen wesentlich filigraner. Unzählige Filialen, Maßwerk- und Wimpergdekor verschleifen die vier Geschosse zu einer einheitlich schlanken, spitz in den Himmel wachsenden Skulptur. Der Wiener Glockenträger reiht sich mit seiner Bauweise – nämlich unter minimalen Einsatz von Werkmaterial maximale Größe zu erreichen – in eine Reihe von exorbitanten Turmbauprojekten der Zeit, die allerdings nicht so rasch fertiggestellt wurden.[31] Den Anfang macht der Freiburger Münsterturm, der um 1340 hochgezogen wurde und eine Höhe von 116 Meter erreichte; gefolgt vom Turm des Prager Doms, dessen Bauarbeiten zum Erliegen kamen. 1439 wurde der Straßburger Münsterturm mit 142 m Höhe fertiggestellt und in Ulm begann man ein aufsehenerregendes Turmprojekt, das bis ins 16. Jh. lediglich eine Höhe von ca. 65 Meter erreichte, bis es im 19. Jh. nach mittelalterlichen Plänen vollendet wurde. In diesem Kontext reihen sich noch zahlreiche weitere Turmprojekte wie u. a. Frankfurt, Bern, Thann, Landshut. All diese politisch und ökonomisch aufwendigen Bauvorhaben repräsentieren die mittelalterlichen städtischen Gruppen, und es vereint sie noch ein weiterer Zweck, nämlich ein möglichst weit sichtbares, prächtiges, Gott und dem jeweiligen Heiligen Patron gefälliges Werk zu errichten.

Die Wiener und Wienerinnen waren wohl mächtig stolz auf ihr geglücktes Bauprojekt. Der Hohe Turm erfüllte neben erwähnten religiösen Aspekten auch zahlreiche Funktionen für das städtische Gemeinwohl.[32] Er war Glockenträger, trug die erste mechanische Schlaguhr und ein Hornwerk. In der Stube über dem Glockengeschoß war der städtische Wachtposten eingerichtet. An seiner Turmspitze wurden je nach Anlass unterschiedliche Fahnen gehisst. Selbst anlässlich von Herrschereinzügen und -huldigungen diente er als Bühnenkulisse für zahlreiche Schauakte und Spektakel.[33]

28 Schedl, St. Stephan (s. Anm. 2), S. 103–107; Uhlirz, Rechnungen (s. Anm. 10), S. 167.

29 Uhlirz, Rechnungen (s. Anm. 10), S. 238 und S. 456.

30 Ebd., S. 461.

31 Schwarz, Türme (s. Anm. 26), S. 54–59.

32 Schedl, St. Stephan (s. Anm. 2), S.107–109.

33 Schedl, Abmeßung (s. Anm. 4).

Musikempore und Kanzel

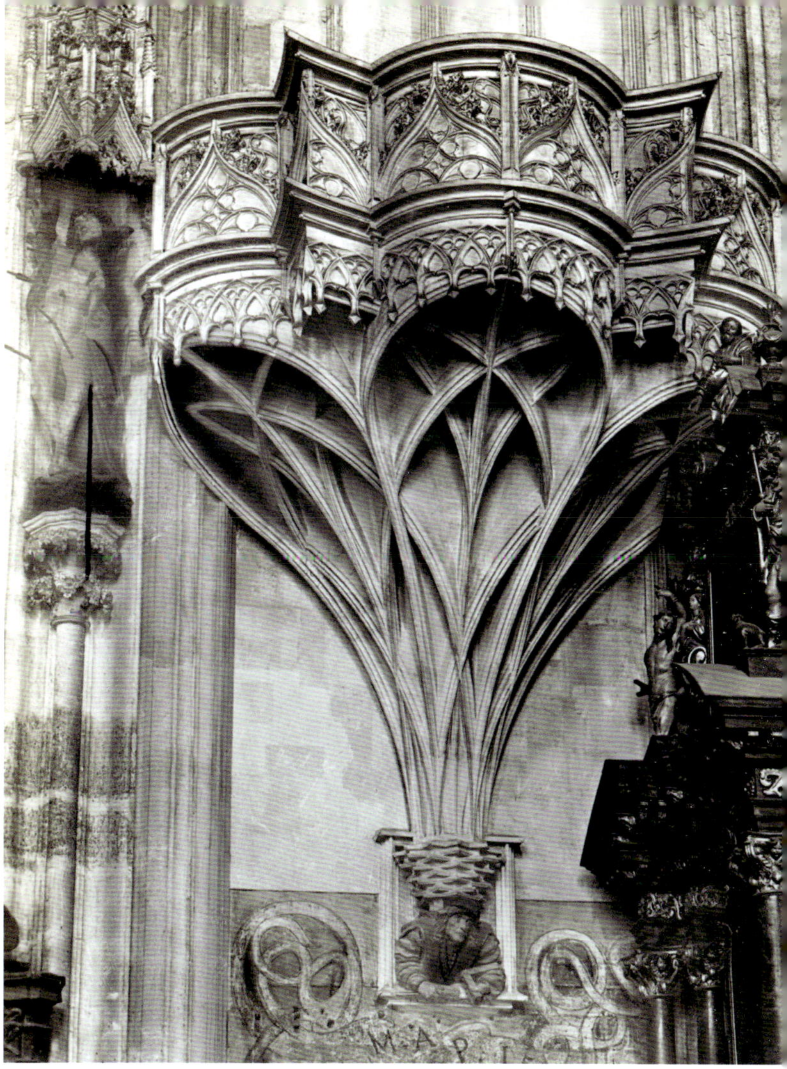

Abb. 5: Wien, St. Stephan, Orgelfuß.

Zu den bedeutendsten „Steinwerken" des Interieurs der Stephanskirche zählen die Musikempore, der so genannte Orgelfuß, und die Kanzel, beide mit den berühmten Bildnissen von Meister Anton „Pilgram" versehen (Abb. 5, Abb. 6). So prominent und eindrucksvoll die Ausstattungsstücke auch heute noch den Kirchenraum bestimmen, so unklar ist deren Werkprozess. Die Kanzel befindet sich im Zentrum des Langhauses. Sie hatte einen steinernen Predigtstuhl als Vorläufer. Dort standen einst auch das Taufbecken, ein Altar, der Allerseelenaltar sowie ein Sakramentshaus.[34] Der Orgelfuß ist in erhöhter Position im Seitenschiff nächst dem Nordturm angebracht und war das Pendant zu dem gegenüberliegenden Füchselbaldachin mit der Sängerempore.

Beim Orgelfuß handelt es sich um eine kunstvoll gestaltete Empore, unter der Meister Anton „Pilgram" als Halbfigur in einem profilierten Fensterrahmen porträtiert ist. Die Figur ist auf die Unterarme abgestützt und lehnt sich weit vor. Bekleidet mit Barett, Hemd, geschnürtem Obergewand und Schaube – möglicherweise das aus dem Baubudget jährlich finanzierte Hofgewand – hält sie in den Händen Zirkel und Winkelmaß. Personalisiert wird die Halbfigur mit den großen gemalten Initialen und dem Datum der Vollendung des Werkes, *M A P 1513*, wobei diese Inschrift wohl erst im 17. Jh. angebracht wurde.[35] Er blickt in die Ferne in Richtung Hallenchor, respektive zu dem damals noch vor dem Mittelchor positionierten Lettner.[36] Die Pilgramfigur ist prominent mittig unter dem Orgelfuß gesetzt und ist schon allein aufgrund des erhöhten Anbringungsortes von einem großen Publikum weithin sichtbar. Diese Anordnung weist unmissverständlich darauf hin, dass Meister Anton der Konzepteur der darüber liegenden Empore mit der virtuosen Stützkonstruktion ist. Ob er auch sein Bildnis, also ein Selbstportrait, geschaffen hat, wird in der Forschung widersprüchlich diskutiert.[37]

Aus einer Reihe von Dokumenten aus den Jahren 1511–1513 ist bekannt, dass sich Meister Anton in einer unfairen Weise gegenüber dem amtierenden Dombaumeister Jörg Öchsel um den Auftrag der Empore be-

34 Schedl, St. Stephan (s. Anm. 2), S. 114–116.
35 Endrödi, Architekt (s. Anm. 12), S. 211–298.
36 Schedl, St. Stephan (s. Anm. 2), S. 133–135.
37 Michael Viktor Schwarz, Visuelle Medien im christlichen Kult. Fallstudien aus dem 13. bis 16. Jahrhundert, Wien / Köln / Weimar 2002, S. 217–249; Anne Krings, Die Inszenierung von Bildhauerfiguren in der Kirchenausstattung um 1500, Regensburg 2016; Endrödi, Architekt (s. Anm. 12), S. 211–298.

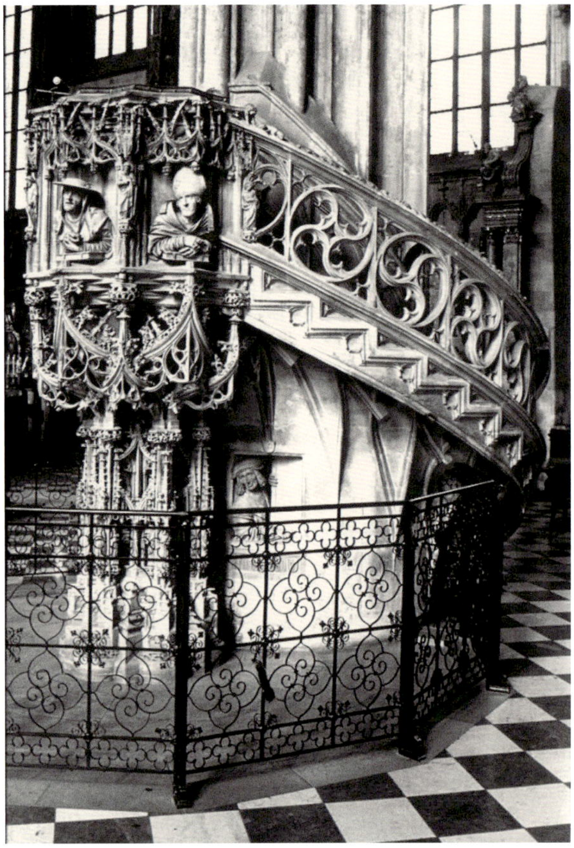

Abb. 6: Wien, St. Stephan, Kanzel.

worben hat.[38] Jörg Öchsel, der den Orgelfuß bereits zur Hälfte fertiggestellt haben soll, wurde vom Wiener Rat, dem das Bauprojekt ja unterstand, des Auftrags enthoben. Er verlor in der Folge auch sein Amt als Dombaumeister. Diese Position wurde nun an Meister Anton von Brünn vergeben. Warum sich der Wiener Rat plötzlich für eine andere Ausführung des Orgelfußes entschied, dürfte wohl an dem attraktiven Entwurf mit der eleganten und äußerst dynamisch gestalteten Schlingrippenkonstruktion gelegen haben, den Meister Anton eingereicht hatte.[39] Dieses Motiv avancierte damals zu einem künstlerischen Leitbild und verbreitete sich von Böhmen rasch in den süddeutschen Raum.[40]

Hinsichtlich der physiognomischen Züge, der Amtskleidung und des Zirkel-Attributes gleicht die Bildnisfigur am Orgelfuß dem der Kanzel. Unterhalb des Treppenaufganges zum Kanzelkorb ist der Baumeister in Hochrelief dargestellt. Am oberen Rand der Fensteröffnung ist das auf einem Schild erhaben angebrachte Steinmetzzeichen Meister Antons zu sehen. Die Figur blickt durch ein halbgeöffnetes Fenster in den Kirchenraum, was allgemein zur Bezeichnung „Fenstergucker" geführt hat. Wie von der Forschung herausgearbeitet wurde, will Anton „Pilgram" als entwerfender Schöpfer des „Steinwerkes", vor allem aber als frommer Zuhörer der Predigt gesehen werden.[41] Das Neigen des Kopfes oder der Gestus, den Fensterladen zu öffnen, richtet sich an den frommen Laien und leitet diesen an, offenen Herzens der Predigt zuzuhören. Dem entspricht auch der in der Sockelzone definierte Anbringungsort, der sich auf Augenhöhe des kniegebeugten oder sitzenden Publikums befindet. Anders als der Orgelfuß ist die Kanzel, in den Schriftquellen nicht explizit erwähnt, was ihren Entstehungskontext unterschiedlich interpretieren lässt. Sie weist einen virtuos gearbeiteten Figurenschmuck auf. Das ikonographisch anspruchsvolle Skulpturenprogramm ist auf die Bedeu-

38 Peter Leisching, Werkstreit zu St. Stephan in Wien in den Jahren 1511–1513, in: Arbeitsleben und Rechtsordnung, Festschrift Gerhard Schnorr zum 65. Geburtstag, Wien 1988, S. 805–820; Philipp Zitzelsberger, Stadtrat vs. Bruderschaft – Der Hüttenstreit in Wien (1511/1512), in: Bürger, Konflikt (s. Anm. 16), S. 73–85.

39 Es existieren zu dem ausgeführten Orgelfuß drei Risse, die unterschiedliche Varianten der Rippenkonfiguration zeigen. Schwarz, Medien (s. Anm. 37), S. 225; Johann Josef Böker, Der Wiener Stephansdom. Architektur als Sinnbild für das Haus Österreich, Salzburg / Wien / München 2007, S. 312–313.

40 Schwarz, Medien (s. Anm. 37), S. 225; Norbert Nußbaum, Von der Exklusivität des Fürsten – Die Statusarchitektur Benedikt Rieds im Dienst Wladislaws II., in: Bürger, Konflikt (s. Anm. 16), S. 189–197.

41 Schwarz, Medien (s. Anm. 37), S. 217–250; Krings, Bildhauerfiguren, (s. Anm. 37), S. 17–22; hier S. 112–113.

tung der Predigt ausgerichtet. So zeigt der Kanzelkorb die Büsten der vier Kirchenväter, die sich jeweils auf ein Buch stützen, womit wohl die Schrifttradition als Grundlage der Predigt zum Ausdruck gebracht werden soll. Am Handlauf der Treppe kriechen Kröten, Eidechsen und Schlangen zur Kanzelbühne empor, werden aber von einem Hund, kurz bevor sie das Ziel erreichen, verbellt und zurückgewiesen.

Die Initiative zur Errichtung der Kanzel mit dem theologisch sehr anspruchsvollen Programm dürfte von der Gottsleichnamsbruderschaft, einer elitären Gemeinschaft von frommen Bürgern, angeregt worden sein. Ab 1508 hielt die Bruderschaft bei dem Allerseelenaltar, der, wie erwähnt, ehemals neben der Kanzel stand, ihre Versammlungen ab. [42]

Die ähnlich der Bildnisfigur am Orgelfuß gewählte Inszenierungsstrategie und die Biographie des streitbaren Baumeisters Anton „Pilgram" lassen es wahrscheinlich machen, dass die Kanzel im Zuge der Arbeiten am Orgelfuß entworfen und ab 1513 bis zu seinem Tod im Jahr 1515 unter Mithilfe technisch versierter Steinmetze und Bildhauer ausgearbeitet wurde. Stilistisch stehen sich die Büsten der Kirchenväter am Kanzelkorb und die Bildnisfiguren des Baumeisters sehr nahe, so dass es verständlich ist, diese einem Steinmetzkünstler zuzuordnen. Möglicherweise war dies Meister Anton aus Brünn. Im letzten Quartal des Jahres 1513 traten Anton „Pilgram", seine Frau und seine Schwiegermutter der Gottsleichnamsbruderschaft bei. 1515 wird in dem Bruderschaftsbuch sein Tod verzeichnet.

Resümee

Will man St. Stephan als Ort der „Kunstschaffenden" fassen, so stellte im Mittelalter schon allein die Bauaufgabe die Menschen vor große Herausforderungen. Die Kirche sollte an Pracht und Größe alles überbieten, galt es doch ein Gott gefälliges Werk zu errichten. Um diese Aufgaben zu bewältigen, waren zahlreiche Arbeitskräfte von Nöten. Eine besondere Bedeutung kam dem Steinmetzhandwerk, von den Steinhauern im Steinbruch bis zu den Baumeistern und Steinmetzkünstlern, zu. Die Meister der „Steinwerke" waren handwerklich und technisch versiert. Sie entwarfen detailreiche Planrisse und koordinierten die Baustelle. Ihr Wissen und Können erwarben sie sich durch langjährige Berufserfahrung auf den Großbaustellen im gesamten Reichsgebiet, was zu einem enormen internationalen Wissenstransfer und Wettbewerb führte. So schufen sie für die Wiener Stephanskirche so imposante, in den Himmel ragende Bauwerke wie den Hohen Turm, aber auch repräsentative, höfische Bildwerke mit enormer Lebendigkeit, wie es die Steinmetzkünstler der „Herzogswerkstatt" vollbrachten, oder sie gestalteten ikonographisch anspruchsvolle, aufwändige Steinobjekte für den Kirchenraum, wie dies beispielhaft der Orgelfuß oder die Kanzel sind.

42 Die Gottsleichnamsbruderschaft bei St. Stephan ist seit 1340 nachweisbar. Besonders gegen Ende des 15. Und zu Beginn des 16. Jahrhunderts war sie sehr bestimmend für das religiöse Leben in der Stadt. Vgl. Schedl, St. Stephan (s. Anm. 2), S. 152–158.

ST. STEPHAN ALS ORT ZEITGENÖSSISCHER KUNST

Toni Faber

Gottes Offenbarung ereignet sich im Wort, aber sie erschöpft sich darin nicht. Das Christentum ist natürlich eine Wortreligion, aber in ihr wird nicht nur gelesen, sondern aufgrund des Glaubens an die Inkarnation – der Menschwerdung Gottes in der Gestalt von Jesus Christus – auch geschaut. Davon zeugen die unzähligen prachtvollen Bildwerke in unseren reich ausgestatteten Kirchen. Trotz der historischen Auseinandersetzungen zur Zeit der Reformation, in der mit dem Argument des alttestamentlichen Bilderverbotes gegen das Übermaß dieser Bilderflut nicht zimperlich vorgegangen ist, hielt die katholische Kirche daran fest.

Nicht nur Erhaltung des historischen Erbes, sondern Dialog mit zeitgenössischen Künstlerinnen und Künstlern

Für mich als hauptverantwortlichen Seelsorger an einer gotischen Kathedralkirche ist es seit 25 Jahren eine große Verantwortung, gemeinsam mit dem Dombaumeister und dem Domkapitel den Reichtum der Architektur und der Kunst zu bewahren und sie möglichst so zu präsentieren, dass sie nicht nur den gläubigen Gottesdienstteilnehmenden, sondern auch allen anderen Besucherinnen und Besuchern heute und in den kommenden Jahrzehnten zuteil und eröffnet werden können.

Gleichzeitig sehe ich mich in den Fußstapfen eines genialen Kunstkenners und -Förderers, Domprediger Msgr. Otto Mauer, getragen und motiviert, einen Ort der Gottesoffenbarung in der zeitgenössischen Kunst zu suchen und zu erspüren.

So groß die Ehrfurcht vor dem Geschenk des uns überlieferten und in den Jahren der Nachkriegszeit mit so vielen Mühen wieder aufgebauten Domes auch ist, so stark ist auch die Verantwortung für den Dialog mit den zeitgenössischen Kunstschaffenden, um unseren Glauben nicht nur museal zu bebildern, sondern auch in der Gegenwart die Herausforderungen einer zeitgemäßen künstlerischen Vermittlung zu suchen.

Persönlicher Zugang und Motivation

Dank einer profunden und höchst motivierenden Hinführung zu den verschiedenen künstlerischen Ausdrucksformen in Geschichte und Gegenwart am Gymnasium entdeckte ich mit großem Interesse schon am Beginn meines Studiums die verschiedenen beeindruckenden Beispiele von gelungenem Dialog zwischen Kirche und Kunst: moderner Kirchenbau, zeitgenössische Kunst in Kirchenbauten, Werke zeitgenössischer Künstler in kirchlichen Sammlungen, Dialogformen positiver Natur. Aber natürlich auch Friktionen bis hin zu Protesten und Abhängungen von schon genehmigten Werken. – Ein Feld des puren Lebensflusses, nichts Menschliches blieb uns fremd.

Nach den persönlichen Begegnungen und dem Wachsen von freundschaftlichen Beziehungen zu zeitgenössischen Kunstschaffenden, begann ich vor 25 Jahren im Pfarrhaus von St. Stephan, dem Curhaus, mit Ausstellungen, die ich persönlich verantworten konnte. In der Tradition der Galerie nächst St. Stephan war mit dem renommierten Maler und Bildhauer Oswald Oberhuber in der ersten Ausstellung ein zukunftsweisender Schritt gesetzt, dem noch viele andere folgen sollten. Angeregt durch das große Interesse der Besucherinnen und Besucher, aber noch viel mehr durch die Kunstschaffenden selbst, begann ich diese Idee auch auf den einzigartigen Raum des Domes zu übertragen. Dieser konnte natürlich nicht einfach als Galerie benutzt werden, sondern es brauchte jeweils einzigartige Anlässe, um moderne Kunst im Kontext des altehrwürdigen Domes zu präsentieren. Immer wieder gab es dafür auch Einzelgelegenheiten vor meiner Zeit. Aber gerade die vor 20 Jahren gestartete Initiative der Langen Nacht der Kirchen eröffnete die Möglichkeit für größere Interventionen. In einer Nacht bis zu 50.000 Besucher damit zu erreichen, war natürlich eine für viele Künstlerinnen und Künstler sehr begehrte Möglichkeit, um im Zentrum der Stadt zuerst nur für eine Nacht lang, und dann für ein paar Wochen für unzählige Staunende gegenwärtig zu sein.

Fastentuch-Projekt und Auferstehungs-Zeichen

Später hat es sich zu einem Projekt für die österliche Bußzeit – die Fastenzeit von Aschermittwoch bis Ostern – und mit einem Perspektivenwechsel auch für die Osterzeit bis Pfingsten, einschließlich der Langen Nacht der Kirchen (ca. Ende Mai bzw. Anfang Juni) entwickelt.

Seitdem versuche ich namhafte Kunstschaffende für ein Fastentuch-Projekt zu gewinnen, das über das Osterfest hinaus bis zum Pfingstfest in einer Weiterführung auch als Auferstehungs-Zeichen den Gläubigen und gleichzeitig den vielen Touristen sowie künstlerisch Interessierten dienen kann. Oftmals ein Hochseilakt ohne Fangnetz. Denn nicht immer stoßen die Projekte nur auf Zustimmung und Begeisterung, sondern bei manchen auch auf Widerstand und Ablehnung, da die künstlerische Intervention die Liturgie stören würde.

Trotzdem gelang es über die Jahre hindurch mit bekannten und bedeutenden Künstlerinnen und Künstlern auf hohem Niveau einen fruchtbaren Dialog der Kirche mit der Kunst im Dom zu institutionalisieren.

Kunst im öffentlichen Raum rund um St. Stephan

War es zunächst nur das Dominnere, das als Raum für eine phantasievolle Variation des Fastentuchthemas zur Verfügung stand, ging es 2020 mit dem riesigen violetten Fastenpullover Erwin Wurms vor dem Hochaltar und einer größeren Anzahl von Skulpturen im Innenraum auch das erste Mal nach außen. Eigentlich vor dem Riesentor geplant, gelang mit der Aufstellung der überlebensgroßen Skulptur einer Wärmeflasche mit Füßen, der „Big Mutter", vor dem Singertor auch am Stephansplatz ein bemerkenswertes Signal an alle Passanten, über die Wichtigkeit wärmender Nächstenliebe nachzudenken. Naturgemäß gab es dazu großen Diskussionsbedarf, aber durch glückliche Fügungen konnte die Kritik daran befriedet werden.

Kunst – Lebensmittel in der Krise

Und dann kam die Corona-Pandemie mit all dem Unvorhersehbaren. Mich beschäftigte in den Wochen des Lockdowns aber immer mehr der Gedanke, dass gerade in Notzeiten kulturelles und künstlerisches Gestalten als überlebensnotwendiges Lebensmittel nicht vergessen werden darf. Es galt, mit vielen Künstlerinnen und Künstlern und Kulturschaffenden der allseits vorherrschenden Angst und Unsicherheit sowie der damit einhergehenden Depression mit Ideen entgegenzuwirken. Das Motto lautete für mich: Alles das tun, was möglich ist! Und nicht fürchten, dass ohnehin alles verunmöglicht wird, weil man ja nicht weiß, wie es weitergeht.

Es bewegte mich sehr, dass Menschen an der historischen Pestsäule am Graben Kerzen entzündeten und selbstgemalte Bilder mit der Fürbitte an die heilige Corona aufstellten. Mit welchem Kunstwerk und Denkmal würden wir einmal nach der so sehnsüchtig erhofften Bewältigung der Corona-Krise öffentlich unseren Dank zum Ausdruck bringen? Nachdem solch ein Unternehmen an der Hoffnungslosigkeit einer zeitlich naheliegenden Umsetzung und meiner sehr begrenzten Möglichkeiten im öffentlichen Raum der Stadt sicherlich scheitern würde, nahm ich das Nächstliegende in Angriff. Welcher Künstler wäre bereit, in der inzwischen gut eingeführten Projektvariante Fastentuch – Ostern – Pfingsten – Lange Nacht der Kirchen diesen Gedanken aufzugreifen?

Durch die glückliche Fügung der Empfehlung einer lieben Freundin Barbara Bertolini kreuzten sich die Wege von Billi Thanner und mir. Corona nahm seinen weiteren unglückseligen Verlauf, aber es hinderte uns nicht daran, auch unter Lockdown-Bedingungen an einem Plan zu schmieden. Der geniale Gedanke der Installation einer Himmelsleiter war bald von Billi Thanner gefasst und die mögliche finanzielle Durchführung durch die großzügige Kunstliebhaberin und Unternehmerin Uschi Simacek in Aussicht gestellt. Die biblische Grundlage zur Himmelsleiter und ihre lebendige Tradition von den Kirchenvätern an bis ins Heute schienen der Unmöglichkeit eines solchen gewagten Unternehmens die Wege ebnen zu können.

Die Himmelsleiter: von der Idee zur Realisierung

Für mich war vor allem der pastorale Gedanke ausschlaggebend. Ausgangspunkt sollte auf jeden Fall die am Fuße des Südturms gelegene Taufkapelle werden, die für mich und tausende Täuflinge und ihre Familien einen besonderen irdischen Knotenpunkt im Herzen der Stadt darstellte. Für die zweitausend Taufen, die ich selbst seit über dreißig Jahren in dieser besonderen Taufkapelle feiern durfte, ist sie mir als ein Lieblingsplatz im Dom ans Herz gewachsen. Dieser für mich mystisch aufgeladene Raum aus dem 14. Jahrhundert mit seinem hängenden gotischen Schluss-Stein mit der heiligen Katharina von Alexandrien und dem spätgotischen Taufstein von 1485 ist für mich schon immer ein Ort, wo sich Himmel und Erde berühren. Was anderes als den Himmel offenstehen sehen, ist die Zusage des Heils im Sakrament der Taufe? Von hier aus sollte es losgehen, bis ins 22 Meter hohe Gewölbe hinauf und am liebsten weiter, aber unseren Blicken leider entzogen. Um dann hoch am Turm die Außenfassade zu durchstoßen und weit leuchtend sichtbar über 33 Stufen bis an die Turmspitze zu gelangen. Auf diesen höchsten Punkt des Domes bin ich in den letzten Jahrzehnten immer wieder geklettert. Die letzten 25 Meter muss man den Weg der inneren Wendeltreppen und Leitern verlassen und sich auf den gesicherten Klettersteig auf der Außenfassade an zwei Stellen auch leicht überhängend bis zur Spitze empor turnen. An die achtzig Male habe ich diese Übung inzwischen unternommen, nicht um mich sportlich zu beweisen, sondern mich der Freude zu vergewissern, welch große Dankbarkeit mich erfüllt, an diesem Orte wirken zu dürfen. Von der Kreuzblume der Turmspitze aus den Dom gleichsam im Grundriss zu sehen und wahrzunehmen, erinnert mich daran, dass ich das Privileg habe, an und für diesen Dom und die Menschen eine Zeit lang zu arbeiten. Die Kraft dieses Bauwerks erfüllt mich in luftigen Höhen ebenso wie am Boden. Und eint alle, die in Wien und Österreich leben: „Andere Dome werden verehrt, aber der Steffl wird geliebt!"

Der Gedanke der Himmelsleiter war von Billi Thanner geboren, die finanzielle Zusage eröffnete erst das beherzte Weiterverfolgen der wahrlich hochfliegenden Pläne. Der langjährige höchst verdienstvoll agierende Dombaumeister Wolfgang Zehetner war sofort Feuer und Flamme für die Idee und entkräftete bald mögliche Bedenken der Statik und Undurchführbarkeit des Projektes. Immer wieder legte er als versierter Sprecher der europäischen Dombaumeister und kunst- und kulturaffiner Beschützer und Bewahrer des historischen Erbes unseres Domes auch eine beispielgebende Offenheit für qualitätvolle zeitgenössische Arbeiten am Dom an den Tag. Nicht Verhinderung und Steine in den Weg legen ist sein Ansinnen, sondern Ermöglichung und Verbesserung sowie gute Einbettung in das historische Ensemble ist sein Programm für temporäre und bleibende Kunstwerke zeitgenössischer Künstlerinnen und Künstler. Mit ihm und seiner Überzeugungskraft konnte ich unseren Erzbischof Kardinal Christoph Schönborn und das gesamte Domkapitel ohne Gegenstimme für die temporäre Aufstellung der Himmelsleiter von Ostern bis Pfingsten 2021 und der anschließenden Langen Nacht der Kirchen gewinnen. Als Fastentuch in der Zeit davor wurde der Fastenpullover von Erwin Wurm ausnahmsweise ein zweites Mal gezeigt. Auch von ihm kam wohlwollende Zustimmung zu unserem geplanten Projekt.

Dreiwöchige Aufbauarbeiten gingen der Realisierung des städtebaulich imposanten Projektes voran. Am Mittwoch in der Karwoche, noch unter Lockdown-Bedingungen, wurde das terminlich riskant geplante Eröffnungsfest mit der Präsentation erfolgreich durchgeführt. Die Illuminierung der Himmelsleiter erfolgte in zwei Schritten innen und außen fehlerfrei. Die Tanz-Performance, welche die 33 Tugenden thematisierte, erlebten zwar direkt nur die 50 zugelassenen Besucher, begeisterte aber via Medien in den Stunden und Tagen darauf Menschen von St. Petersburg bis nach Kalifornien.

Nach dieser Vorstellung und Präsentation kam es liturgisch genau drei Tage später in der Osternacht zur permanenten Illumination der Himmelsleiter, die bis Pfingsten geplant war.

Das Erfolgsprojekt wird fortgeführt

In den Tagen und Wochen nach Ostern gab es in Wien wie auch in vielen anderen Städten nächtliche Ausgangsbeschränkungen. Öfters ging ich nach 20 Uhr bei einem Abendspaziergang mutterseelenallein durch die leergefegten Straßen und Gassen der Innenstadt. Von vielen Punkten aus konnte man den strahlenden Turm mit seiner goldleuchtenden Himmelsleiter sehen. Nur leider gab es wenig Menschen, die sich an diesem eindrucksvollen Anblick erfreuen konnten.

Sie war aber gedacht als ein Zeichen der Hoffnung für alle! So wie der Stammvater Jakob auf seiner Flucht nach schwerer Schuld des Betruges an seinem Vater Isaak wegen des erschlichenen Erstgeburtsrechtes enttäuscht und mutlos schläfrig auf einem Stein niedersank und in Träume fiel, so sollten alle den verheißungsvollen Zuspruch des Herrn hören und vernehmen: Du wirst gerettet werden, du sollst leben! Ich will dir Zukunft verheißen, du wirst Nachkommen haben und das Land erben! (Vgl. Genesis 28, 12-15)

Die ausnahmslos positive Zustimmung und Begeisterung für die Kunstinstallation veranlasste schließlich das Domkapitel, das Projekt zunächst bis September 2021, dann bis Ende Februar 2022 und schlussendlich sogar bis zum Ende der Pfingstoktav 2022 zu verlängern. Eine nochmalige Verlängerung der temporär geplanten Kunstinstallation ist in Vorbereitung.

Kunst, die die Hoffnung der Menschen beflügelt und den Himmel offen hält

Was bringt die Menschen innerhalb und außerhalb der Kirche dazu, derart eindeutig für eine solche zeitgenössische Intervention am Wahrzeichen der Stadt zu votieren? Ich meine, Billi Thanner hat es mit ihrer grandiosen Himmelsleiter geschafft, die Hoffnung der Menschen zu beflügeln. Gegen die allgemeine gesellschaftliche Grunddepression in Corona-Zeiten ein gut sichtbares Zeichen zu setzen, dass der Himmel über Wien offen steht. Wie oft hört man über diese Großstadt, dass der Glaube verdunste und alles irgendwie immer schlechter werde. Aber auch schon zum Apostel Petrus wurde über die damals verrufene Stadt Korinth gesagt: „Fürchte dich nicht! Rede nur, schweige nicht! Denn ich bin mit dir, niemand wird dir etwas antun. Viel Volk nämlich gehört mir in dieser Stadt!" (Apostelgeschichte 18,9.10)

Für mich ist diese Kunstinstallation eine großzügige und gut verständliche, niederschwellige Einladung an jede und jeden: Siehst du denn nicht, wie trotz aller Einschränkungen des Alltags durch Corona der Himmel offen steht! Engel steigen auf und nieder! Boten und Helfer Gottes kommen uns entgegen und laden uns ein, seine Gegenwart hier und heute doch zumindest in Spuren zu erkennen. Um dann auf dem Weg der Übung der wachsenden Tugenden – „Was immer wahrhaft, edel, recht, was lauter, liebenswert, ansprechend ist, was Tugend heißt und lobenswert ist, darauf seid bedacht!" (Philipper 4,8) – Schritt für Schritt, Sprosse für Sprosse Gott näher zu kommen.

„Wir kommen alle, alle in den Himmel, weil wir so brav sind, weil wir so brav sind!", heißt es im Refrain eines alten Wiener Heurigenlieds, in dem die Weinseligkeit besungen wird. Den Heilsoptimismus teile ich wohl, nur den allein seligmachenden Weg über den Genuss des inzwischen höchst qualitätsvollen Wiener Weines sicher nicht ganz. Wiewohl der Wiener Wein zur Fundamentierung des unvollendet gebliebenen Nordturmes von St. Stephan bedeutsam beigetragen hat. Der Südturm war im Jahr 1433 glorreich vollendet worden somit für einige Jahrzehnte der höchste Kirchturm der Welt – denn nach neueren Studien soll das Straßburger Münster nicht schon 1439, sondern aufgrund von gefälschten

Belegen erst 1493, also 60 Jahre später den Steffl an Höhe überholt haben. Jedenfalls soll im Jahr 1450 der Weinjahrgang so schlecht gewesen sein, dass die Weinbauern in Versuchung waren, allen Wein in die Straßengräben zu schütten. Kaiser Friedrich III. gab daraufhin den Befehl, ihn zur Baustelle des Nordturms zu bringen und ihn dem Baumörtel beizumischen, um eine bessere Festigung des Fundaments zu erreichen, ein Beispiel nachhaltigen Bauens im ausgehenden Mittelalter. Und heute noch spendieren die Winzer der WienWein-Gruppe den täglichen Bedarf des Messweines für alle Gottesdienste des ganzen Jahres (das sind 51 heilige Messen pro Woche).

Kunst, die auch heilend wirkt

Vier Monate nach der Eröffnung und Segnung der Himmelsleiter konnte zu dieser neu unterstrichenen vertikalen Hoffnungsrichtung unserer Stadt ein deutliches horizontales Zeichen gegen die allgemeinen Impfmüdigkeit gesetzt werden.

Mit der Einrichtung einer Impfstation in der Barbarakapelle unter dem Nordturm konnte analog (als Pendant) ein Gleichgewicht der christlichen Grundhaltung trotz manchen Widerstandes und Unverständnisses fest unterstrichen werden. Bis Mitte Februar 2022 waren es mehr als 45.000 impfwillige Menschen, ungeachtet ihrer religiösen Überzeugung, die sich in der Atmosphäre des Domes lieber (und vielleicht auch etwas länger) als im riesengroßen Impfzentrum der Stadt anstellten und so nicht nur sich selbst schützten, sondern ihren Beitrag zum Allgemeinwohl leisteten. Eine Schauspielerin schickte mir folgende SMS: „Am letzten Sonntag landete ich fast zufällig in der Impfschlange im Stephansdom… Jeden Schritt den ich Richtung „Booster-Impfung" tat in dieser außerordentlichen Atmosphäre des Doms fühlte ich mich mehr beschützt und geführt, … kaskadische Glücksgefühle überfielen mich, … der Blick auf die Himmelsleiter schien mir den direkten Zugang zu göttlicher Fürsorge zu zeigen."

Blick auf vergangene Höhepunkte und in die Zukunft

Neben diesen temporären Projekten wurden auf der Suche nach zeitgenössischen Heiligendarstellungen bereits eine Reihe von Kunstwerken verwirklicht. Für die selige Maria Restituta Kafka konnte der wohl berühmteste Bildhauer Österreichs Alfred Hrdlicka gewonnen werden, der mit seiner Skulptur für den Dom auch sein letztes Lebenswerk abschloss, bevor ich ihm einige Zeit später auf dem letzten Lebensweg als Seelsorger begleiten durfte. Darstellungen von Mutter Teresa, der seligen Hildegard Burjan, das Schweißtuch der heiligen Veronika und andere Werke von namhaften österreichischen Künstlerinnen und Künstlern durften noch folgen.

Voller Freude darf ich weitere Kunstinstallationen für St. Stephan für die nächsten Jahre planen, auch wenn einige wenige Kritiker dieser Praxis sich nach mehr Ruhe im Dom sehnen: „Einmal muss es nach all den Aufregungen wieder ruhiger werden. So ein einfaches violettes Fastentuch, wie es früher immer war."

So ist das neue von Eva Petriĉ künstlerisch gestaltete Fastentuch, das für 2022 geplant war, zwar schon inhaltlich genehmigt, aber in der Realisierung erst für 2023 bewilligt. Große Namen sind schon im Gespräch, darf und soll ich sie schon nennen? Hoffentlich nach den ersten Gesprächen Gottfried Helnwein, Hubert Schmalix und Eva Schlegel, Brigitte Kowanz ist uns leider schon vorausgegangen.

Mit Zuversicht in die Zukunft und voller Dankbarkeit blicke ich auf die spannenden Kunstprojekte der letzten Jahre mit Werken von Peter Baldinger, Stefan Knor, Elke Maier, Victoria Coeln, Lisa Huber, Eva Petriĉ und Veit Schiffmann. Sie alle zeugen davon, dass St. Stephan sich als lebendiger Austauschort für zeitgenössische Kunst einen Namen gemacht hat.

VON ÖFFENTLICHKEIT UND ORTSSPEZIFITÄT

DIE HIMMELSLEITER AM STEPHANSDOM ALS ÖFFENTLICHE ILLUMINATION

Ines Lange

Kommunikation und architektonischer Kontext

> „Der Wiener Stephansdom steht für Vieles: Er ist ein weltberühmtes Kulturgut und ein Bauwerk, das international keine Vergleiche zu scheuen braucht. Er ist *das* nationale Wahrzeichen Österreichs und ein Symbol für die österreichische Identität. Zugleich ist der Dom ein Touristenmagnet ersten Ranges. Aber allem voran ist der Stephansdom – neben seiner kulturellen Bedeutung – natürlich auch Kirche."[1]

Diese einführende Beobachtung findet sich auf der Website des Vereins „Unser Stephansdom" und spiegelt Eigenschaften wider, die für Wahrzeichen als typisch erscheinen. Auch wenn die Funktion des Baus im liturgischen Sinne seinen Zweck als Kirche *nach innen* nach wie vor erfüllt – etwa durch Gottesdienste –, ist die Kommunikation *nach außen* nicht nur für die Gemeinde, sondern für die gesamte Öffentlichkeit Wiens bestimmt. Oder anders formuliert: Man muss den sakralen Bau nicht betreten, damit er kommuniziert.

Gleichzeitig trifft dies in besonderem Maße vor allem auf Bauten zu, die durch Ihre schiere Höhe eine besondere Präsenz im Stadtbild einnehmen. Akteure, die sich diese Kommunikation zu Nutzen machen, sind heute vor allem wirtschaftliche Konzerne, die durch *branded buildings* und *corporate architecture*[2] oder im Falle von Hochhäusern durch *signature buildings*[3] Gebäude als Teil der *corporate identity*[4] ihrer Unternehmen mitdenken. Diese neuen Türme von Städten stehen in der Nachfolge einer Bautradition, die sich gerade in Europa durch die Türme von Kathedralen und Kirchbauten abbildet. Auch diese prägen noch heute – sofern erhalten – das Stadtbild europäischer Metropolen und stechen neben den neuen Türmen als traditionelle Wahrzeichen hervor.[5]

Und so steht auch der *Steffl* als Wahrzeichen für die Stadt, wobei in der Kommunikation nach außen dem südlichen Hochturm eine besondere Rolle zukommt: Der sich verjüngende Südturm wirkt dabei, den Ausführungen Johann Josef Bökers folgend, zur Spitze hin nadelähnlich, weshalb sich der Stephansdom von anderen gotischen Kathedralen wesentlich abhebt und neben der Höhe[6] in der Form durch eine charakteristische Zeichenhaftigkeit hervortritt.[7] Die Besonderheit des Südturms unterstrich auch bereits Adalbert Stifter 1844 in „Vom Sankt Stephansturme", wo er den Eindruck des

1 Annemarie Fenzl / Wolfgang Zehetner, Der Dom. Weltberühmtes Kulturgut und Wahrzeichen, https://www.stephansdom.at/dom.htm (abgerufen am 01.12.2021).

2 Vgl. Werner Lippert, Hochhäuser: Mythos – Ingenieurekunst – Baukultur, in: Petra Wenzel (Hg.) Der Traum vom Turm. Hochhäuser: Mythos - Ingenieurkunst – Baukultur, Ausstellung »Der Traum vom Turm« NRW-Forum Kultur und Wirtschaft, Düsseldorf, 6.11.2004–20.2.2005, Ostfildern-Ruit 2004, S. 20–21.

3 Vgl. Jons Messedat, Corporate Architecture. Entwicklung, Konzepte, Strategien, Ludwigsburg 2005, S. 62–63.

4 Vgl. Messedat, Corporate Architecture (s. Anm. 3), S. 21. Dabei folgt Jons Messedat den Ausführungen zum Standardwerk „Corporate Identity: Grundlagen, Funktionen, Fallbeispiele" von Klaus Birkigt, nach welchem CI die „strategisch geplante und operativ eingesetzte Selbstdarstellung und Verhaltensweise eines Unternehmens" meint, welche „nach innen und außen [...]" agiert.

5 Vgl. Peter Murray, Der Griff nach dem Himmel, in: Petra Wenzel (Hg.) Der Traum vom Turm. Hochhäuser: Mythos – Ingenieurkunst – Baukultur, Ausstellung „Der Traum vom Turm" NRW-Forum Kultur und Wirtschaft, Düsseldorf, 6.11.2004–20.2.2005, Ostfildern-Ruit 2004, S. 58–63. Auch Peter Murray stellt die Hochhäuser in die Tradition von gotischen Kirchen und Kathedralen. Dabei sind jedoch als Vorläufer noch weitere Bautypen zu nennen, wie Pyramiden, Zikkurats, Minarette, Säulen, Campanile oder (Wach-)türme. Gleichzeitig betont Murray auch die stetige Intention des Machtanspruchs sowie der Spiritualität, die durch hohe Bauten ausgedrückt wird.

6 Vgl. Annemarie Fenzl / Wolfgang Zehetner, Der Dom in Zahlen, https://www.stephansdom.at/dom_in_zahlen.htm (abgerufen am 12.01.2021); Vgl. René Laglstorfer, https://www.nachrichten.at/oberoesterreich/Hoechster-Kirchturm-OEsterreichs-Der-Steffl-hat-die-Nase-knapp-vor-dem-Linzer-Dom;art4,2956666 (abgerufen am 17.12.2021). Der Südturm ist mit seinen 136,44 Metern Höhe der höchste Kirchturm Österreichs.

7 Vgl. Johann Joseph Böker, Der Wiener Stephansdom. Architektur als Sinnbild für das Haus Österreich, Salzburg 2007, S. 13.

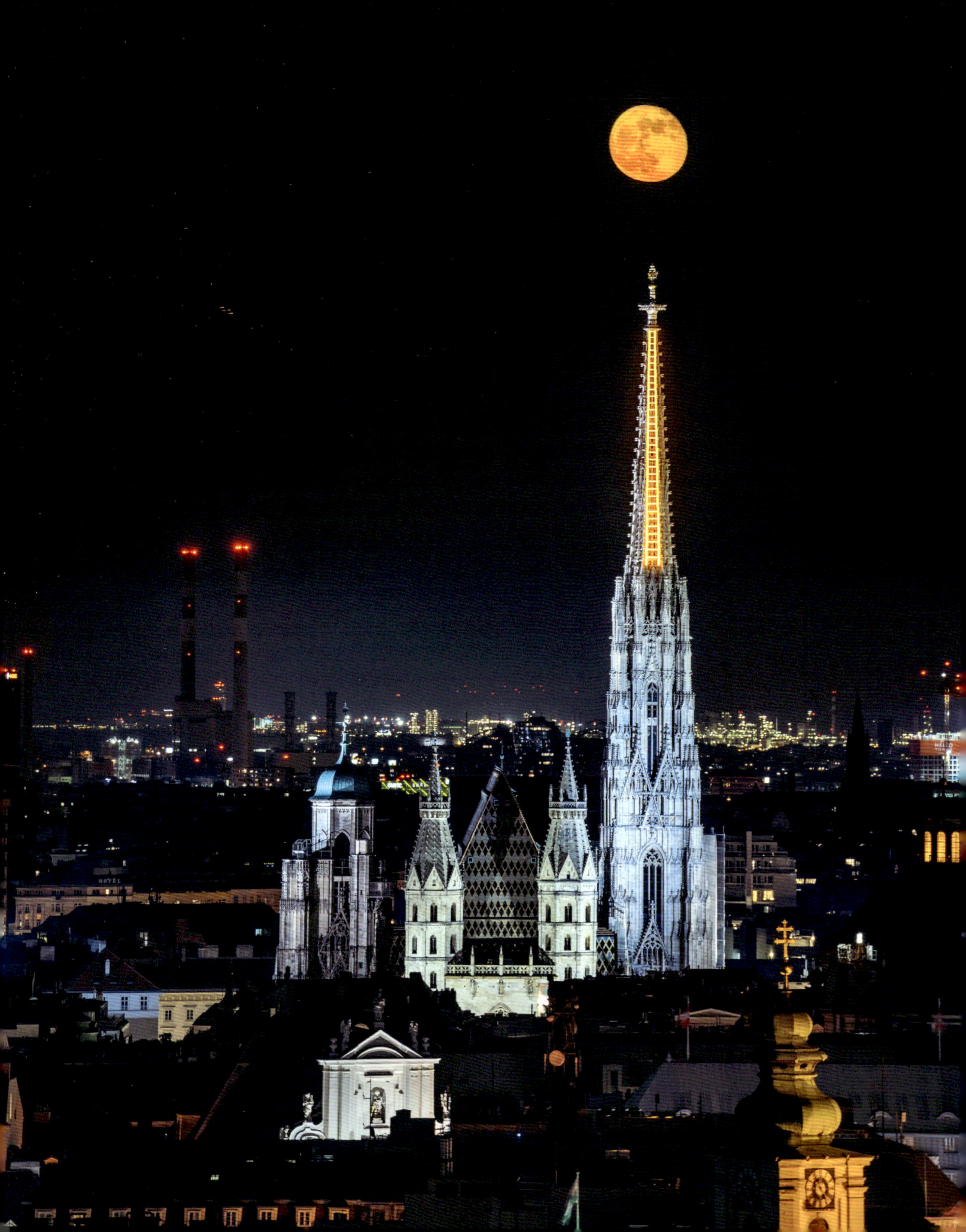

Gebäudes auf ihn von einer umliegenden Anhöhe aus beschrieb:[8]

> „Und an der Kirche ist wiederum der Turm der Zeiger ihrer Majestät, denn denkt man ihn weg, so könnte die Kirche auch irgendein ansehnliches Stadthaus oder ein hervorragendes Schloß [sic] sein. Er gibt ihr ihre Bedeutung. Wenn man in großen Entfernungen ist, in denen man weder die Stadt noch die Kirche erblicken kann, so ragt doch er wie ein blauer Schatten oder wie eine matte Linie oder wie eine dämmerige Pappel empor."[9]

Seit der Osternacht 2021 wurde der prominente Südturm jedoch um ein Kunstwerk – einen *leuchtenden Zeiger* – ergänzt: Die Himmelsleiter der Künstlerin Billi Thanner.[10] Im Folgenden wird daher das Kunstwerk in seiner Kontextualisierung am Dom genauer betrachtet und eingeordnet. Was passiert mit dem höchsten Kirchturm Österreichs durch die Anbringung der leuchtenden Himmelsleiter am Südturm, und wie positioniert sich das Werk im Kontext der Öffentlichkeit?

Abb. 1: Die gold-leuchtende Himmelsleiter zeigt sich am Südturm von St. Stephan über den Dächern Wiens

Die Himmelsleiter als Illumination am (und im) Stephansdom

Ebenso wie der Dom nach innen und außen kommuniziert, tut dies auch die Himmelsleiter von Billi Thanner, die an zwei Orten im Dom angebracht ist:[11] Der öffentlich sichtbare Teil der Leiter befindet sich am Südturm und blickt nach Westen, was eine Betonung der westlichen Schauseite hervorruft. Diese Akzentuierung der Schauseite ist insofern hervorzuheben, da diese in Konkurrenz tritt mit den Ausführungen Bökers, der beim Betrachten vor allem eine in südlicher Ausrichtung sich darlegende *Offenheit* der Südfront des Langhauses konstatiert, die vor allem durch die Maßwerkgliederung und Durchfensterung dem *geschlossenen* Eindruck aus der Ferne entgegensteht.[12] Traditionell ist die Westfassade bei gotischen Kathedralen auch zumeist als Schauseite angelegt,[13] weshalb die Anbringungsrichtung der Himmelsleiter eine besondere Betonung des Baus hervorruft. Der zweite Teil der Leiter befindet sich im Inneren des Doms und ist im unteren Geschoss des Südturms, oberhalb des Eingangs zur Taufkapelle angebracht.[14]

Während die Leiter als Symbol sich in der alttestamentarischen Erzählung bei Gen 28,12 in Jakobs Traum als Leiter zwischen Himmel und Erde darstellt, auf welcher Engel hinauf und hinabstiegen,[15] kann die Leiter allgemein formuliert als „Symbol der Weltachse"[16] gelten

8 Vgl. ebd. Einen erweiterten Auszug dieses Zitats nutzt auch Böker zum Einstieg. Die Einleitung Bökers bietet außerdem eine allgemeine Beschreibung zum Stephansdom.

9 Adalbert Stifter, Vom Sankt Stephansturme, Wien 1952, S. 5–6.

10 Vgl. Joachim Werz spricht mit Billi Thanner, Im Gespräch, in: das münster 2 (2021), S. 155–158.

11 Vgl. Werz / Thanner, Gespräch (s. Anm. 10), S. 157. Werz über die Himmelsleiter: „Mir fiel auf, dass die oberen Zweidrittel der „Himmelsleiter" sichtbar am Turm des Domes erstrahlen, während das untere Drittel in den Kirchenraum hineinragt."

12 Vgl. Böker, Stephansdom (s. Anm. 7), S. 13.

13 Vgl. ebd.

14 Vgl. Werz / Thanner, Gespräch (s. Anm. 10), S. 158. Billi Thanner beschreibt im Gespräch die Taufkapelle als Startpunkt der Himmelsleiter.

15 Gen. 28, 12. „Und ihm träumte, und siehe, eine Leiter stand auf Erden, die rührte mit der Spitze an den Himmel, und siehe, die Engel Gottes stiegen daran auf und nieder." Vgl. Werz, Gespräch, (s. Anm.10), S. 155. Werz bezieht sich zu Anfang des Gesprächs auf Gen. 28,12 und verweist auch auf die verschiedenen Deutungsmöglichkeiten in der christlichen Tradition.

16 John Paul Cooper, Illustriertes Lexikon der traditionellen Symbole, Leipzig 1986, S. 108.

und wird häufig als „Sinnbild der Verbindung zwischen Himmel und Erde"[17] gedeutet, die – wie bei Gen 28,12 – in beide Richtungen[18] gedacht ist.

Betrachtet man die Leiter in ihrer Struktur, so lassen sich die Elemente der Leiter in (horizontale) Sprossen[19] und (vertikale) Holme[20] aufteilen, die additiv aneinandergesetzt die Form der Leiter ergeben. Auch wenn die Funktion der Leiter, unterstützt durch ihre vertikale Anbringung am und im Bau, metaphorisch für die vertikale Verbindungsachse steht, transportiert die Leiter durch die Sprossen auch eine *horizontale* Ebene. Ebenso spiegelt sich in der Architektur diese Kategorisierungen von Horizontale und Vertikale wider, wodurch das formale Auftreten der Leiter auf im Kirchenbau übliche Fragen nach Horizontale und Vertikale verweist. Jörg Grütter konstatiert in seinen wahrnehmungstheoretischen Ausführungen „Grundlagen der Architekturwahrnehmung" die Vertikale und Horizontale als Hauptachsen der Architektur, die ein Strukturgerüst bzw. Rasternetz bilden. Weiter hebt er die Bedeutung dieser Achsen in sakralen Bauten hervor:[21]

> „Die Horizontale trennt „Himmel" und „Erde", sie bildet den Horizont. Die Vertikale verbindet das Volle, Handgreifliche der Erde mit der unwirklichen Leere des Himmels, den Bereich des Menschen mit der Sphäre des Göttlichen und spielt deshalb in jeder Sakralarchitektur eine entscheidende Rolle."[22]

Diese Achsen[23] sind dabei nicht nur Strukturgerüst, sondern lassen sich zu Bewegungsachsen weiterdenken: So wie die Himmelsleiter – bei Gen 28,12 – in beide Richtungen genutzt werden kann, befinden sich auch im Dom vertikale Bewegungsmöglichkeiten durch Treppentürme[24]. Zwar sind diese als Wendeltreppe und nicht als Leiter angelegt, jedoch kann durch diese das Auf- und Absteigen nachempfunden werden, was durch die nach außen gerichtete Himmelsleiter implementiert wird.

Neben dem Spannungsfeld der Vertikalen und Horizontalen, positioniert sich die Installation, wie oben bereits angesprochen, außerdem zwischen dem Innen und Außen. Der Teil der Leiter im Inneren ist *näher*, dadurch *nahbarer* und zeigt sich gleichzeitig nur jenen, die den Sakralbau betreten.[25] Der obere Teil der Leiter ist dagegen für die gesamte Öffentlichkeit Wiens sichtbar, situiert sich jedoch in unerreichbaren Höhen auf dem vertrauten Wahrzeichen der Stadt.

Somit changiert die Himmelsleiter in einer Ambivalenz zwischen dem Innen und dem Außen sowie dem Nahen und dem Fernen im Kontext des Stephansdoms. Gleichzeitig referieren die Teile der Leiter durch den simplen, aber identischen Aufbau auf ihr jeweiliges Gegenstück, was das Werk im Kontext der Domarchitektur in ein zusätzliches Spannungsverhältnis setzt: Durch die vertikale Überlagerung gehören die Leiterteile zueinander und dennoch ist es nicht möglich, diese gleichzeitig zu betrachten.

17 Hildegard Kretschmer, Lexikon der Symbole und Attribute in der Kunst, Ditzingen 2018, S. 259.

18 Vgl. Cooper, Symbole (s. Anm. 16), S. 108.

19 Vgl. Andreas Färber, Billi Thanners Himmelsleiter für den Stephansdom https://www.altertuemliches.at/termine/ausstellung/51068 (abgerufen am 17.12.2021). Der innere Leiterteil hat 21 Sprossen und ist 18 Meter hoch, während der äußere Leiterteil die doppelte Länge – 36 Meter – aufweist und 33 Sprossen aufnimmt.

20 Vgl. ebd. Ähnlich wie die Turmspitze sich nach oben hin verjüngt, sind auch die Holme der Leiter verjüngend konstruiert.

21 Vgl. Jörg Kurt Grütter, Grundlagen der Architektur-Wahrnehmung, Wiesbaden 2015, S. 34.

22 Ebd.

23 Vgl. Grütter, Architektur-Wahrnehmung (s. Anm. 21), S. 301–304. Hier führt Grütter noch weiter den Begriff der Achse aus.

24 Vgl. Böker, Stephansdom (s. Anm. 7), S. 98–102. Böker beschreibt hier genauer den Baubeginn und den Treppenturm.

25 Vgl. Werz / Thanner, Gespräch (s. Anm. 10), S. 158. Nach Thanner befindet sich der untere Teil der Himmelsleiter in der Nähe der Taufkapelle, wobei die unteren Sprossen zudem in Richtung des Taufbeckens fliehen.

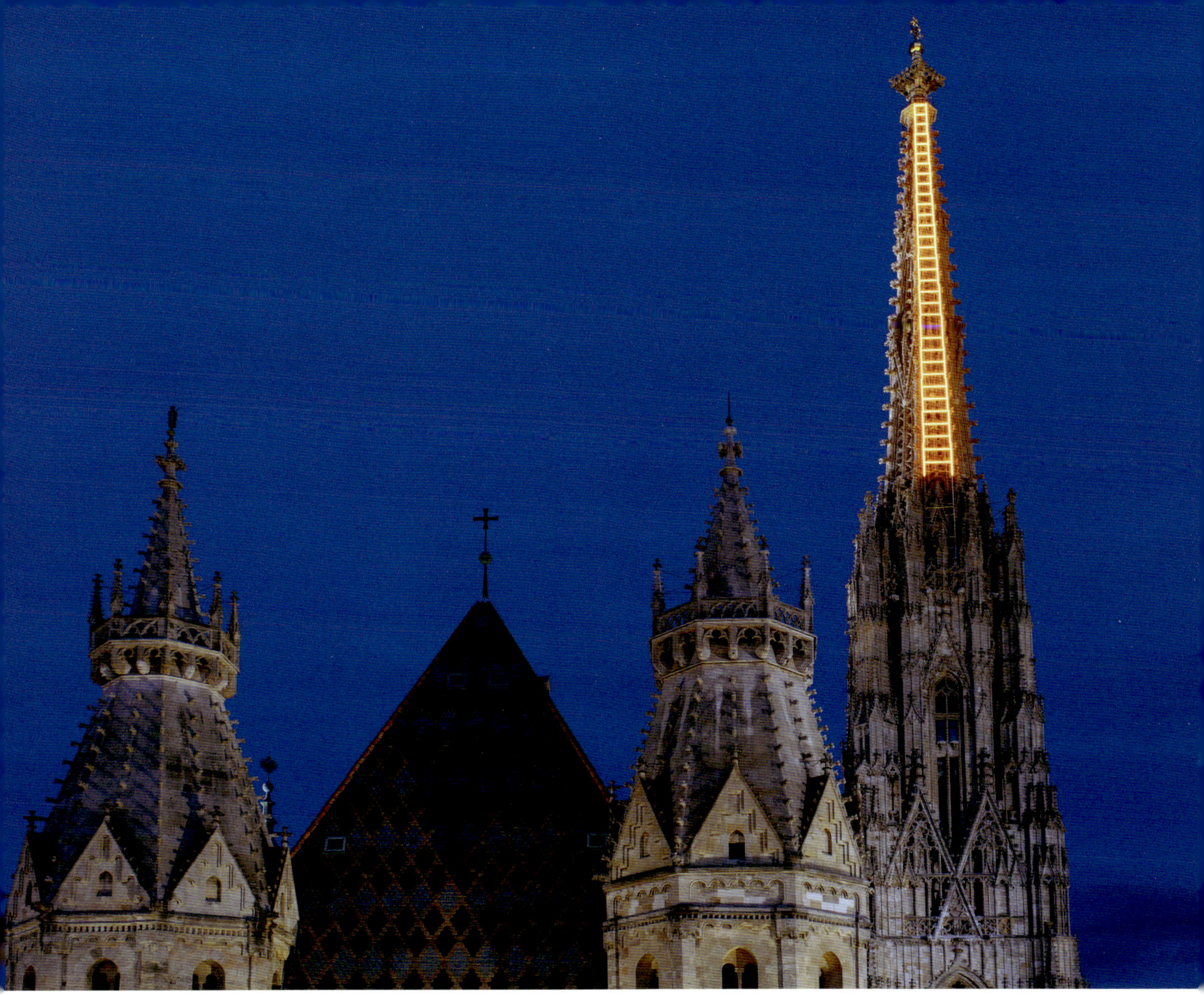

Abb. 2: Der höchste Turm des Stephansdoms wird durch die Illumination besonders bei Nacht hervorgehoben

Neben der Verortung des Kunstwerks am und im Dom nimmt gerade im hier gegebenen sakralen Kontext das Licht eine besondere Rolle ein. Licht als Material wird auch von der Künstlerin Billi Thanner aufgegriffen, da sich die Leiter– der ursprünglichen Funktion enthoben – aus Neonlichtröhren[26] zusammensetzt. Monika Wagner kontextualisiert und charakterisiert Licht in „Das Material der Kunst. Eine andere Geschichte der Moderne" wie folgt:

26 Vgl. Werz / Thanner, Gespräch (s. Anm. 10), S. 157. Thanner äußert sich zum Material und dem Thema wie folgt: „Typisch ist sowohl die Leiter als auch das Neonlicht sowie das Aluminium."

„Licht als das erste Prinzip der biblischen Schöpfung war jahrhundertelang Gegenstand theologischer Spekulationen. Seine außerordentliche Bedeutung wurde stets mit seinem intermediären Charakter in Zusammenhang gebracht und als Immaterialität gerühmt. Das Licht, das durch die farbigen Glasfenster gotischer Kathedralen fällt, galt als Mittler einer alle irdischen Hindernisse durchdringenden göttlichen Instanz."[27]

Gleichzeitig zeigt sich Licht als Material in der Regel nur in Verbindung mit anderen Materialien wie Glas oder materialisiert sich erst durch eine Projektionsfläche. Doch vor allem ist Licht auf Dunkelheit angewiesen, um zu wirken.[28] Die Lichtinstallation greift so die Thematik des Lichts als ein wesentliches Gestaltungselement des mittelalterlichen Kirchenbaus auf und transformiert dieses in eine aktualisierte, stilisierte Form der neongoldenen[29] Himmelsleiter, die aus sich heraus leuchtet. Die Wirkung bei Dunkelheit ist dabei vor allem bei der neongold-leuchtenden[30] Himmelsleiter im Außenraum an der Turmspitze hervorzuheben.

Kunst im öffentlichen Raum und Ortsspezifität

Die Himmelsleiter ist mit dem architektonischen und räumlichen Kontext, wie oben bereits werkimmanent aufgezeigt, eng verwoben. Diese Kontextgebundenheit lässt sich auch auf den Entstehungs- und Ideenprozess des Werks zurückführen. Die Idee zum Werk ist, Thanners eigenen Aussagen folgend, durch die Begegnung mit dem Stephansdom und der architektonischen Situation am Südturm entstanden,[31] wobei die Leiter als Motiv in Thanners künstlerischem Tun kein Novum darstellt.[32] Billi Thanner resümiert dazu wörtlich:

„Ich verließ das Dompfarramt, schaute zum Südturm des Domes und da war sie, die leuchtende Leiter, die keiner übersehen kann."[33]

Gerade der letzte Teil der Aussage impliziert dabei die gesamte Öffentlichkeit als Adressatenkreis des Werks und betont die Bedeutung der Leiter am Südturm, die für alle sichtbar über der Stadt Wien am Wahrzeichen zu sehen ist.

Kunst, die die Öffentlichkeit in einem räumlichen Kontext miteinschließt, wird im deutschsprachigen Raum häufig unter der Bezeichnung *Kunst im öffentlichen Raum*[34] verhandelt. Auch wenn der Begriff der Öffentlichkeit nach Hubertus Butin je nach Perspektive

27 Monika Wagner, Das Material der Kunst. Eine andere Geschichte der Moderne, München ^{2}2013, S. 259.

28 Vgl. Frances Livings, Licht, in: Monika Wagner / Dietmar Rübel / Sebastian Hackenschmidt (Hg.), Lexikon des künstlerischen Materials. Werkstoff der modernen Kunst von Abfall bis Zinn, ^{2}2010, S. 166.

29 Vgl. Dompfarre St. Stephan, Himmelsleiter, https://www.dompfarre.info/Pfarrgruppen/Kulturelle_Gruppen/Kunst_im_Dom/Himmelsleiter.html (abgerufen am 17.12.2021), vgl. Färber, Himmelsleiter (s. Anm. 19), https://www.altertuemliches.at/termine/ausstellung/51068 (abgerufen am 17.12.2021). In der medialen Resonanz wird die Leiter meist als *neongold* oder *neongelb* beschrieben.

30 Michael Liebelt, Gold, in: Monika Wagner / Dietmar Rübel / Sebastian Hackenschmidt (Hg.), Lexikon des künstlerischen Materials. Werkstoff der modernen Kunst von Abfall bis Zinn, ^{2}2010, S. 122. Neben dem Licht als Material sei hier noch spezifischer die Farbigkeit des *goldenen* Lichts herausgestellt. Gold als Material findet seine historische Verschränkung zum Licht in Andachtsbildern oder illuminierten mittelalterlichen Schriften, in welchen „Goldgrund als Konkretion des Lichts im göttlichen <<Unraum>>" galt.

31 Vgl. Werz / Thanner, Gespräch (s. Anm. 10), S. 156. Thanner beschreibt im Gespräch mit Werz die Ideenfindung.

32 Vgl. ebd., S. 157. Thanner dazu: „Ich muss gestehen, dass ich die Leiter schon oft gemalt habe. [...]"

33 Werz / Thanner, Gespräch (s. Anm. 10), S. 156.

34 Vgl. Hubertus Butin, Kunst im öffentlichen Raum, in: Hubertus Butin (Hg.), Begriffslexikon zur zeitgenössischen Kunst, Köln 2014, S. 163; Vgl. Burcu Dogramaci, Kunst im öffentlichen Raum, in: Ulrich Pfis-

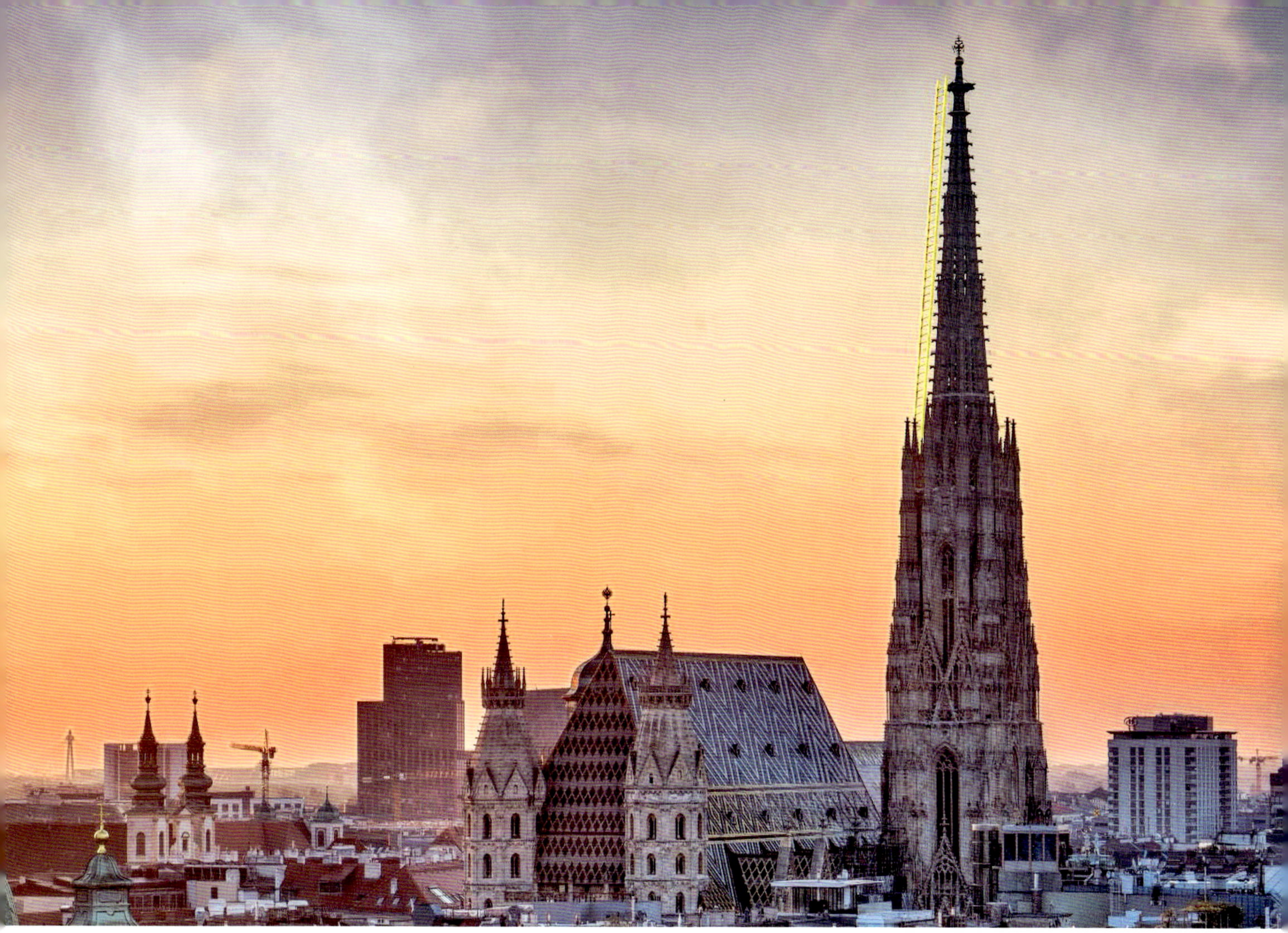

Abb. 3: Bereits der Entwurf der Fotomontage zeigt die goldene Leiter und die Betonung der Installation im äußeren Bereich

eine unterschiedliche Konturierung in der Definition mit sich bringt, wird im Kontext von *Kunst im öffentlichen Raum* meist von einem urbanen Außenraum ausgegangen, welcher frei zugänglich ist. Der öffentliche Raum kann dabei, Butin folgend, neben verkehrstechnischen, ökonomischen, sozialen und politischen Funktionen auch die Funktion als Präsentationsort von zeitgenössischer Kunst erfüllen. Im Kontext von Städten, Stadtimage und Stadtmarketing kann Kunst dabei beispielsweise durch Ausstellungsprojekte auch einer Strategie folgen, die zum Ziel hat, die Standortförderung zu verbessern.[35] Neben diesen spezifischeren und konkreten städtischen Projekten kann unter den Begriff der *Kunst im öffentlichen Raum* jedoch eine Vielzahl an künstlerischen Projekten und Auftraggeberschaften subsumiert werden, welche im Laufe der Zeit variieren.[36]

terer, Metzler Lexikon Kunstwissenschaft. Ideen, Methoden, Begriffe, Stuttgart ²2011, S. 242. Einführend zum Terminus „Kunst im öffentlichen Raum" siehe ebd.

35 Vgl. Butin, Raum (s. Anm. 34), S. 163–164, vgl. Dogramaci, Raum (s. Anm. 34), S. 242. Nach Dogramaci sind bei den öffentlich zugänglichen Orten auch (teil-)private Orte gemeint, die von einer größeren Öffentlichkeit wahrgenommen werden können.

36 Vgl. Dogramaci, Raum (s. Anm. 34), S. 243.

Seit den 1970er Jahren ist außerdem – im Kontext der Öffentlichkeit als Verhandlungsraum zeitgenössischer Kunst – eine Auseinandersetzung von Künstlerinnen und Künstlern[37] mit Kunstwerken in konkreten Außenräumen zu verzeichnen. Dabei wurde in den 1970er Jahren eine projekt- und prozesshaft angelegte künstlerische Praxis fokussiert, die gleichzeitig den Begriff und das Konzept der *Site Specificity* mitdenkt.[38]

Nach Walter Grasskamp, der sich auf das Beispiel der *Skulptur Projekte Münster* bezieht, ist mit dem Begriff der *Site Specificity* mehr gemeint „als nur eine räumliche und atmosphärische Korrespondenz von Aufstellungsort und Werk"[39], sodass er „eine gewisse Untrennbarkeit"[40] von Ort und Werk konstatiert.

Als Kriterien dieser *Ortsspezifität* nennt Doris Krystof die untrennbare Verbundenheit von Kunst und einem konkreten Ort, wobei sich die Kunst „dabei nicht nur formal (architektonisch, funktional), sondern auch inhaltlich (historisch, soziologisch, politisch) mit diesem [Ort] befasst"[41]. Gleichzeitig können sowohl projekthafte, aktionistische oder ereignishafte als auch skulpturale oder installative Arbeiten als *ortsspezifisch* gelten, wobei auch der zeitliche Rahmen entweder begrenzt oder dauerhaft angelegt sein kann.[42]

Diese *Ortsspezifität*, die bei *Kunst im öffentlichen Raum* meist auftritt, geht häufig Hand in Hand mit einer institutionskritischen Haltung, die jedoch nach Doris Krystof gerade durch „die komplexe Gemengelage der Interessen bei der Aufstellung von Kunst im urbanen Außenraum verwässert"[43]. Gleichzeitig stellt sich bei *Kunst im öffentlichen Raum* auch die Frage nach Partizipation und Teilhabe der Öffentlichkeit, die sich vor allem seit den 1990er Jahren in der Kunst ablesen lässt. Ebenfalls seit den 1990er Jahren zeigt sich nach Butin außerdem die Tendenz, dass *Kunst im öffentlichen Raum* immer mehr die Frage nach gesellschaftlichen Aspekten stellt, wobei in der künstlerischen Praxis dabei häufig „modellhafte oder konkrete Lösungsansätze in einer kollektiven oder zumindest interaktiven Form"[44] entstehen.[45]

Ein weiterer Terminus, der den Begriff der Öffentlichkeit und Kunst mitdenkt und gerade in Deutschland in einem spezifischen Diskurs zu lesen ist, ist die Bezeichnung *Kunst am Bau*. Dabei bezeichnet Claudia Büttner resümierend *Kunst am Bau* als Auftragskunst, die im Kontext von Hochbaumaßnahmen entsteht und von Kunstschaffenden oder Kunsthandwerkenden stammt.[46] Im Fall der Himmelsleiter kam jedoch nicht der Staat als Auftraggeber zum Einsatz, sondern die Kirche[47], die als

37 Vgl. Butin, Raum (s. Anm. 34), S. 164. Butin nennt hier exemplarisch vor allem Künstlerinnen und Künstler in Europa und Nordamerika, wie Richard Serra oder Robert Simpson.

38 Vgl. Ebd.

39 Walter Grasskamp, Kunst und Stadt, in: Klaus Bußmann / Kasper König / Florian Matzner (Hg.), Skulptur. Projekte in Münster 1997, Ausstellung „Skulptur. Projekte in Münster 1997" Westfälisches Landesmuseum Münster, 22.6.1997–28.11.1997, Ostfildern-Ruit 1997, S. 26.

40 Ebd.

41 Doris Krystof, Ortsspezifität, in: Hubertus Butin (Hg.), Begriffslexikon zur zeitgenössischen Kunst, Köln 2014, S. 270.

42 Vgl. Ebd.

43 Krystof, Ortsspezifität (s. Anm. 41), 272.

44 Butin, Raum (s. Anm. 34), S. 166.

45 Vgl. Butin, Raum (s. Anm. 34), S. 165–166.

46 Vgl. BMVBS (Hg.): Geschichte der Kunst am Bau in Deutschland, Berlin 2011, S. 122. Zur historischen Entwicklung siehe auch: Elisabeth Dühr, Kunst am Bau – Kunst im öffentlichen Raum. Geschichte und Entwicklung öffentlicher Kunst im Spannungsfeld von Architektur, Städtebau und Kulturpolitik in der Bundesrepublik Deutschland, Phil. Diss.1988. Frankfurt / Berlin / New York 1991. Einen aktuellen Blick auf die letzten 70 Jahre Kunst am Bau wirft außerdem die aktuelle Ausstellung sowie der gleichnamige Katalog „70 Jahre Kunst am Bau in Deutschland". Siehe dazu: https://www.bbr.bund.de/BBR/DE/KunstamBau/70-jahre-kunst-am-bau-in-deutschland.html;jsessionid=FD51CA649E92F2B65F77CFB195C4E302.live11294#doc3032090bodyText1 (abgerufen am 19.12.2021). In Österreich ist in diesem Kontext außerdem die GmbH KÖR zu nennen. Siehe dazu: https://www.koer.or.at/ (abgerufen am 19.12.2021).

47 Vgl. Werz / Thanner, Gespräch (s. Anm. 10), S. 156. Werz spricht im Interview die Beziehung zwischen Kunst und Kirche sowie spezifischer die Rolle der Kirche als Auftraggeberin an.

„Ort der Realisierung"[48] fungierte. Daher soll im Folgenden die Himmelsleiter vor allem bezüglich der Kontextualisierung im öffentlichen Raum und der damit einhergehenden *Ortsspezifität* betrachtet werden.

Die leuchtende Himmelsleiter: Öffentlichkeit und Ortsspezifität

Gerade auf formaler Ebene weist die Himmelsleiter am und im Stephandom architektonische Bezüge auf, die sich gleichzeitig eng verweben mit dem inhaltlichen Symbolgehalt der Himmelsleiter. So setzte, wie oben beschrieben, der Ideen- und Entwurfsprozess bei der konkreten architektonischen Situation an. Hierbei wurde von den bereits funktional besetzten Räumen des Stephansdom ausgegangen: Während die Sprossen der am Südturm angebrachten Leiter in der christlichen Tradition auf bestimmte Tugenden verweisen,[49] wird durch den architektonischen Kontext des nahe gelegenen Taufkapelle die Taufe – als Sakrament – an den Anfang dieser Tugenden gesetzt[50]. Diese innere funktionale Bindung der Taufkapelle an die Himmelsleiter wird jedoch nur durch das Betreten des religiösen Raumes möglich. Von außen wird diese innere Kopplung an den architektonischen Innenraum für vorbeilaufende Passant*innen nicht deutlich. Daher weicht die *ortsspezifische* Prägung der Installation im Innenraum von der sich nach außen – zur gesamten Öffentlichkeit Wiens wendenden – Botschaft ab, welche nicht nur von jenen rezipiert werden kann, die den Kirchenbau betreten. Dennoch bleibt die Leiter im Außenraum konkret an den katholischen Kirchenbau gebunden.[51] Da der Stephansdom jedoch über seine liturgische Funktion hinaus als Wahrzeichen Wiens nicht nur für die Kirche als Institution, sondern für ganz Wien steht, *öffnet* sich die Himmelsleiter im Außenraum einer breiten Öffentlichkeit und bleibt gleichzeitig in einer Tradition verhaftet, die sich nicht zuletzt durch die Nutzung des Materials Licht ergibt und weiterschreibt.

Gerade im Kontext von Lichtkunst an Kirchenbauten soll daher vergleichend noch auf die am Südturm der Lamberti-Kirche in Münster angebrachten *Drei Irrlichter* von Lothar Baumgarten verwiesen werden, die weniger auf die Botschaft der Kirche als auf einen erinnerungskulturellen Kontext anspielen.[52] Das Werk am Südturm entstand 1987 im Kontext der *Skulptur Projekte Münster*[53], bei welchem die Platzsuche für die Kunstwerke konzeptionell an den Anfang des Entwurfsprozesses gesetzt wurde.[54] Das mit einfachen Mitteln – konkret gesprochen 3 Glühbirnen – umgesetzte Werk befindet sich in den drei Wiedertäufer-Käfigen, welche am Südturm der Lamberti Kirche angebracht wurden.[55] Die drei in ihrer Rekonstruktion am Turm angebrachten Käfige

48 Ebd., S. 157. Thanner bezeichnet die Kirche im Gespräch als solche. Gleichzeitig sei ergänzend – wie bereits oben ausgeführt – bei Kunst im öffentlichen Raum nicht nur der Adressatenkreis der Öffentlichkeit, sondern auch die Auftraggeberschaft, die in verschiedenen Konstellationen auftreten kann mitzudenken. Im Fall der Himmelsleiter übernahm die Finanzierung „SIMACEK VISIONARY PROJECTS". Siehe dazu: http://simacekvisionaryproject.at/ (abgerufen am 20.12.2021).

49 Vgl. Werz / Thanner, Gespräch (s. Anm. 10), S. 155. Thanner zählt im Interview die verschiedenen „Stufen der Tugenden" auf.

50 Vgl. ebd., S. 158. Billi Thanner äußert sich im Interview dazu wie folgt: „Ich finde es ja sehr gut, dass der untere Teil der Himmelsleiter in der Taufkapelle beginnt. […] Mit der Taufe beginnt das Leben als Christ und damit das Leben auf dem Weg der Tugend. Wenn man genau hinsieht, dann erkennt man ja auch, dass sich die ersten Sprossen bewusst in Richtung des Taufbeckens krümmen."

51 Vgl. ebd., S. 157–158. Im Interview stellt Joachim Werz die Frage nach der Teilung der Leiter zwischen Innen- und Außenraum. Neben den technischen Bedingungen, die die Teilung der Leiter als konstruktive Lösung mitbrachte, betont Billi Thanner, die konkrete Koppelung zwischen Glauben und Kunstwerk: „Ich sage, dass es schon so ist, dass ja auch der Dom für einen konkreten Glauben steht, der eine klare Botschaft vermittelt."

52 Vgl. Grasskamp, Stadt (s. Anm. 39), S. 31.

53 Vgl. ebd.

54 Vgl. ebd., S. 27.

55 Vgl. ebd., S. 31–32.

verweisen auf den Aufstand der Wiedertäufer gegen den katholischen Fürstbischof,[56] konkreter auf die Ereignisse der *Johannisnacht* von 1535, bei welcher die „radikal reformatorisch-christliche Bewegung"[57] gewaltsam niedergeschlagen wurde und den Anführern der Prozess gemacht wurde.[58]

Anschließend ließ die katholische Kirche die Leichname der den Aufstand anführenden Widertäufer in Käfigen am Südturm anbringen. Dadurch wurde neben dem Verweigern eines Begräbnisses außerdem ein mächtiges Zeichen der Abschreckung gesetzt, indem eine mögliche Strafe bei Aufständen für alle sichtbar am Turm aufgezeigt wurde.[59] Nach Ronja Primke erfüllt die Installation dadurch einerseits die Funktion des Erinnerns an die Ereignisse der Johannisnacht und andererseits wird durch die Installation auch die Anmahnung im Umgang mit Andersgläubigen sichtbar.[60] Dabei setzt sich was Werk direkt mit der Geschichte Münsters auseinander und weist *Ortsspezifität* auf, welche jedoch einen erinnerungskulturellen Fokus setzt. Auch hier tritt die leuchtende Wirkung nur bei Nacht hervor und gleichzeitig wird – Walter Grasskamp folgend – die Präsenz der Wiedertäufer im Stadtbild gestärkt, was sich auch durch das Schaukeln der Käfige bei Wind ergibt.[61] Weiter schreibt Grasskamp: „Bleiben sie [die Wiedertäufer] tagsüber tot, wie sie einst am Kirchturm hochgezogen worden waren, so schien die Nacht ihnen mit den elektrischen Birnen neue Lebenslichter zukommen zu lassen."[62]

Vergleichend unterscheidet sich die Himmelsleiter von Billi Thanner daher sowohl auf formaler wie auch auf funktionaler Ebene bezüglich der *Ortsspezifität*. Gleichzeitig ist jedoch gerade der Einsatz von Licht als Material sowie das konkrete Ansetzen an einer spezifischen architektonischen Situation – in beiden Fällen eine Kirche mit Wahrzeichencharakter – als Gemeinsamkeit zu vermerken. Gerade im Fall der Himmelsleiter ist es die Sichtbarkeit bei Dunkelheit und die damit einhergehende Latenz, die sich tagsüber abzeichnet, welche in einem spannungsvollen Kontrast zu dem herausstechenden und markanten *sich Zeigen* bei Nacht steht. Während jedoch die *Drei Irrlichter* als stetige Installation seit 1987 in Münster jede Nacht leuchten,[63] ist die Himmelsleiter von Billi Thanner als temporäre Installation angelegt.[64] Daher ist neben dem bereits herausgearbeiteten *Ortsspezifischen* der Installation noch die zeitliche Ebene herauszustellen. So zeigt sich das Zeitspezifische nicht nur bei Tag bzw. Nacht, sondern auch durch den zeitlichen Startpunkt der Illumination zur Osternacht 2021, in der traditionell die Katechumen getauft werden.[65] Dadurch wird wieder ein örtlicher Bezug zur Taufkapelle und dem Taufbecken sowie zu den ersten Sprossen der Himmelsleiter im Inneren hergestellt.

56 Vgl. ebd.

57 Ronja Primke, Lothar Baumgarten, https://www.skulptur-projekte-archiv.de/de-de/1987/projects/8/#project (abgerufen am 21.12.2021).

58 Vgl. Primke, Baumgarten (s. Anm. 57), https://www.skulptur-projekte-archiv.de/de-de/1987/projects/8/#project (abgerufen am 21.12.2021).

59 Vgl. Grasskamp, Stadt (s. Anm. 39), S. 31–32.

60 Vgl. Primke, Baumgarten (s. Anm. 57), https://www.skulptur-projekte-archiv.de/de-de/1987/projects/8/#project (abgerufen am 21.12.2021).

61 Vgl. Grasskamp, Stadt (s. Anm. 39), S. 31–32.

62 Ebd., S. 32.

63 Vgl. Primke, Baumgarten (s. Anm. 57), https://www.skulptur-projekte-archiv.de/de-de/1987/projects/8/#project (abgerufen am 21.12.2021).

64 Vgl. KNA, Symbol der Hoffnung, https://www.domradio.de/themen/kultur/2021-05-02/symbol-der-hoffnung-himmelsleiter-im-stephansdom-bleibt-bis-september (abgerufen am 22.12.2021). Die Installation wurde auf Grund der positiven Resonanz und der beschränkten Zugänglichkeit während der Corona-Pandemie verlängert.

65 Vgl. Werz / Thanner, Gespräch (s. Anm. 10), S. 158. Den zeitspezifischen Startpunkt der Illumination spricht auch Werz im Gespräch an und wird als bewusste Wahl von Thanner bestätigt.

Mediale Öffentlichkeit: #billithanner #stephansdom #himmelsleiter

Somit kann die Himmelsleiter nicht nur nach innen hin als *ortsspezifische* und nach außen hin als öffentliche Installation gedeutet werden, sondern weist außerdem noch eine zeitspezifische Komponente auf. Zudem scheint der Begriff der *Ortsspezifität* gerade durch die fotografische Rezeption – vor allem in sozialen Medien wie Instagram – einer Infragestellung unterzogen. Dies geht einher mit einer gleichzeitigen Beschränkung der oben erwähnten Partizipationsmöglichkeit durch die Öffentlichkeit, die sich *online* vor allem auf das fotografische Rezipieren verlagert. Unter den Hashtags bzw. den Hashtagkombinationen #billithanner #stephansdom #himmelsleiter wird so auf digital-bildlicher Ebene das Wahrzeichen bei Nacht mit der Himmelsleiter am Südturm verbunden und über den Zeitraum der Installation hinaus konserviert. Im Zuge einer *Instagrammability* vollzieht sich so die Aneignung des Kunstwerks durch die Öffentlichkeit in den digitalen Medien auf digital-fotografischer Ebene. Während *Kunst im öffentlichen Raum* – gerade auch bei dem Aufgreifen von religiösen Themen[66] – polarisieren oder ikonoklastischen Reaktionen hervorrufen kann,[67] platziert sich die Himmelsleiter jedoch in schützenden Höhen bzw. im schützenden Innenraum. Doch vor allem strahlt die Himmelsleiter – gerade in Pandemie geprägten Zeiten – in den öffentlichen und digitalen Raum eine Botschaft der Hoffnung aus,[68] die mit jedem Teilen, Verlinken und Posten weitergetragen wird.

66 Vgl. Grasskamp, Stadt (s. Anm. 39), S. 28–29. Grasskamp berichtet im Fall der *Skulptur Projekte Münster* 1987 von der *Gelben Madonna* von Katharina Fritsch, welche sich örtlich und thematisch zwischen Kirche und Konsum situierte. Die polarisierende Reaktion der Öffentlichkeit beschreibt Grasskamp wie folgt: „Es war daher keine Überraschung, daß [sic] der plakative Kontrast auch beim Publikum widersprüchliche Reaktionen auslöste, zu denen es gehörte, daß die Figur wiederholt beschädigt, aber auch mit Blumen bedacht wurde, ohne daß [sic] sich sagen ließ, ob diese Aktionen der dargestellten Madonna dem Kunstgriff der Künstlerin galten."

67 Vgl. Dogramaci, Raum (s. Anm. 34), S. 244.

68 Vgl. Werz / Thanner, Gespräch (s. Anm. 10), S. 156. Thanner betont im Gespräch, dass die Leiter „gerade in dieser Zeit – Hoffnung und Kraft gibt."

VOM LEITERSTEIGEN

WEGE DER SELBST- UND GOTTESERFAHRUNG DURCH ZEITGENÖSSISCHE KUNST IM UND AM KIRCHENBAU

Stefanie Lieb

Billi Thanners Himmelsleiter im und am Wiener Stephansdom ist eine temporäre zeitgenössische Kunstinstallation, die man kunstwissenschaftlich sicherlich zunächst als „autonome Kunst", „Intervention"[1] und „Kunst im öffentlichen Raum"[2] kategorisieren kann, denn sie erfüllt mit ihrer Gestaltung, Platzierung und Inszenierung an einem spezifischen Ort alle Kriterien einer „site-specific art"[3]. Ohne den spezifischen Ort des Wiener Stephansdoms wäre die Rauminstallation der Himmelsleiter in dieser Form nicht entstanden – Billi Thanner nutzte sozusagen die historische Kathedrale mit ihren hohen Türmen und dem sakral konnotierten Kirchenraum als Inspirationsquelle für ihre groß dimensionierte Leiter-Installation aus Aluminium und leuchtenden Neonröhren (Abb. 1, 2).

Auch von der rezeptiven Seite her erschließt sich das Kunstwerk für den Betrachtenden nur vollständig in der Wahrnehmung und Erfahrung zusammen mit dem Kirchengebäude und -raum als „Träger": Kunst und Kirchenraum gehen eine Symbiose ein, die die Botschaft der Installation von Billi Thanner erst freisetzt.[4] Hinzu kommt noch der performative Aspekt: Die Künstlerin eröffnete ihre Arbeit Himmelsleiter am 31. März 2021 mit der Tanzperformance „Die 33 Tugenden", bei der 32 Tänzerinnen und Tänzer und die Künstlerin selbst entsprechend der 33 Sprossen der Himmelsleiter die Tugenden von „Anstand" über „Freiheit" und „Klugheit" bis zu „Weltoffenheit" und „Zielstrebigkeit" personifizierten.[5] Im Kunstritual der Performance[6] wurde hier also ergänzend zum biblischen Traumbild der Himmelsleiter noch ein Kanon von ethischen Werten veranschaulicht.

Im Folgenden soll den Fragen nachgegangen werden, durch welche raum- und bildkünstlerischen Mittel die Installation der Himmelsleiter von Billi Thanner im Wiener Stephansdom mögliche existentielle oder transzendentale Inhalte vermittelt – und über welche Wege der Wahrnehmung und Erfahrung des Kirchenbaus und -raums diese Vermittlung passiert. Es wird von der These ausgegangen, dass die Künstlerin bei ihrem Konzept der Himmelsleiter eben nicht in erster Linie eine autonome und säkulare Arbeit geschaffen hat, die sich als zeitgenössische Intervention vom historischen Kirchenraum absetzt, sondern vielmehr die bereits durch den Bau der Kathedrale intendierte Symbolik der Verbindung von Erd- und Himmelssphäre mit einer leuchtenden Leiter-Installation „materialisiert" hat. Da die Himmelsleiter nicht funktionstüchtig ist, ist sie als ein Bild, oder besser Icon[7] zu verstehen, das aufgrund seiner Größe und Lichtintensität jedoch den gesamten Umraum neu konfiguriert und vitalisiert. Dieser künstlerische Ansatz Billi Thanners wäre damit zunächst als Strategie dem von Joseph Meyer zu Schlochtern herausgearbeiteten ersten Typ der Begegnung von autonomer Gegenwartskunst und sakralen Orten und Räumen zuzuordnen: der „Erkundung der Grundbedingungen von Ort und Raum, die sich hinter dem kultisch-sakralen Gebrauch eines

1 Vgl. Josef Meyer zu Schlochtern, Interventionen. Autonome Gegenwartskunst in sakralen Räumen. Paderborn 2007; Markus Zink, Theologische Bildhermeneutik. Ein kritischer Entwurf zu Gegenwartskunst und Kirche, Münster 2003; Manfred Richter / Klaus Hoffmann (Hg.), Kirchenräume – Kunsträume. Hintergründe, Erfahrungsberichte, Praxisanleitungen für den Umgang mit zeitgenössischer Kunst in Kirchen. Ein Handbuch, Münster 2002.

2 Vgl. Florian Matzner, Public Art. Kunst im öffentlichen Raum. Ein Handbuch, Ostfildern 2004.

3 Vgl. Nick Caye, Site-specific Art. Performance, Place and Documentation, London / New York 2000; Frank Hiddemann, Site-Specific Art im Kirchenraum, Berlin 2007.

4 Meyer zu Schlochtern spricht in diesem Zusammenhang von einer „Neubildung von Ort und Raum in der Installationskunst", vgl. Meyer zu Schlochtern, Interventionen (s. Anm. 1), S. 67.

5 Siehe: https://www.fotocultmagazin.com/fotocultblog/billi-thanners-himmelsleiter-fuer-den-stephansdom (abgerufen am 30.12.2021).

6 Vgl. Erika Fischer-Lichte, Ästhetik des Performativen. Frankfurt a. M. 2004; Hanna Heinrich, Ästhetik der Autonomie. Philosophie der Performance-Kunst, Bielefeld 2020.

7 Vgl. Gottfried Boehm, Jenseits der Sprache? Anmerkungen zur Logik der Bilder, in: Christa Maar, Hubert Burda (Hg.), Iconic Turn. Die neue Macht der Bilder, Köln 2004, S. 28–34.

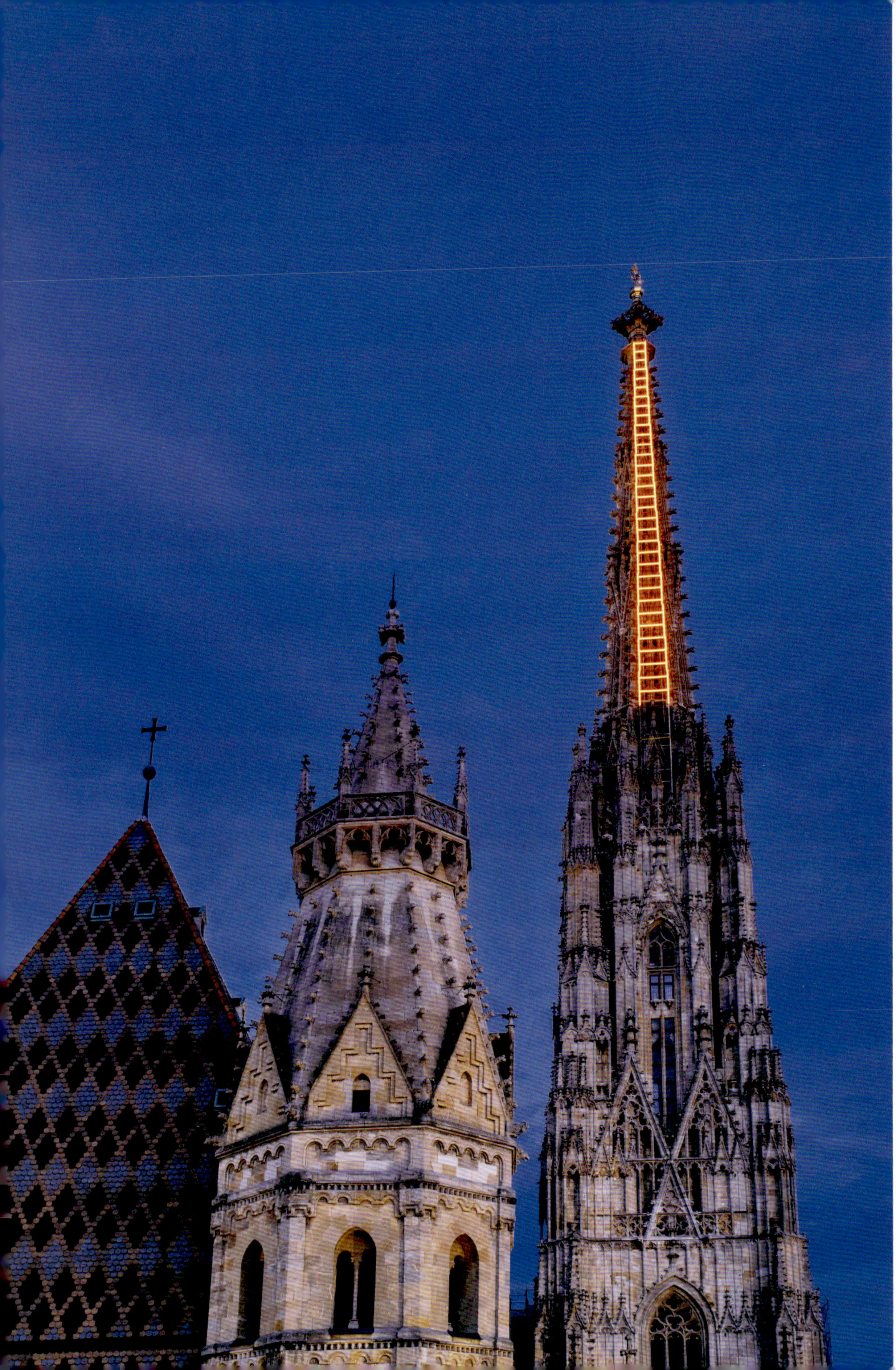

Abb. 1: Billi Thanner, HIMMELSLEITER, Wien, Stephansdom, Südturm, 2020

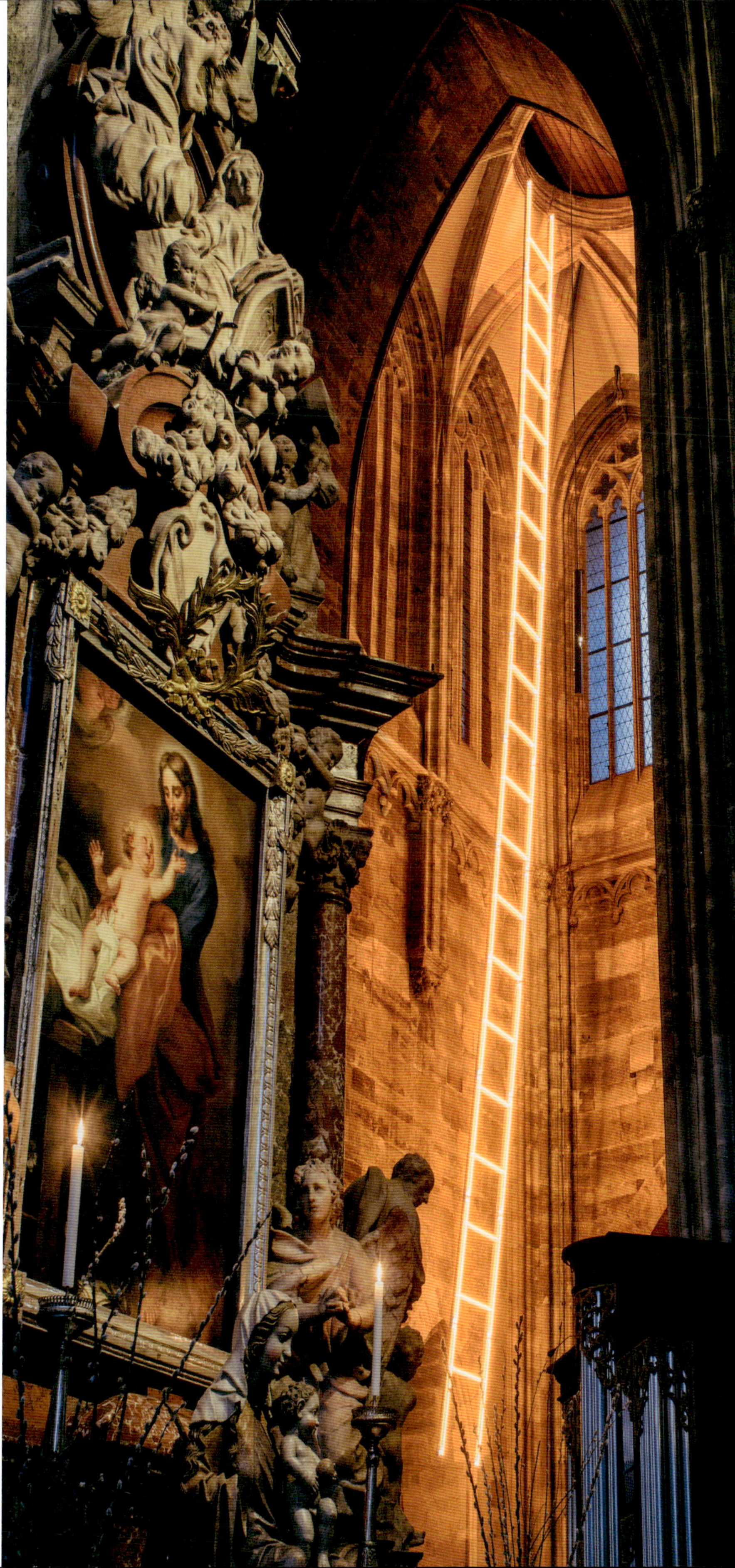

Abb. 2: Billi Thanner, HIMMELSLEITER, Wien, Stephansdom, Blick in die Taufkapelle, 2020

Ortes entdecken lassen. Die Interventionen suchen hier die der religiös-christlichen Nutzung eines Raumes vorausliegenden anthropologischen oder historischen Merkmale aufzudecken. Die Installationskunst wird eingesetzt, um Verborgenes oder Vergessenes ans Licht zu holen und neu sichtbar zu machen."[8] Aus kunstwissenschaftlicher Sicht ließe sich Billi Thanners Arbeit in die von Lilia Sokolova erarbeitete Kategorie „Artwork as Morals" als Koexistenz-Paradigma für die Präsentation von zeitgenössischer Kunst in aktiven historischen Kirchengebäuden in Deutschland einordnen[9]: Mit ihrem moralischen Anspruch, auf soziale (und religiöse) Werte aufmerksam zu machen, ziehen zeitgenössische Kunst und Institution Kirche hier an einem Strang.[10]

Nach einer einleitenden Rückschau auf die Bibelstelle der Himmelsleiter und ihre Deutungsmöglichkeiten als Metapher für das Kirchengebäude als Haus Gottes mit „anagogischem Potenzial" für den Menschen werden im Vergleich weitere mittelalterliche und zeitgenössische Kunstpositionen zur Himmelsleiter vorgestellt, bevor im abschließenden Teil Billi Thanners Arbeit im Wiener Stephansdom auf ihre interaktive Kraft als ethisches Raumbild analysiert wird.

Jakobs Traum als Grundstein und die Himmelsleiter als Erschließungselement des Kirchengebäudes

In der alttestamentarischen Schilderung von Jakobs Himmelsleiter in Gen. 28, 11–22 findet sich neben der Beschreibung von Jakobs Traum einer „Treppe, die auf der Erde stand und bis zum Himmel reichte", auf der „Engel Gottes auf und nieder" stiegen und an deren oberem Ende Gott selbst stand, auch der Hinweis, dass Jakob nach dieser Erscheinung die Besonderheit des Ortes erkannte, den Stein, der ihm als Kopfkissen gedient hatte, als Mal aufstellte und ihn mit Öl übergoss. Den Ort nannte er „Bet-El" (Haus Gottes) und gelobte, dass, nach wohlbehaltener Heimkehr, aus diesem Stein ein „Gotteshaus" werden solle. Hier erfolgt also neben der Himmelsvision eine konkrete Aussage über ein zu bauendes Gotteshaus an dem durch einen geweihten Stein (Altar) markierten besonderen Ort. In überlieferten Quellentexten aus dem 12. Jahrhundert zu Kirchweihpredigten wird explizit auf diese erste Weihe Jakobs eingegangen und typologisch auf die neutestamentarische Schilderung von Jesus' Teilnahme an der Jerusalemer Tempelweihe (Joh. 10, 22) verwiesen.[11] Jakobs Vision selbst bietet, trotz ihres ephemeren Charakters als Traumsequenz, ebenfalls eine konkrete Beschreibung einer Treppe mit Stufen, die bis in den Himmel zu Gott, also bis in das Jenseits, führen und auf der Engel hoch- und heruntersteigen können. Das zu errichtende Gotteshaus wird also über der Stelle der Himmelstreppen-Vision Jakobs visualisiert und nimmt dieses Erschließungsmoment des Aufstiegs von der irdischen in die himmlische Sphäre in der nach oben strebenden Bauwerkskonzeption auf.[12] So kann beispielsweise in der mittelalterlichen Allegorese das Kirchengebäude als „Sinnbild der Himmelsstadt, des Reiches Gottes, das die Gläubigen im Kult mitgestalten"[13], verstanden

8 Meyer zu Schlochtern, Interventionen (s. Anm. 1), S. 74.

9 Lilia Sokolova, Post-Secular Space: On the Strange Place of Contemporary Art in Old Active Churches in Germany, 1987–2017, Diss. Köln 2018: https://www.academia.edu/44604587/ (abgerufen am 01.01.2022)

10 Sokolova, Post-Secular Space (s. Anm. 9), S. 219–225.

11 Hennig Brinkmann, Mittelalterliche Hermeneutik, Darmstadt 1980, S. 123–133 („Gebäude und Kirchen als Zeichen"), hier S. 126.

12 Vgl. Eva Maria Kaufmann, Jakobs Traum und der Aufstieg des Menschen zu Gott: das Thema der Himmelsleiter in der bildenden Kunst des Mittelalters, Tübingen 2006; Peter Dinzelbacher, Vision und Magie. Religiöses Erleben im Mittelalter, Paderborn 2019, hier das Kapitel „Neue Quellen zur Jenseitsbrücke und Himmelsleiter", S. 99–128.

13 Günter Bandmann, Mittelalterliche Architektur als Bedeutungsträger (1951), [9]Berlin 1990, S. 62.

werden. Entsprechend ist die vertikale Gliederung des Kirchenraums in eine untere dunkle Arkaden-Zone und eine darüber aufsteigende hellere Fenster-, Gewölbe- und Chor-Zone als anagogisches Moment lesbar.[14] In der Schrift „De administratione" des Abtes Suger von Saint-Denis aus dem 12. Jh. findet sich folgende Beschreibung eines anagogischen Erweckungserlebnisses bei der Betrachtung eines Kirchengebäudes:

> „Als mich einmal aus Liebe zum Schmuck des Gotteshauses die vielfarbige Schönheit der Steine von den äußeren Sorgen ablenkte und würdiges Nachsinnen mich veranlaßte, im Übertragen ihrer verschiedenen heiligen Eigenschaften von materiellen Dingen zu immateriellen zu verharren, da glaubte ich mich zu sehen, wie ich in irgendeiner Region außerhalb des Erdkreises, die nicht ganz im Schmutz der Erde, nicht ganz in der Reinheit des Himmels lag, mich aufhielt und glaubte, daß ich, wenn Gott es mir gewährt, auch von dieser unteren Region zu jener höheren in hinaufführender Weise hinübergetragen werden könnte."[15]

In den 1920er-Jahren deutet der Theologe der katholischen Liturgiereform, Romano Guardini, die Stufen in einem Kirchengebäude ganz ähnlich als aufsteigendes Erweckungserlebnis:

> „Wenn wir die Stufen hinaufsteigen, dann steigt nicht nur der Fuß, sondern auch unser ganzes Sein. Auch geistig steigen wir. Und tun wir es mit Bedacht, dann ahnen wir ein Emporsteigen zu jener Höhe, wo alles groß und vollendet steht: Das ist der Himmel, darinnen Gott wohnt."[16]

Die Himmelsleiter als Motiv in mittelalterlichen und zeitgenössischen Kunstwerken

Jakobs Traum von der Himmelsleiter war und ist in der Bildenden Kunst ein spannendes Motiv, da hier mit der Darstellung des Alltagsgegenstandes „Leiter" oder „Treppe" die menschliche Gottessuche und -erfahrung als vertikale Bewegung im Raum dargestellt werden kann. An dieser Stelle sollen nur ganz subjektiv und assoziativ einige Beispiele aus dem Mittelalter und der zeitgenössischen Kunst vorgestellt werden, die jeweils eine eigenwillige und ganz persönliche Deutung des Himmelsleiter-Motivs präsentieren. In der kleinen romanischen Dorfkirche St. Nikolaus in Matrei (Osttirol), die einen überregional bedeutenden Wandfreskenzyklus mit der typologischen Darstellung des irdischen und himmlischen Paradieses aufweist, wird die Himmelsleiter allerdings in der Krümmung der Triumphbogenlaibung abgebildet: Hier steigen Engel am nördlichen Bogenschenkel empor und am südlichen Bogenschenkel die Leiter wieder hinunter, im Bogenscheitel ist eine Abbildung von Gottvater zu erkennen (Abb. 3).

Die Himmelsleiter wird durch ihre unmittelbare Anbringung auf dem Architekturbogen der Kirche selbst zum assoziierten Architekturelement und soll den Gläubigen und Betrachtenden anregen, die Sprossen der Himmelsleiter mit auf und ab zu klettern (wenn auch nur in Gedanken und im Gebet).

Jonathan Borofskys große Außenskulptur „Man walking to the sky", die 1992 zur documenta IX vor dem Kasseler Fridericianum aufgestellt wurde – heute steht sie als Ankauf der Stadt Kassel vor dem Haupt- und Kulturbahnhof (Abb. 4) –, hat auf den ersten Blick sicherlich

14 Vgl. Günther Binding, Was ist Gotik? Eine Analyse der gotischen Kirchen in Frankreich, England, Deutschland 1140–1350, Darmstadt 2000, S. 43–52.

15 Suger von Saint-Denis, De administratione, hg. von Günther Binding, Andreas Speer, Darmstadt 2000, Satz 224.

16 Romano Guardini, Von heiligen Zeichen, Würzburg 1927, 9Kevelaer 2016, S. 32–33, zitiert nach Albert Gerhards, Wo Gott und Welt sich begegnen. Kirchenräume verstehen, Kevelaer 2011, S. 95.

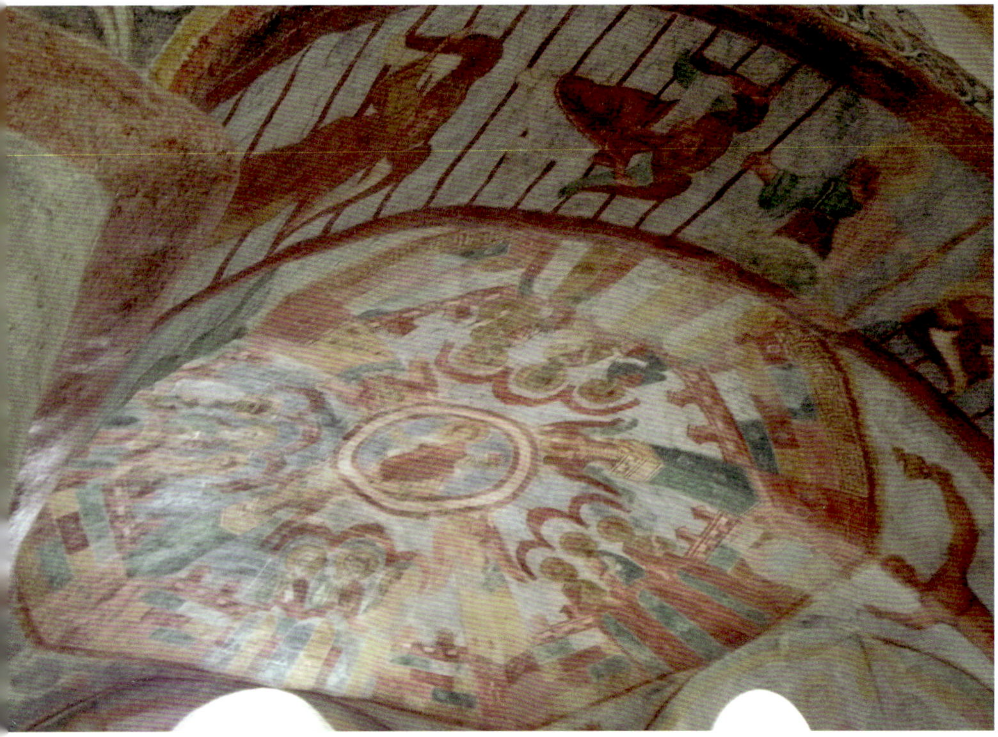

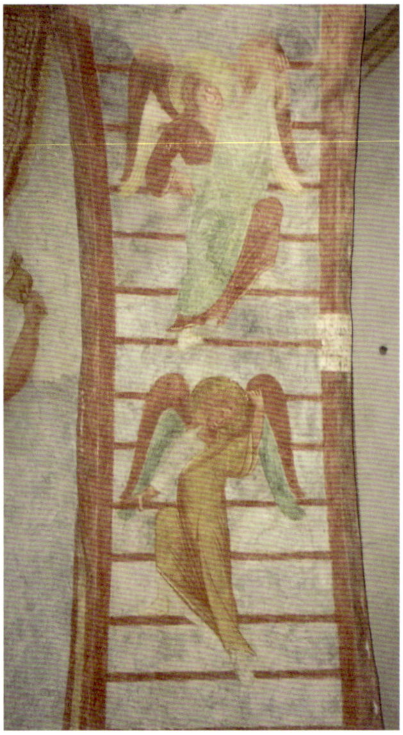

3a: Matrei (Osttirol), St. Nikolaus, Fresko der Oberkapelle mit Himmelsleiter-Darstellung im Triumphbogen, 13. Jh.
3b: Matrei (Osttirol), St. Nikolaus, Detail des Himmelsleiter-Freskos im Triumphbogen, 13. Jh.

keinen Bezug zu einem irgendwie gearteten sakralen Kontext: dargestellt ist eine menschliche Figur aus bemaltem Fiberglas, die auf einer 25 Meter langen und im Neigungswinkel von 63° angebrachten Stahlstange aufrecht gen Himmel marschiert.

Der Leiter der damaligen documenta, Jan Hoet, äußerte sich selbst zur Ambivalenz dieses Höhenlaufs:

> „Man kann für sich selbst entscheiden, ob die Figur zum Himmel geht oder nur zum Ende der Stange."[17]

Die Kasseler Bevölkerung war allerdings eindeutiger: Sie schloss die Figur schnell in ihr Herz, nannte sie liebevoll „Himmelsstürmer" und trug durch eine aufwendige Spendenaktion den Großteil der Ankaufsumme selbst. Der Künstler wiederum erzählt eine berührende Kindheitsgeschichte, seine eigene „individuelle Mythologie"[18], die für ihn die Inspirationsquelle seiner Skulptur darstellt:

17 In: Kunstforum 1992, zitiert nach: http://www.welt-der-form.net/Kassel/Borofsky-1992-Man_Walking_to_the_Sky-02-pano.html (abgerufen am 01.01.2022).

18 Vgl. Harald Szeemann, Individuelle Mythologien, Berlin 1985.

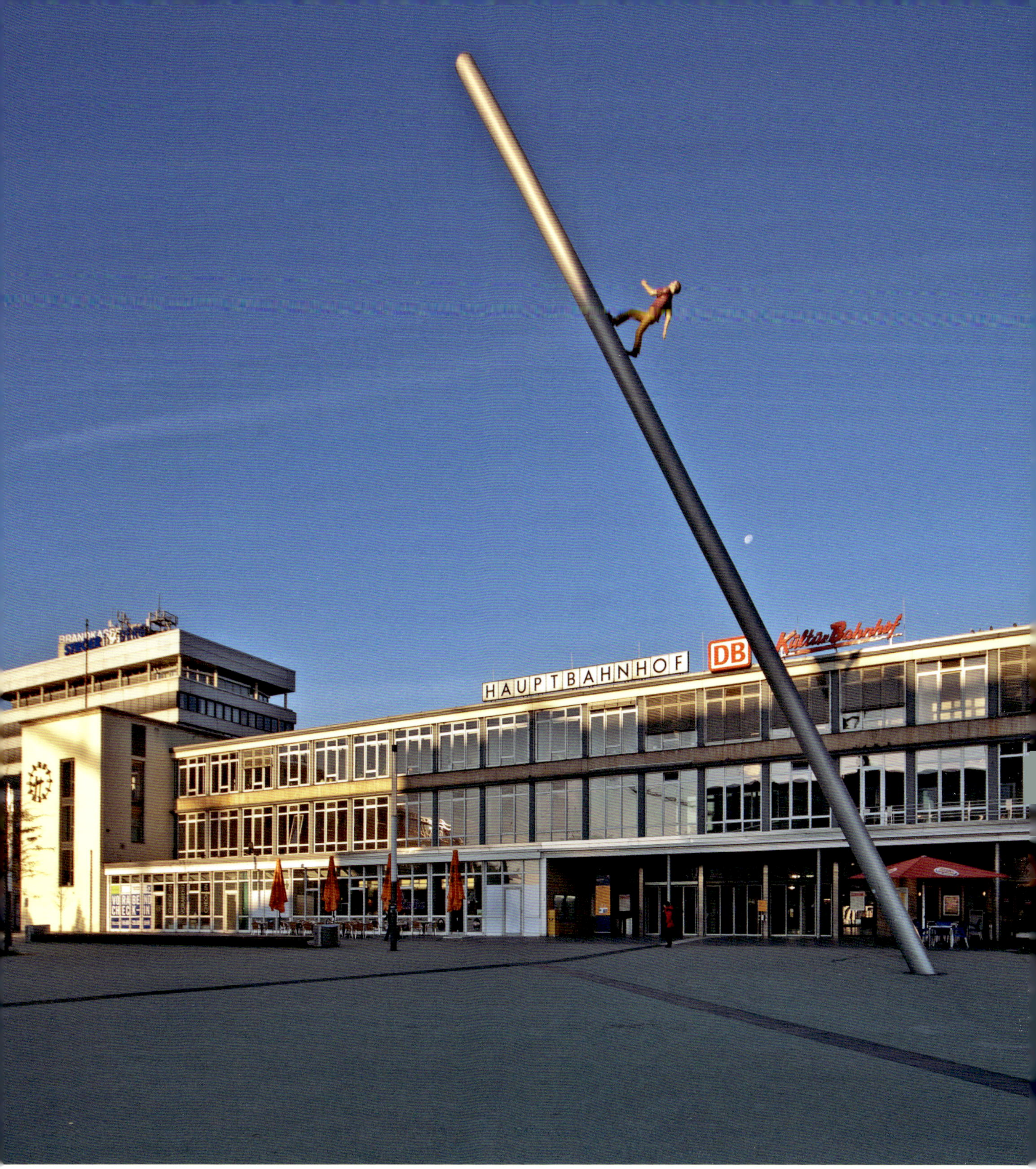

Abb. 4: Jonathan Borofsky, „Man Walking to the Sky", 1992, Kassel, Haupt- und Kulturbahnhof

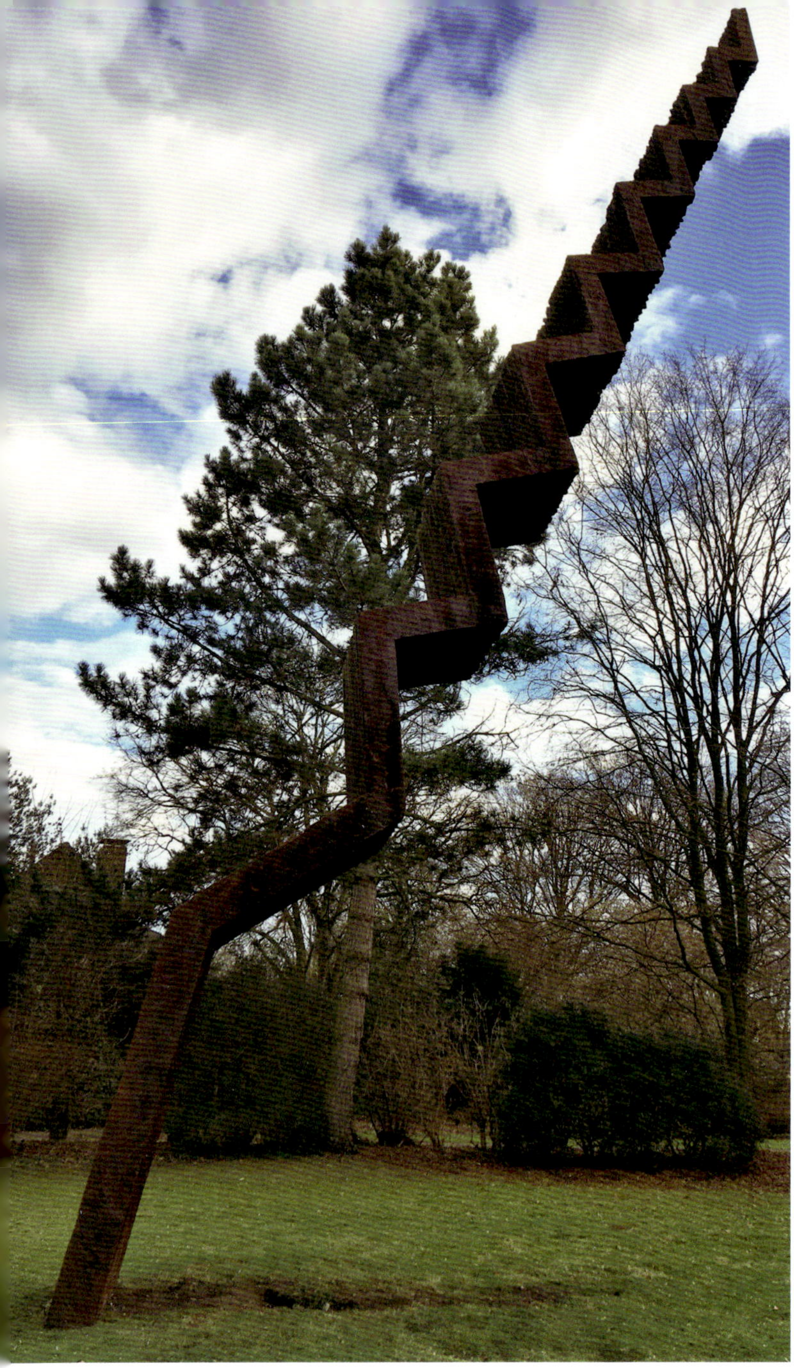

Abb. 5: Magdalena Jetelová, "Steig", 1982/2005, Krefeld, Kirche Pax Christi, Außengelände

> "When I was six years old, I used to sit on my father‹s knee, and he would tell me stories about a friendly giant who lived in the sky. The important thing about this giant was that he did good things for people. In his stories, my father and I used to go up to the sky and visit with this friendly giant every day."[19]

Die tschechische Künstlerin Magdalena Jetelová, die von 1990 bis 2012 als Professorin Bildhauerei an den Kunstakademien in Düsseldorf und München gelehrt hat, entwarf 1982 die Außenskulptur „Steig" als eine stufenförmig in den Himmel ragende, 14 Meter hohe Stahlstele, die 2005 im Parkgelände der katholischen Kirche Pax Christi in Krefeld aufgestellt wurde (Abb. 5).

Eigentlich beabsichtigte die Künstlerin, mit der Nachbildung der eigenen Prager Wohnhausstiege und dem Blowing up dieses Motivs und seiner materiellen Transformation ins Monumentale eine Persiflage auf den politischen Denkmalkult der Sowjetunion in den 1980ern zu statuieren. Im Kontext des benachbarten Kirchengebäudes von Pax Christi und in Kombination mit den weiteren künstlerischen Arbeiten von u. a. Klaus Simon, Thomas Virnich und Ulrich Rückriem, die innen und außen die sakrale Gestaltung der modernen Kirchenanlage prägen[20], liegt die Assoziation zur Himmelsleiter jedoch nahe.

Als eine in etwa zeitgleich zu Billi Thanners Arbeit entstandene Himmelsleiter in der zeitgenössischen Kunstszene ist Sean Scullys 2019 entwickelte Großskulptur „Opulent Ascension" zu nennen, die von Mai bis Oktober 2019 im Rahmen der Biennale unter dem Ausstellungstitel „Human" in der Kirche San Giorgio Maggiore in Venedig gezeigt wurde (Abb. 6).[21]

19 http://www.welt-der-form.net/Kassel/Borofsky-1992-Man_Walking_to_the_Sky-02-pano.html (abgerufen am 01.01.2022).

20 Vgl. Pax-Christi-Gemeinde Krefeld (Hg.), Steine des Anstoßes. Zeitgenössische Kunst in Pax Christi Krefeld, Krefeld 1987; Pax-Christi-Gemeinde Krefeld (Hg.), Im Dialog. Zeitgenössische Kunst in Pax Christi Krefeld. Krefeld 2004; Guido Schlimbach, Glaubwürdig und nicht vereinnahmt. Karl-Josef Maßen und die zeitgenössische Kunst in Pax Christi Krefeld, in: Kunst und Kirche 2 (2009), S. 50–54.

21 https://human-venice.com/ (abgerufen am 01.01.2022); Ausstellungskatalog: Sean Scully, Carmelo Grasso,Sean Scully. Human, Mailand, Genf, Paris 2020.

Der Künstler entwarf für den Renaissance-Innenraum der Kirche von Palladio einen begehbaren rechteckigen Turm aus übereinander gestapelten, mit buntem Filz überzogenen Holzrahmen. Er platzierte seine 10 Meter hohe, nach oben offene Skulptur („Filz-Turm") in der Vierung des Kirchenraums, direkt unter der lichthellen Vierungskuppel. Betritt man die Großskulptur, wird man sich der durch den Filz gedämpften Akustik und damit der schützenden Atmosphäre des Innenraums bewusst, andererseits erfährt man durch den Blick nach oben zum Licht der Vierungskuppel einen positiven Sog-Effekt „ins Helle". Sean Scully selbst verglich seine Arbeit mit der biblischen Jakobsleiter:

„I want to make available the journey from the spiritual to the physical, and from the physical to the spiritual."[22]

2020 wanderte die Skulptur aus dem Kirchenraumkontext in einen Museumsraum: Das LWL-Museum für Kunst und Kultur Münster stellte Scullys Arbeit im lichtdurchfluteten Foyer aus. Diese fand bei den Besuchenden viel Zuspruch als sinnlicher Erlebnisraum des Stofflichen mit nach oben ziehendem spirituellen Licht- und Farbeffekt.[23]

Billi Thanners Himmelsleiter als interaktives Kirchenraumbild (für ethische Werte)

Nach diesen Überlegungen zu weiteren künstlerischen Umsetzungen der Himmelsleiter und der davor erfolgten Herleitung aus theologischer und kunstwissenschaftlicher Sicht, sei die Arbeit von Billi Thanner im Wiener Stephansdom nun noch einmal abschließend analysiert: Die Künstlerin nutzte auf Einladung des sehr kunstaffinen Dompfarrers Toni Faber[24] die große Wiener Kathedrale nicht nur als Kulisse, sondern vor allem als Interaktionsraum, der aufgrund seiner kulturhistorischen und sakralen Aufladung als „Haus Gottes" für die Anbringung der Installation der leuchtenden Himmelsleiter außen am Turmhelm sowie innen in der Taufkapelle prädestiniert scheint. Die von Udo Liebelt für diese Art von Zusammenspiel zwischen Kirchenraum und zeitgenössischer Kunst geforderte Einhaltung der künstlerischen Freiheit[25] war gewährleistet – darauf legte Billi Thanner in ihrer Performance und Selbstinszenierung als die Tugend „Freiheit" ja auch besonderen Wert – dennoch arbeitete die Künstlerin ganz eindeutig mit der traditionellen christlichen Ikonografie der Himmelsleiter und ihrer ethischen Konnotation. So äußerte sie im Februar 2021 im Gespräch mit Joachim Werz, dem Schriftleiter der Zeitschrift „das münster":

> „Ich stelle mich sogar bewusst in diese Tradition der christlichen Spiritualität: Meine Installation soll auch den persönlichen Weg des Menschen zu Gott darstellen. Dieser Weg in den Himmel führt über die Stufen der Tugenden."[26]

Die Interaktion erfolgt über die Wahrnehmung des Raumbildes der leuchtenden Leiter in Verbindung mit dem Kirchengebäude: zwar kann die Rauminstallation selbst nicht, wie bei Sean Scully, „begangen" bzw. erklettert werden, dennoch kann der Betrachtende einen möglichen Aufstieg imaginieren – als geistige Selbst-

22 https://kewenig.com/news/sean-scully-at-san-giorgio-maggiore-venice (abgerufen am 01.01.2022).

23 https://www.monopol-magazin.de/scully-himmelsleiter (abgerufen am 01.01.2022).

24 Diese Art und Weise der Annäherung zwischen Kirche und zeitgenössischer Kunst stellt der Theologe, Kunsthistoriker und Kurator Udo Liebelt 2002 unter dem Titel „Kunst in Kirchen Raum geben. Temporäre künstlerische Installationen für den Raum der Kirche" als ein funktionierendes Zukunftskonzept für den Dialog zwischen Kirche und Kunst heraus. In: Richter, Hoffmann 2002 (s. Anm. 1), S. 156–163.

25 Vgl. Liebelt, Kunst in Kirchen Raum geben (s. Anm. 24), S. 161.

26 Im Gespräch: Joachim Werz spricht mit Billi Thanner, in: das münster 2 (2021), S. 153–156, hier S. 153.

erfahrung über den eigenen Lebensweg und das Streben nach höheren Zielen bzw. das „Rauf und Runter" des Lebensschicksals. Für dieses Verständnis und diese Reflexionsbasis, die Billi Thanner mit ihrer Himmelsleiter vermitteln möchte, sind der christliche Glaube oder überhaupt eine religiöse Zugehörigkeit keine zwingende Vorrausetzung, O-Ton Billi Thanner:

> „Die Leiter ist für mich eine starke Aussage. Ich bin davon überzeugt, dass sie auch den Menschen, ob sie religiös sind oder nicht, etwas über Auf- und Abstieg sowie über Höhen und Tiefen des Lebens sagen kann."

Allerdings scheint die Kirchenarchitektur selbst mit ihrem nach wie vor funktionierenden Erkennungswert für die Öffentlichkeit als ein „Haus Gottes" für den Interaktionsprozess des gedanklichen Leitersteigens relevant zu sein – eine Installation der Leiter in einem „neutralen" Museumsraum hätte weitaus weniger „geistiges Interaktionspotenzial". Hinzu kommt noch, dass der Wiener Stephansdom – touristisches Highlight und UNESCO-Weltkulturerbe – als von vielen Menschen besuchter öffentlicher Raum gilt. Billi Thanners Himmelsleiter ist somit auch Kunst im öffentlichen Raum (auch im digitalen öffentlichen Raum der Social Media) und kann eine große Gruppe von Menschen unterschiedlichster Couleur erreichen. Die anfängliche Einordnung der Installation als site-specific art muss allerdings etwas modifiziert werden: Billi Thanners Himmelsleiter wurde zwar speziell für den Stephansdom entworfen und realisiert, könnte jedoch auch an und in jedem anderen Kirchenbau mit entsprechenden Größendimensionen installiert werden.[27] Der Entstehungsmythos des Kirchengebäudes als Stein gewordene Vision Jakobs von der Himmelsleiter wird mithilfe der zeitgenössischen künstlerischen Intervention Billi Thanners wiederbelebt und in eine aktuelle ästhetische Erfahrbarkeit mit „ethischen Nebenwirkungen" überführt – und das alles ganz ohne pädagogische oder missionarische Hintergedanken!

Abb. 6: Sean Scully, „Opulent Ascension", 2019, Venedig, San Giorgio Maggiore

27 Billi Thanner auf die Frage, ob denn auch andere Städte sich mit ihrer Himmelsleiter demnächst schmücken dürfen: „Von mir aus sehr gerne! Das wäre wunderbar! Eine Anfrage liegt bis jetzt aber noch nicht vor. Ich warte darauf!" In: Im Gespräch (s. Anm. 26), S. 156.

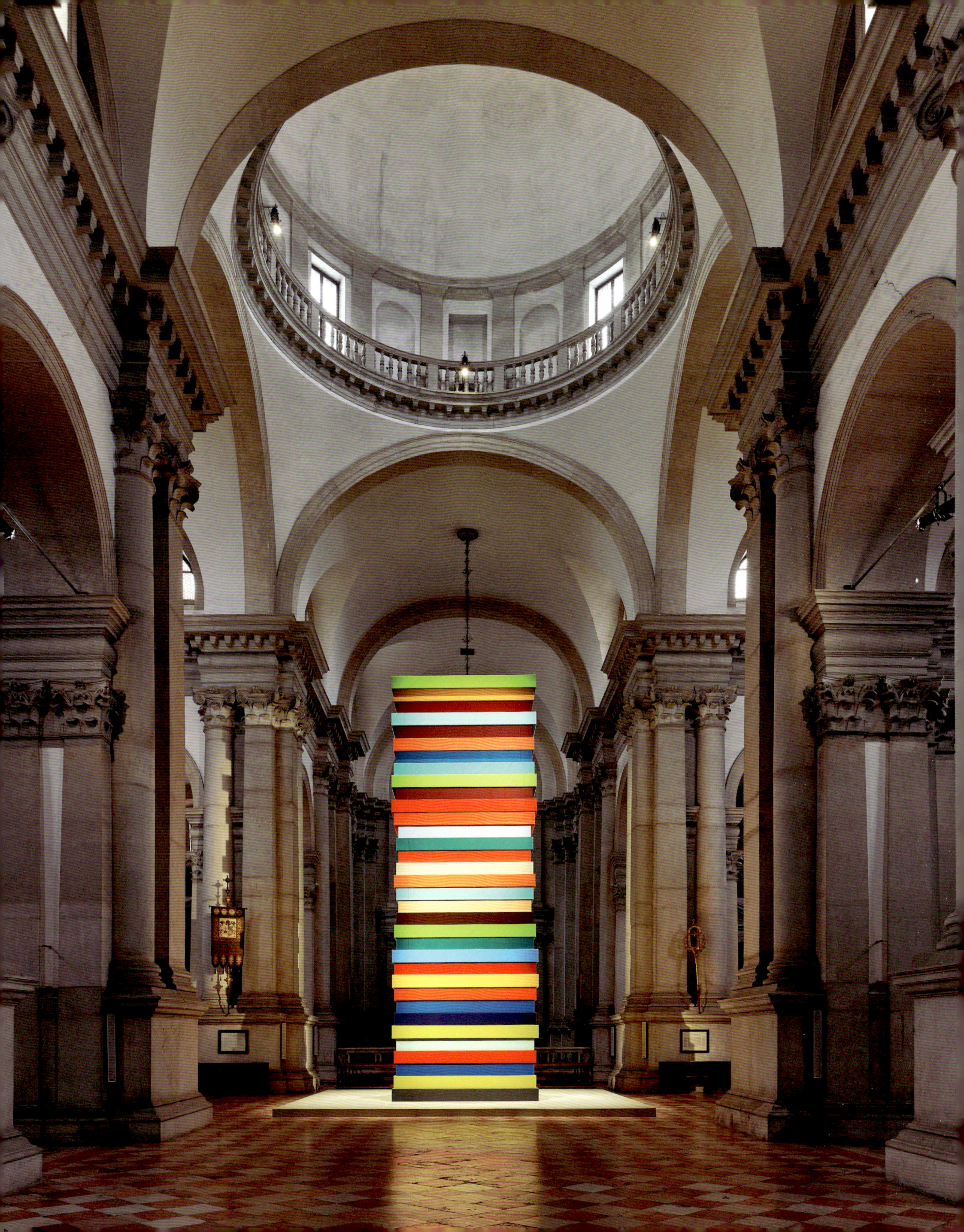

GEMEINWOHLORIENTIERTE PASTORAL ZWISCHEN IMPFZENTRUM UND HIMMELSLEITER

GRUNDZÜGE EINER SPÄTMODERNEN PASTORALTHEOLOGIE

Wolfgang Beck

Perforierende Praxis: Himmelsleiter und Impfzentrum

Im Jahr 2021 richtete sich gleich zweimal die öffentliche Aufmerksamkeit auf den Wiener Stephansdom. Für die Zeit vom Osterfest 2021 bis zum Osterfest 2022 hat die junge Künstlerin Billi Thanner die Möglichkeit für eine Kunstinstallation an und in der Wiener Kathedrale erhalten.[1] Ihre Himmelsleiter mit einem unmittelbaren Bezug zu Jakobs Traum (Gen 28,10–22) steigt innerhalb des Kirchenraums empor und setzt sich an der Außenseite des Turms bis zu dessen höchster Spitze fort. Da die Himmelsleiter im und am Dom abends erleuchtet ist, lässt sie sich schon von weitem sehen und verleiht dem Projekt bis Pfingsten 2022 erstaunliche Aufmerksamkeit. Dies mag auch der Grund dafür sein, weshalb die Installation verlängert worden ist. Die Installation vollzieht durch ihre doppelte Verortung im Innenraum und an der Außenseite des Turms eine Durchlässigkeit der Innen- und Außenbestimmung der Kathedrale, die durchaus der Grundidee der Gotik entspricht: durch die Gestaltung der Fenster und ihre Integration in die architektonischen Konzepte erzeugte die Gotik eine Transparenz von Innen- und Außenraum. Dementsprechend symbolisiert die Leiter einen Glaubensvollzug und ein Verständnis von Spiritualität, die sich nicht auf eine reine Innerlichkeit beschränken, sondern die bestehenden Außenabgrenzungen auflösen und die entsprechenden Dichotomien verbinden und übersteigen. Es wäre aber ein Missverständnis, hier eine lediglich das Jenseitige suchende spirituelle Ausrichtung zu vermuten. Deshalb ist ein zweites, korrespondierendes Element wichtig; vielleicht ist es sogar entscheidend:

Natürlich erfährt jede Kunstinstallation erst durch die örtlichen Kontexte und die neu entstehenden Konstellationen vor Ort, durch kommunikative Interaktionen die Bedeutungen, mit denen sich die bloße Intention von Künstlern und Künstlerinnen übersteigen lassen. Im Sinne von Umberto Ecos „offenem Kunstwerk" entsteht die Installation erst in diesen je neuen Konstellationen. Was für manche abgehoben und abstrakt klingen mag, lässt sich am Stephansdom im Jahr 2021 eindrücklich beobachten: Im August nach der Präsentation der Himmelsleiter wurde in einer eigenen abgegrenzten Kapelle im Querschiff ein Corona-Impfzentrum für die Wiener Innenstadt eröffnet. Der Wiener Kardinal Christoph Schönborn OP rechtfertigte die Entscheidung für das Impfzentrum im Kirchenraum mit dem Verweis darauf, dass die Kathedrale schon immer ein Ort für alle Menschen in Wien gewesen sei.[2] Das Impfzentrum ist nicht nur ein Beispiel „gestaffelter Heiligkeit"[3] als „Binnendifferenzierung"[4] innerhalb des Sakralraumes. Es repräsentiert im Sakralraum auch eine „horizontale Heiligkeit"[5], eine geweitete Form der Sakralität, die „neue Sichtweisen und Erfahrungen eröffnen kann"[6].

Die Korrespondenz zwischen Himmelsleiter und Impfzentrum veranschaulicht damit ein Verständnis des Kirchraums als öffentlicher Ort und soll hier als Beispiel

1 Vgl. Joachim Werz, Im Gespräch. Joachim Werz spricht mit Billi Thanner, in: das münster 2 (2021), S. 153–156.

2 Vgl. https://www.katholisch.at/aktuelles/135190/schoenborn-stephansdom-ist-ein-guter-platz-zum-impfen (abgerufen am 12.01.2022).

3 Kim de Wildt, Kirchenraum. Ohne Weiteres den Altarraum betreten? Über die Heiligkeit des Kirchenraums, in: Simone Horstmann / Gregor Taxacher (Hg.), Theologische Objekte. Gottes Bezug zur Wirklichkeit [FS Thomas Ruster], Regensburg 2021, S. 146–150, S. 148.

4 Gerd Schwerhoff, Sakralitätsmanagement. Zur Analyse religiöser Räume im späten Mittelalter und in der Frühen Neuzeit, in: Ders. / Susanne Rau (Hg.), Topographien des Sakralen. Religion und Raumordnung in der Vormoderne, Hamburg 2008, S. 38–67, S. 42.

5 Thomas Ruster, Horizontale Heiligkeit, in: Eulenfisch. Limburger Magazin für Religion & Bildung 2 (2018), S. 6–14, S. 6.

6 Wildt, Kirchenraum (s. Anm. 3), S. 150.

und ein Bild für ein Kirchenverständnis dienen, das die Grundlage für eine gemeinwohlorientierte Pastoral bieten kann – und damit zugleich allzu einfache, dichotome Sakralraumkonzepte hinterfragt.[7]

Anschaulich wird im Zusammenspiel der HIMMELSLEITER, die innen und außen der Kathedrale im Vertikalen verbindet, und ihre kontrastive Ergänzung durch die horizontale Ausrichtung des Impfzentrums in die Belange und Fragestellungen der Stadtgesellschaft eine Perforation dargestellt. Es ist eine Perforation von ekklesiologischen Konzepten, die lediglich auf einer separierenden Logik der Abgrenzung aufbauen – und damit auf einer Eindeutigkeitsfiktion. Vor dem Hintergrund von Kleingruppensolidaritäten und separierenden Identitätskonstruktionen des „Othering"[8], also der abwertenden Grenzziehung[9], stellt diese Perforation das Gegenmodell der Hinwendung dar und ermöglicht eine Verhältnisbestimmung von Sakralbau und säkularen gesellschaftlichen Öffentlichkeiten.

Der in die gesellschaftliche Öffentlichkeit hinein perforierte Sakralraum wird zum Abbild einer religiösen und kirchlichen Realität, die sich in der Religionspraxis westlicher Gesellschaften der Spätmoderne kaum mehr durch eindeutige Identitätsbestimmungen und Grenzregime definieren und in eindeutige Zuordnungen überführen lässt.

Dabei steht nicht nur die Sorge um eine mögliche „Beschädigung" des Sakralen im Raum öffentlicher Diskussionen. Vielmehr wird hier die Vielschichtigkeit von Sakralitätskonzepten angedeutet: Die Ambiguität[10] der Lebenspraxis fordert die sich abschließenden theologischen und sich absondernden ekklesiologischen Konzepte heraus und entlarvt ihre massive Deformation, die Thomas Bauer mit dem „Verlust der Mehrdeutigkeit"[11] analysiert hat.

Deshalb sollen in einem zweiten Schritt am Beispiel von Heiligkeits- bzw. Sakralitätskonzepten die Grundlagen von Kirchenverständnissen betrachtet werden, bevor ich dann auf die Frage des Gemeinwohls und einer gemeinwohlorientierten Pastoral zurückkomme.

Erkundung von Heiligkeitskonzepten

Wer sich mit dieser Perforierung des heiligen Raumes als Bild für Kirchenverständnisse befasst, wird nicht umhinkommen, Heiligkeitskonzepte zu untersuchen. Schon der Plural verweist auf die komplexe und plurale Erscheinungsform des Heiligen, die sich bereits für die Vielfalt biblischer Traditionen[12] nachzeichnen lässt. Der Religionsphänomenologe und lutherische Theologe Nathan Söderblom sah im Begriff des „Heiligen" noch vor dem Begriff „Gott" das zentrale Element der Religion überhaupt.[13]

Und es gibt im 20. Jahrhundert eine Reihe von verfallshermeneutischen Ansätzen, in denen kirchliche und

7 Vgl. Christian Bauer, Architekturen der Pastoral. Skizzen einer Theologie des Entwerfens, in: Katharina Karl / Stephan Winter (Hg.), Gott im Raum?! Theologie und *spatial turn*: aktuelle Perspektiven, Münster 2021, S. 313–341, S. 329.

8 Brigitte Schwens-Harrant / Jörg Seip, Mind the gap. Sieben Fährten über das Verfertigen von Identitäten, Wien 2019, S. 81.

9 Vgl. Naika Foroutan / Jana Hensel, Die Gesellschaft der Anderen, Berlin 2020, S. 57.

10 Michael Klessmann, Gelebte Religion. Zwischen Ambivalenz und Eindeutigkeit. Zur Bedeutung von Ambiguität und Ambivalenz im Glauben, in: Ralph Charbonnier / Jörg Dierken / Malte Dominik Krüger (Hg.), Eindeutigkeit und Ambivalenzen. Theologie und Digitalisierungskurs, Leipzig 2021, S. 109–130, S. 111.

11 Vgl. Thomas Bauer, Die Vereindeutigung der Welt. Über den. Verlust an Mehrdeutigkeit und Vielfalt, Stuttgart [12]2018.

12 Vgl. Thomas Hieke, „Ihr sollt heilig sein" (Lev 19,2). Konzepte von Heiligkeit im Neuen Testament, in: ThPQ 167 (2019), S. 349–356, S. 352.

13 Johannes Figl, Heiliges zwischen Exklusion und Inklusion aus religionswissenschaftlicher Perspektive, in: ThPQ 167 (2019), S. 339–348, S. 343.

theologische Entwicklungen als Zersetzung des Sakralen verstanden werden, wenn etwa Berthold Wald in Anlehnung an Heribert Mühlen auf eine nachkonziliare „Entsakralisierungswelle"[14] verweist. Hans Joas hingegen nimmt eine funktionale Bestimmung der Sakralität vor und kann damit neue Formen und „neue Gestalten"[15] des Sakralen im säkularen Kontext würdigen. In seiner jüngsten Analyse des Phänomens der Sakralität im Säkularen beschreibt er die Verschiebung des Sakralen in die Person und deren Unantastbarkeit im Rahmen der Moderne und verdeutlicht damit, dass Sakrales nicht nur im Kontext des Religiösen beheimatet sein muss.

Josef Pieper bedient sich auch der begrifflichen Bestimmung von „hagios" in Absetzung von „koinos" als Grundmuster der Grenzziehung zwischen definierten Bereichen.[16]

Als ein sehr anschauliches Beispiel für dieses Separationsschema kann die recht klassische Konzeption von Josef Pieper gelten, der dazu formuliert:

> „Offenbar soll (...) eine Grenze kenntlich gemacht und ins Bewusstsein gerufen werden, die Scheidelinie, die einen besonderen Ort und eine nicht-gewöhnliche Spanne Zeit von dem durchschnittlich-beliebigen Irgendwo und Irgendwann abhebt und trennt."[17]

Nun gibt es unterschiedliche Ansätze und Konzeptionen der Heiligkeitskeits- und Sakralitätsbestimmung, die hier nicht im Detail nachgezeichnet werden sollen. So ist denn auch „profan" gar nicht das Gegenteil von „heilig". Es ist etymologisch und religionsgeschichtlich eher der Bereich vor dem Heiligen. Das „Profane" ließe sich also sogar als zum Heiligen hinführend verstehen.[18] Schon hier wird deutlich, dass sich eine ganze Kulturgeschichte des Sakralen beobachten oder schreiben ließe, die dann vor allem eine Wandlungsgeschichte des Begriffs des Sakralen wäre. Das soll nachfolgend mit drei Fokussierungen erfolgen:

Separationsmechanismen

Die Kritik am Impfzentrum und immer wieder natürlich auch die Kritik an zeitgenössischer Kunst in Sakralräumen und an hybriden Nutzungskonzepten ist von einem Verständnis von Heiligkeit und Sakralität getragen, in deren Zentrum eine Logik des Entziehens und Separierens steht. Heilig bzw. sakral ist nach dieser Logik, was dem profanen Alltagsgebrauch entzogen ist. Dieses Entziehen bedarf also eines dichotomen Separierens, das sich auf Gegenstände, Handlungen, Orte und auch auf Personen beziehen kann. Die „intrinsische Seinsqualität" der Sakralität baut auf dieser Gegenüberstellung auf, wenn etwa Gott als der Heilige schlechthin und damit als der ganz Andere bestimmt wird. Heilig wäre also der, die oder das, was als besonders und damit in grundlegender Unterscheidung vom Gewöhnlichen markiert wird. In Entsprechung dazu kann Menschen, Gegenständen, Handlungen oder Orten nur eine „extrinsische" Form der Heiligkeit zukommen: sie werden als geheiligt verstanden, insofern sie an der Heiligkeit Gottes besonderen Anteil haben. Aber sie sind dann nicht „in sich" heilig, sondern partizipieren am Heiligen.

Unzählige Phänomene der Religionsgeschichte sind von diesem Heiligkeitskonzept der Separation bestimmt. Auch gegenwärtige Debatten lassen implizit diese Logik der Separation erkennen: Wenn in säku-

14 Berthold Wald, Sakralität. Eine Grundkategorie philosophisch-theologischer Anthropologie, in: Stefan Kopp (Hg.), Gott begegnen an heiligen Orten, Freiburg i.B. 2018, S. 93–114, S. 99.

15 Hans Joas, Die Sakralisierung der Person, Frankfurt a.M. 2011, S. 18.

16 Vgl. Josef Pieper, Die Anwesenheit des Heiligen, Kevelaer 2017, S. 41.

17 Josef Pieper, Die Anwesenheit des Heiligen, Kevelaer 2017, S. 41.

18 Ebd., S. 45.

laren Gesellschaften liturgische Geräte auf Flohmärkten auftauchen und dies in kirchlichen Kontexten Empörung verursacht oder wenn in der Überlegung zum Umgang mit Kirchengebäuden Nachnutzungskonzepte entwickelt und hitzig diskutiert werden. Dementsprechend formuliert der Kunsthistoriker Hans Rohrmann in Konsequenz dieses Konzeptes: „Das Gotteshaus birgt Schutz, vor dem profanen ‚Draußen'."[19] Er folgt darin Josef Pieper und interpretiert die Moderne im Sinne einer Verfallshermeneutik, nach der die Definition von sakral und profan schrittweise abhandenkomme. Das Profane erscheint in dieser Lesart nicht nur als Kontrastierung des Sakralen, sondern geradezu als seine permanente Bedrohung.

So populär solche Separationsverständnisse des Heiligen auch sein mögen, so sind sie doch in eine Diversität unterschiedlicher Theologien und der Sakralitätskonzepte eingebunden.

Die Theologie des Kirchenrechtes lässt sich dafür aber eigentlich nicht in Dienst nehmen. Denn heilige Orte werden darin vor allem funktional von ihrer Bestimmung für die gottesdienstlichen Vollzüge her definiert (CIC/1983 c. 1205 und 1210). Lediglich c. 1220 gibt vor, dass von der Kirche „ferngehalten wird, was mit der Heiligkeit des Orts unvereinbar ist." Und mit c. 1222 erweitert das Kirchenrecht die pastoralen Handlungsräume für kirchliche Profanierungen.[20] Die konkrete Klärung bleibt damit auch hier offenen Diskursprozessen überlassen, weil im jeweiligen Kulturraum zu bestimmen ist, was dem Sakralraum entsprechen kann und was nicht.

Natürlich gibt es in der Spätmoderne auch säkulare Raumbestimmungen, die auf Separationsmechanismen aufbauen. Als anschauliches Beispiel kann dafür die Etablierung von „Raucherzonen"[21] auf Bahnhöfen gelten. Sie werden aber durch gegenläufige Trends der Perforierung von Grenzregimes und der Überschreitung von Separationen begleitet und vielfach problematisiert.[22]

Separationstheoretische Bestimmungen von Heiligkeit und Sakralität haben für die Wahrnehmung ekklesiologischer Konzepte eine große Bedeutung. Sie bilden quasi die Hintergrundfolie für ein Kirchenverständnis im kontrastierenden Gegenüber zur Gegenwartsgesellschaft, die dazu als profan und säkular wahrgenommen wird. Einerseits wäre dabei einzuwenden, dass dieses kontrastive Konzept nicht mit der ekklesialen Ortsverschiebung[23] des Zweiten Vatikanischen Konzils vereinbart werden kann, das insbesondere mit den Konzilskonstitutionen Lumen gentium und Gaudium et spes Kirche eben nicht mehr im bloßen Gegenüber zur Gegenwartsgesellschaft, sondern in Formen des solidarischen „Mitseins" bestimmt.

Offen ist aber besonders die Frage, ob eine ausschließlich separationstheoretische Bestimmung von Heiligkeit wirklich der Vielfalt biblischer Theologien gerecht werden kann.

So zeigt sich ja gerade in der Exodus-Tradition des Volkes Israel, dass die eigene Befreiungs- und Migrationsgeschichte des Gottesvolkes Gott nicht nur als den ganz Anderen zu erkennen gibt, sondern auch als den in der Not Hörenden, Recht Schaffenden und solidarisch Mitgehenden. Zur Heiligkeitsbestimmung durch Separa-

19 Hans Rohrmann, Sakralität in der Säkularität Von der Anmutung der Heiligkeit zum raumatmosphärischen Stimmungswert, in: Kritische Berichte 2 (2013), S. 60–68, S. 61.

20 Yves Kingata, Sakralräume und ihre Umgestaltung aus kirchenrechtlicher Perspektive, in: Stefan Kopp (Hg.), Gott begegnen an heiligen Orten, Freiburg i.B. 2018, S. 277–301, S. 288.

21 Vgl. Markus Schroer, Räume der Gesellschaft. Soziologische Studien, Wiesbaden 2019, S. 205.

22 Vgl. Paul Scheffer, Wozu Grenzen? Freiheit in Zeiten von Globalisierung und Migration, München 2019, S. 22.

23 Vgl. Hans-Joachim Sander, Gottes pastorale Orte. Ein topologischer Vorschlag, in: Rainer Bucher / Rainer Krockauer, GOTT. Eine pastoraltheologische Annäherung, Wien / Berlin / Münster 2007, S. 39–56, S. 52.

tion kommt hier also eine göttliche Heiligkeit der Nähe und Verbundenheit mit den Bedrängten.

Deshalb sollen im Folgenden weitere Aspekte von Heiligskeitskonzepten ergänzend in den Blick genommen werden: ein jesuanischer Rückbezug und Heiligkeit durch kenotische Hinwendung.

Jesuanische Rückbindungen

Für eine bibeltheologische Vergewisserung soll hier die Perikope der Dämonenaustreibung aus Mk 8 herangezogen werden. An ihrer Lokalisierung östlich des See Genesareth wird bereits erkennbar, dass Jesus sich hier in einer Grenzregion bewegt. Die Schweinehaltung der Dorfbevölkerung deutet an, dass Jesus sich nicht in jüdisch geprägter Region aufhält. In der Begegnung mit den von Dämonen besessenen Menschen drückt sich seine Hinwendung zu den aus der Gemeinschaft ausgeschlossenen Menschen aus. Und während sie nach der Begegnung mit Jesus in die Dorfgesellschaft geheilt und befreit zurückkehren, erfährt nun Jesus selbst die Ausgrenzung und Vertreibung. Es kommt zu einer Vorwegnahme des „commercium admirabile", des heiligen Tauschs (2Kor 5,21), in dem Gott Mensch und der Mensch vergöttlicht wird.

Die Bewohner und Bewohnerinnen des Dorfes bitten ihn, ihre Region zu verlassen. Und beides scheint mir für eine jesuanische Rückbindung eines Kirchenverständnisses wichtig: 1. Jesus erlebt die Übernahme einer ortsspezifischen Prägung. Die Exklusionserfahrung wird zu seiner eigenen; die Ausgrenzung überträgt sich auf ihn. Er wird vom Ort und der Begegnung geprägt. 2. Das Auftreten Jesu wird das Gegenteil einer Heldengeschichte. Seine schmachvolle und peinliche Vertreibung aus der Region ist eigentlich ein Anti-Heldenepos. Er agiert in einem Modus der Schwäche, die eben bis zur offenen Ablehnung führen kann.

Das Überschreiten des sicher und eindeutig zu definierenden Bereichs des jüdischen Volkes, dieser Weg in die Grenzregionen des Uneindeutigen, lässt sich als Inbegriff einer kontextuellen Theologie, eines Einlassens auf Ortslogiken verstehen. In der Frage nach einer „topologischen Theologie", wie sie von Gregor M. Hoff und Hans-Joachim Sander in der Systematischen Theologie entwickelt wird, und in ihrer pastoraltheologischen Übertragung einer Theologie als „explorativer Erkundung"[24], wären also Orte zu identifizieren, in denen kirchliches und pastorales Agieren mit diesen Uneindeutigkeiten als Alternative zu Separationslogiken umgehen muss. An diesen Orten wäre das Risiko einzugehen, nicht selbst die Logiken dieser Orte bestimmen zu können. Um diese Risiken[25] als Chance zu begreifen, bedarf es einer Grundausrichtung und Haltung, die mit dem Begriff der Kenosis[26] verbunden ist.

Kenopraktische Hinwendung

Der systematische Theologe Ansgar Kreutzer hat den Hymnus des 2. Kapitels des neutestamentlichen Philipperbriefes, der die Hinwendung Gottes zu seiner Welt in der Menschwerdung, die Kenosis, besingt, zur Grundlage seiner „Kenopraxis"[27] gemacht. Die Hinwendung

24 Gerrit Spallek, Tor zur Welt? Hamburg als Ort der Theologie, Ostfildern 2021, S. 404.

25 Vgl. Wolfgang Beck, Ohne Geländer. Pastorltheologische Fundierungen einer risikofreudigen Ekklesiogenese, Ostfildern 2022, S. 198.

26 Jakob Helmut Deibl, Die Kenosis des Absoluten als Ausgangspunkt für eine Re-Narration Europas bei Gianni Vattimo, in: Rebekka A. Klein / Friederike Rass (Hg.), Gottes schwache Macht. Alternativen zur Rede von Gottes Allmacht und Ohnmacht, Leipzig 2017, S. 35–54, S. 49.

27 Ansgar Kreutzer, Kenopraxis. Eine handlungstheoretische Erschließung der Kenosis-Christologie, Freiburg 2011.

Gottes zur Welt, seine Menschwerdung in Jesus Christus, erfolgt in dem grundlegenden Risiko[28], im Auftreten Jesu nicht als Gott erkannt zu werden. Das Bekenntnis „er war in allem uns gleich, außer der Sünde" ordnet diese zentrale theologische und spirituelle Problematik in das Glaubensgebäude ein. Es gibt eben keine so große Sicherheit, dass Jesus der Christus, der Gottessohn ist, dass dies für alle Menschen automatisch evident wäre. Deshalb sind die Erfahrungen der Ablehnung in den neutestamentlichen Texten von so unschätzbarer Bedeutung. Denn sie unterstreichen die Konsequenzen dieser Unerkennbarkeit und Uneindeutigkeit Gottes im Auftreten Jesu. Wenn die biblischen Texte Gott als den Allmächtigen und Heiligen bezeichnen, dann können sie dies offenbar nicht nur mithilfe der Separationslogik tun. Denn dieser Gott separiert sich ja gerade nicht vom Profanen dieser Welt. Stattdessen sucht er die Vermischung mit ihr. Deshalb wird hier ein alternatives Konzept von Heiligkeit erkennbar: Heiligkeit durch Hinwendung! Ansgar Kreutzer deutet dieses kenotische Konzept als eine „Haltung solidarischer Zeitgenossenschaft der Kirche"[29] und formuliert damit die Grundlage für ein Pastoralverständnis, das seinen zentralen Ort in Fragen des Gemeinwohls[30] findet. Vor diesem Hintergrund geht es gerade nicht darum, Heiliges und Profanes „auf Abstand zu halten"[31], sondern das eine auf das andere hin zu perforieren. Mit dem Begriff der Kenosis und seiner Übertragung in das Modell einer pastoralen Grundhaltung der Hinwendung ist zugleich ein alternatives Verständnis des Sakralen grundgelegt: Heiligkeit konstituiert sich hier nicht in der Erzeugung dichotomer Eindeutigkeit, sondern im Risiko der Hinwendung und in der Bereitschaft, sich und die Traditionsbestände des Christentums als „Ressource"[32] nutzen zu lassen. Was Miriam Leidinger im Kontext christologischer Bestimmungen mit dem Begriff der „Verletzlichkeit"[33] als Grundmotiv der Menschwerdung beschreibt, das ist hier für ein alternatives Verständnis von Sakralität durch Perforierung und Hinwendung zu reflektieren, um dann zu einer ekklesiologischen Bestimmung der Hinwendung statt Separation und zu einer gemeinwohlorientierten Pastoral zu gelangen.

Die hier schematisch einander gegenübergestellten Strukturen von Sakralitätskonzepten, eben der Separation und der Hinwendung, müssen nicht exklusiv verstanden werden, sondern komplementär. Weder muss mit ihnen das Sakrale abgeschafft sein, noch muss im Gegenzug das Profane in eine Vorstellung einer grenzenlosen Sakralität alles Bestehenden hinein aufgelöst werden. Deshalb erscheint das Kunstwerk der Himmelsleiter, die innen und außen am Turm des Wiener Stephansdoms emporsteigt, gerade in ihrer Korrespondenz mit dem Impfzentrum im Kirchenraum eine hilfreiche Metapher für das Verständnis einer perforierten Dichotomie von innen und außen, von sakral und profan. In diesem komplementären Ansatz unterschiedlicher Sakralitätskonzepte lässt sich deshalb nicht eindeutig bestimmen, wo die Grenzen zwischen Sakralem und Profanen verlaufen. So wie in inkarnationstheologischer Tradition das Heilige die ganze Welt kenotisch durchdringt und damit alles heiligt, so findet auch das Profane im Heiligen Aufnahme. Erst dadurch wird das Sakrale von einem Habitus der Stärke bewahrt und entzieht sich den machtförmigen Instrumentalisierungen. Es wird

28 Vgl. Beck, Ohne Geländer (s. Anm. 25), S. 145.

29 Kreutzer, Kenopraxis (s. Anm. 27), S. 554.

30 Vgl. Beck, Ohne Geländer (s. Anm. 25), S. 286.

31 Andreas Telser, (Von) Heiligkeit – Abstand halten. Aspekte aus systematisch-theologischer Perspektive, in: ThPQ 167 (2019), S. 407–414, S. 414.

32 François Jullien, Ressourcen des Christentums. Zugänglich auch ohne Glaubensbekenntnis, Gütersloh 2019, S. 23.

33 Vgl. Miriam Leidinger, Verletzbarkeit gestalten. Eine Auseinandersetzung von „Verletzbarkeit" in den Christologien von Jürgen Moltmann, Jon Sobrino und Graham Ward, Regensburg 2018.

zum Gegenstand persönlicher Deutungen, was in dem mittlerweile zum Klassiker gewordenen „Sakrament des Zigarettenstummels"[34] bei Leonardo Boff zum Ausdruck kommt. Die Neutestamentlerin Margarete Gruber spricht in ihrer Untersuchung des Begriffs der Doxa im Zweiten Korintherbrief von einer „Herrlichkeit in Schwachheit"[35]: Die Vorstellung vom göttlichen Glanz baut bei Paulus nach ihrer Analyse darauf auf, dass dieser im Angesicht des Mitmenschen erkennbar wird. Mir scheint dies ein hilfreiches Verständnis für ein komplementäres Verständnis von Sakralität und Profanität. Dies begnügt sich nicht mit einer definierten Kontrastivität, sondern initiiert offene Aushandlungsprozesse, um das eine im jeweils anderen zu würdigen. Deshalb ergeben sich aus dem komplementären Sakralitätskonzept Impulse für Pastoral und Pastoraltheologie. Wer sich mit Räumen und ihrer Konzeption als Sakralräumen beschäftigt, wird mithilfe raumsoziologischer Ansätze, etwa denen von Martina Löw, zu realisieren haben, dass Räume durch zwischenmenschliche Interaktionen bestimmt werden. Neben den beschriebenen separationstheoretischen, von Löw als „absolutistisch"[36] beschriebenen Mustern, rücken damit soziale Güter der Interaktion als Konstitutivum für Raumbildungen in den Blick: Im Rahmen einer komplementären Sakralitätskonzeption kann nicht vom Sakralen gesprochen werden, ohne darin das Profane zu würdigen. Und es kann nicht vom Kirchenraum gesprochen werden, ohne den Sozialraum[37] wertzuschätzen.[38] Eine gemeinwohlorientierte Pastoral wird sich deshalb den öffentlichen Räumen und allen Menschen zuwenden und nicht nur den (vermeintlich) eigenen Raumbestimmungen. Sie soll daher in einem dritten Schritt in den Blick gerückt werden.

Gemeinwohlorientierte Pastoral

Mit der ekklesiologischen Neubestimmung, die im Zweiten Vatikanum mit der Pastoralkonstitution Gaudium et spes von Hans-Joachim Sander als ekklesialer Ortswechsel[39] interpretiert wird, verlegt sich der ekklesiale Brennpunkt in die Erfahrungen und Biografien der Zeitgenossen. In ihnen findet die Theologie einen wesentlichen „Konstitutionsfaktor"[40]. Sie fungieren als „loci theologici alieni"[41], von denen her in maximaler Dezentralität Theologie[42] je neu zu entwerfen ist. Damit wird ein Verständnis der Pastoral möglich, das einerseits die konfessionalistischen Verengungen einer vorkonziliaren Ekklesiologie und andererseits auch die gemeindetheologischen Verengungen der Nachkonzilszeit[43] überwindet, insofern beide auf Abgrenzungsmechanismen und damit lediglich auf einer separierenden Heiligkeitskon-

34 Leonardo Boff, Kleine Sakramentenlehre, Düsseldorf [14]1994, S. 33.

35 Margareta M. Gruber, Herrlichkeit in Schwachheit. Eine Auslegung der Apologie des Zweiten Korintherbriefes 2 Kor 2,14–6,13, Würzburg 1998, S. 438.

36 Martina Löw, Raumsoziologie, Frankfurt am Main 2001, S. 264.

37 Vgl. Kessl / Reutlinger, (Sozial-)Raum – ein Bestimmungsversuch, in: Diess. (Hg.), Sozialraum. Eine Einführung, Wiesbaden [2]2010, S. 21–38, S. 25.

38 Vgl. Beck, Ohne Geländer (s. Anm. 25), S. 231.

39 Vgl. Hans-Joachim Sander, Theologischer Kommentar zur Pastoralkonstitution über die Kirche in der Welt von heute. Gaudium et spes, in: Peter Hünermann / Bernd Jochen Hilberath (Hg.), Herders Theologischer Kommentar zum Zweiten Vatikanischen Konzil, Bd. 4, Freiburg / Basel / Wien 2005, S. 581–886.

40 Hans-Joachim Sander, Das Außen des Glaubens – eine Autorität der Theologie. Das Differenzprinzip in den Loci Theologici des Melchior Cano, in: Hildegund Keul / Hans-Joachim Sander (Hg.), Das Volk Gottes. Ein Ort der Befreiung, Würzburg 1998, S. 240–258, S. 252.

41 Hans-Joachim Sander, Glaubensräume. Topologische Dogmatik 1, Ostfildern 2019, S. 381.

42 Vgl. Gregor Maria Hoff, Glaubensräume. Topologische Fundamentaltheologie 1, Ostfildern 2021, S. 132.

43 Rainer Bucher, Die Gemeinde nach dem Scheitern der Gemeindetheologie. Perspektiven einer zentralen Sozialform der Kirche, in: Georg Ritzer (Hg.), „Mit euch bin ich Mensch..." [FS Friedrich Schleinzer O.Cist.], Innsbruck / Wien 2008, S. 19–46, S. 24.

zeption aufbauen. Gemeinwohlorientiertes Handeln in der Pastoral verabschiedet sich von der Ausrichtung auf kirchlichen Selbsterhalt und den Konzeptionierungen, die sich aus den kirchlichen Themen oder Zeitbestimmungen ableiten. Stattdessen baut es auf der Kenosistheologie, der im zweiten Kapitel des Philipperbriefes formulierten Theologie der Entäußerung Gottes, auf. Die britische Religionswissenschaftlerin Karen Armstrong weist darauf hin, dass diese Kenosistheologie in ihrem Kern keine theoretische Bestimmung ist, sondern eine Praxis:

> „Niemand könnte Jesu Lehre verstehen, wenn er nicht eine ähnliche *kenosis* in den kleinsten Einzelheiten seines Alltagslebens erreichte."[44]

Für Armstrong erfahren doktrinäre, inhaltlich-definitorische Bestimmungen des Glaubens darin ihre zentrale Relativierung – zugunsten einer ethischen Bestimmung der Hinwendung zu allen Mitmenschen. Es ist der Primat des Mitfühlens gegenüber dem Rechthaben.[45] Durch diesen Primat des Mitfühlens mit allen Menschen kommt es zu einem Überschreiten kleiner Solidaritäten hin zu einer geweiteten Perspektive auf das gelingende Zusammenleben aller Menschen.

So generiert sich gemeinwohlorientierte Pastoral aus den Themen des lokalen Zusammenlebens, und sie integriert christliche Akteure und Aktuerinnen unabhängig von ihrem kirchlichen Status in die kommunikativen Prozesse zur Bearbeitung lokaler Anliegen. In besonderer Weise hat der Berliner Soziologe Leo Penta mit seinen Schritten des „Community Organizing"[46] ein Modell für derartige Aushandlungsprozesse entwickelt. Ein kirchliches Einlassen auf solche offenen, kommunikativen Aushandlungsprozesse wird auf den Verzicht auf kirchliche Hegemonialansprüche aufbauen. Sie wird sich nicht auf eine Öffentliche Theologie[47] begrenzen, die kirchliche Einflüsse auf politische Gestaltung sucht, sondern zu einer „geöffneten Theologie", in der das „konstellative Denken"[48] einer lernenden Kirche geübt wird. Voraussetzung für eine gemeinwohlorientierte Pastoral wird also ein positives Verhältnis zu erlebbaren Prozessen des Machtverlusts und der Schwäche[49] sein und – darin ist sie der Sozialpastoral sehr verbunden – dem „Prinzip der Universalität folgen", wie es jüngst von Herbert Haslinger beschrieben worden ist: „Die kirchlichen Akteure und Instanzen müssen bereit sein, sich in den Dienst für die ganze Menschheit zu stellen."[50]

Dieser Modus der Schwäche ergibt sich aus dem Verlust einer Definitionshoheit von Zugehörigkeits- und Grenzbestimmungen. Der Philosoph Mario Perniola greift die religiöse Praxis von Menschen in der Spätmoderne auf. Er macht deutlich, dass das persönliche Bekenntnis als Instrument der Zugehörigkeitsbestimmung zum Kollektiv insbesondere für die katholische Kirche bedeutungslos wird. An die Stelle des Bekenntnisses tritt aber nicht einfach der persönlich definierte Glaube, sondern die ästhetische Kategorie eines „katholischen Fühlens".

44 Karen Armstrong, Die goldene Regel. Das religiöse Ideal des Mitgefühls und die Überwindung des Egoismus, in: Lettre International 84 (2009), S. 71–75, S. 73.

45 Ebd., S. 75.

46 Vgl. Leo Penta, Die Macht der Solidarität, in: Ders. (Hg.), Community Organizing. Menschen verändern ihre Stadt, Hamburg 2007, S. 99–108.

47 Vgl. als Übersichtsdarstellung: Florian Höhne, Öffentliche Theologie. Begriffsgeschichte und Grundfragen, Leipzig 2015.

48 Bernd Hillebrand, Pastoraltheologie als Angewandte Theologie. Topologische Suche nach den Zeichen der Zeit im Passungsverhältnis von Kirche und Welt, in: Ders. / Michael Quisinsky (Hg.), Dogma und Pastoral – neu vernetzt. Aufbruch zu einer Angewandten Theologie, Ostfildern 2021, S. 43–53, S. 50.

49 Vgl. Rebekka A. Klein, Die Schwachheit Gottes als subversive Macht. Eine kreuzestheologische Relektüre der Körperimaginationen der Moderne, in: Dies. / Friederike Rass (Hg.), Gottes schwache Macht. Alternativen zur Rede von Gottes Allmacht und Ohnmacht, Leipzig 2017, S. 227–243.

50 Herbert Haslinger, Diakonisch Kirche sein, in: ThPQ 169 (2021), S. 363–370, S. 369.

Es lässt sich durch eine diffuse Selbstzuordnung[51] mit rationaler Distanz[52] und mit einem deutlichen Fokus auf der Religionspraxis[53] umschreiben. Das „katholische Fühlen" bedarf nicht der Grenzdefinitionen von Erlaubnissen, es entwickelt sich in großer Unabhängigkeit institutioneller Vorgaben und kann daher als Ausdruck ekklesialer Grenzperforationen verstanden werden.[54]

Kirchliche Akteuere und Akteurinnen, die diese Prozesse reflektieren und sich zugleich auf eine Gemeinwohlorientierung pastoralen Handelns einlassen, werden sich im Modus der Schwäche von den Themen ihrer Zeit Fragestellungen vorgeben lassen. Erst in dieser Wechselseitigkeit von Beeinflussen und Beeinflusstwerden begibt sich kirchliche Pastoral in eine grundlegende Solidarität mit ihren Zeitgenossen. Sie übernimmt im Rückgriff auf die Inkarnationstheologie des Philipperhymnus (Phil 2) jene kenosistheologische Bewegung, die der Theologe Ansgar Kreutzer als „Kenopraxis"[55] bestimmt hat.

Der Pastoral wird vor diesem Hintergrund daran gelegen sein, sich im Modus der Schwäche[56], also unter gleichberechtigten Akteuren und Akteurinnen, in diese Diskurse einzubringen und sich damit von diesen öffentlichen Bezügen bestimmen zu lassen. Der Marburger Soziologe Markus Schroer spricht von einer „räumlichen Diffusion der Religion"[57] und formuliert prägnant: „Raum macht Religion!"[58]

Eine spätmoderne Pastoraltheologie wird sich infolge einer gemeinwohlorientierten Bestimmung von Pastoral um die Wahrnehmung einer Vielzahl von Lebensorten bemühen, weil sie hier, im Miteinander mit allen „Menschen guten Willens" (Papst Johannes XXIII.) an theologische Erkenntnisorte im Sinne der von Marie-Dominique Chenu[59] identifizierten „loci theologici in actu"[60] gelangt. Die vieldimensionale Perforierung der Grenze folgt der Erkenntnis, dass „die Kirche nur an der Peripherie zu ihrer Mitte, aus der heraus sie immer wieder neu an die Peripherie drängt,"[61] gelangt. Gerade die perforierte Grenze wird zur Chance für ein solidarisches Mitsein. Die Perforierung ist deshalb keine Verletzung, sondern eine „Verletzlichkeit"[62], die der Kirche zur Befreiung wird. Damit sind die vielfältigen Perforierungen separierend-ekklesiologischer Konzepte gewürdigt. Sie ermöglichen die Wahrnehmung von Gegenwartsphänomenen, in denen Menschen Lebens- und Glaubensfragen bearbeiten und aufeinander beziehen, und identifiziert an diesen gegenwartskulturellen Orten Impulse für gemeinwohlorientierte Pastoralkonzepte.

51 Mario Perniola, Vom katholischen Fühlen, Berlin 2012, S. 37.
52 Ebd., S. 52.
53 Ebd., 75.
54 Vgl. Beck, Ohne Geländer (s. Anm. 25), S. 100.
55 Kreutzer, Kenopraxis (s. Anm. 27), S. 554.
56 Vgl. Beck, Ohne Geländer (s. Anm. 25), S. 142.
57 Markus Schroer, Räume der Gesellschaft. Soziologische Studien, Wiesbaden 2019, S. 214.
58 Ebd., S. 216.
59 Michael Quisinsky, Marie-Dominique Chenu. Weg – Werk – Wirkung, Freiburg 2021, S. 125.
60 Michael Quisinsky, Theologie als angewandter Glaube. Ökumenische Impulse zur gesellschaftlichen Verantwortung christlichen Lebens und Denkens, in: Catholica 72 (2018) 3, S. 215–230, S. 216.
61 Quisinsky, Marie-Dominique Chenu (s. Anm. 59), S. 164.
62 Karlheinz Ruhstorfer, Befreiung des „Katholischen". An der Schwelle zu globaler Identität, Freiburg 2019, S. 185.

WAS LEHRT UNS DIE PANDEMIE IN ETHISCHER VERGEWISSERUNG?

Kerstin Schlögl-Flierl

Wahrscheinlich hat jeder und jede für sich schon die je eigenen Lehren und Vorsätze aus der Pandemie gezogen. Mehr Rücksicht auf andere, weniger Essen und mehr Bewegung, neues Engagement in der Seelsorge usw. In diesem Artikel soll es um die Lehren gehen, die überindividuell und generell aus der Pandemie formuliert werden können. Dabei ist vor allem zu benennen, dass die Pandemie als Public-Health-Ereignis aufgefasst werden muss, also ein Ereignis, dass die öffentliche Gesundheit massiv betrifft. Die Covid-19-Pandemie kann nur als gesellschaftliche Herausforderung behandelt werden, nicht so sehr aus der fragmentierten Sicht des jeweils Einzelnen und dessen Sorge um seine eigene Gesundheit.

Da die Pandemie eine Erschütterung von Sicherheit und Risikoabschätzung, der Souveränität der politischen Entscheidungsträger und der Zusammenarbeit von Wissenschaft und Politik hervorrief, wurden grundlegende normative Fragen aufgeworfen. Oft werden Vergleiche zur Klimakrise gezogen. Das soll aber in diesem Artikel nicht erfolgen, vor allem auch aus Respekt vor der Unvergleichbarkeit der beiden Krisen (aufgrund der je eigenen Komplexität) wie derjenigen der jeweiligen Bewältigung.[1] Sicherlich könnte man von der Bewältigung der Pandemie einiges für die Bewältigung der Klimakrise lernen – wie z. B. die Formulierung positiver Narrative[2] –, aber dies ist nicht weiter das Thema.[3]

Es ist durchaus zu konstatieren, dass eine richtige Vorbereitung im Hinblick auf Wellen der gegenwärtigen Pandemie, ebenso wie auf zukünftige Pandemien, schon jetzt erfolgen müsste[4] und dies im besten Sinne der Vorbereitung (preparedness) auf anstehende Krisensituationen. Auch aus vorhergehenden Pandemien, z. B. aus der Pest oder der Spanischen Grippe[5], wäre zu lernen gewesen.[6] Wie wichtig es ist, sich den großen Herausforderungen der gegenwärtigen Pandemie zu stellen, soll kurz an der Frage des Schutzes des menschlichen Lebens illustriert werden. In normativer Hinsicht ist es notwendig, sich der Güterhierarchie zu vergewissern, die hinter Entscheidungen steht. In der Pandemie spielte die Absolutsetzung des Lebensschutzes eine sehr bedeutende Rolle.[7] Wird ein Gut absolut gesetzt, hat dies weitreichende Folgen für alle anderen Güter und deren Einbezug in die Abwägung. Andere Güter werden als nachrangig betrachtet und dem absolut gesetzten Gut mit weitreichender Unbedingtheit untergeordnet.

1 Vgl. Jochen Ostheimer, Einfache und vertrackte Probleme. Strukturelle Unterschiede zwischen der Corona-Pandemie und der Klimakrise, in: Wolfgang Kröll u. a. (Hg.), Die Corona-Pandemie. Ethische, gesellschaftliche und theologische Reflexionen einer Krise (Bioethik in Wissenschaft und Gesellschaft 10). Baden-Baden 2020, S. 179–198.

2 Vgl. Christof Mauch, Slow Hope: Rethinking Ecologies of Crisis and Fear (RCC Perspectives: Transformations in Environment and Society 2019/1).

3 Dirk Messner, Risiken und Chancen im Umgang mit der Corona-Krise, 02.04.2020, https://www.umweltbundesamt.de/themen/risiken-chancen-im-umgang-der-corona-krise (abgerufen am 01.12.2021). Messner ist Präsident des Umweltbundesamtes. Vgl. auch Uta Böhm / Martina Schäfer / Rabea-Lorina Dehning, Chance für einen Wandel in Richtung Nachhaltigkeit?, in: Ökologisches Wirtschaften 36 (2/2021), S. 41–46.

4 Vieles mehr wäre zur Pandemie noch anzuführen, aber es kann keine vollständige Analyse betrieben werden und das wird wahrscheinlich in der Aufarbeitung der auch noch nicht abklingenden Pandemie zudem noch länger dauern. Bevor sich aber wieder auf kleinteilige Maßnahmen, etwa welche Anzahl von Schutzkleidung ausreichend gewesen wäre, welche Zuständigkeit wann und wie versagt oder wer hier zu langsam oder zu übereilt gehandelt hat, kapriziert wird, sollen die aufgrund der Pandemie neu angefragten Selbstverständlichkeiten nicht unter den Tisch fallen. Sicherlich lohnt es sich, einzelne Felder wie z. B. die Wirtschaft und deren Schäden in der Corona-Zeit in den Blick zu nehmen. Vgl. Nationale Akademie der Wissenschaften Leopoldina, Ökonomische Konsequenzen der Coronavirus-Pandemie – Diagnosen und Handlungsoptionen, Halle 2021. Dies kann ich jedoch nicht leisten, sondern verweise auf weitergehende und bereichsspezifische Fragestellungen.

5 Vgl. Daihai He u. a., Comparing COVID-19 and the 1918–19 influenza pandemics in the United Kingdom, in: International Journal of Infectious Diseases 98 (9/2020), S. 67–70.

6 Vgl. Peter Czoik (Hg.), Dekameron 21.0 – Zehn Schlaglichter auf eine Krise, Würzburg 2021; Bundeszentrale für politische Bildung, Corona-Krise (APuZ 70, 35–37/2020).

7 Zu den damit einhergehenden Zielkonflikten: Vgl. Klaus Steigleder, Ethische Zielkonflikte in der Corona-Krise, in: Zeitschrift für Politikwissenschaften 31 (2021), S. 445–451.

Schon zu Beginn der Pandemie, im März 2020, hat der Deutsche Ethikrat versucht klarzustellen, dass diese Absolutsetzung (etwa gegenüber Schäden im Bereich der Wirtschaft oder der Bildung) schon eine Richtungsentscheidung darstellt und äußerte sich demgegenüber kritisch: „Auch der gebotene Schutz menschlichen Lebens gilt nicht absolut. Ihm dürfen nicht alle Freiheits- und Partizipationsrechte sowie Wirtschafts-, Sozial- und Kulturrechte *bedingungslos* nach- bzw. untergeordnet werden. Ein allgemeines Lebensrisiko ist von jedem zu akzeptieren."[8]

Dass im politischen und gesellschaftlichen Abwägen dies nicht immer unbedingt beachtet wurde, ist hier nicht zu diskutieren. Das Problem ist aber als Hintergrundfolie instruktiv, um sich der Wichtigkeit der normativen Fragen noch einmal zu versichern und die Komplexität der Pandemie und ihrer Folgen analysieren zu können. Dies wird in diesem Beitrag für die Werte und Prinzipien wie Vulnerabilität, Solidarität und Gerechtigkeit vollzogen. Zuvor jedoch soll im ersten Kapitel unterstrichen werden, dass es schon Lehren, z. B. aus anderen Krisen, gegeben hätte bzw. diese Lehren auch beachtet hätten werden können/müssen.

Auch sei an dieser Stelle noch erwähnt, dass in anderen Ländern ähnliche oder auch ganz unterschiedliche Erfahrungen mit der Pandemie gemacht wurden. In einem Artikel zu Sri Lanka wird beispielsweise auf den Erfolg der Ethics of care und Self discipline abgehoben, die – im Mainstream angekommen – zur Bewältigung der Pandemie beigetragen haben.[9] Hier wird im Folgenden die deutsche Perspektive verfolgt, die sich u. a. durch ein, im weltweiten Vergleich, bestens ausgestattetes Gesundheitssystem und beträchtliche finanzielle Ressourcen auszeichnet. So sind wir ganz anders in die Krise gestartet – verglichen mit Ländern aus dem Globalen Süden.

Was hätten wir schon gelernt haben können?

Um nicht nur Sonntagsreden in diesem Artikel zu schwingen, ist der Blick zurück – in die Geschichte der Pandemien – nicht unerheblich. Man muss nicht allzu weit in der jüngeren Geschichte zurückgehen, um andere mögliche Vergleichsgrößen für die jetzige Pandemie finden zu können. Da wäre zum einen die Grippepandemie 1918/1919 zu nennen[10] und zum anderen Sars-Cov 1 oder auch MERS[11] (im letzten Jahrzehnt). Der Vergleich soll aber zu keinem historischen Abgleich (beispielsweise hinsichtlich der Epidemiekurven) oder infektiologischer Tiefenbohrung[12] dienen, sondern die Lektionen, die aus vorherigen Pandemien hätten gelernt werden können, sollen kurz rekapituliert werden.

Das Ebola-Virus und der Umgang der Weltgemeinschaft damit könnte ein solches Beispiel darstellen. Ross Upshur, Professur für Öffentliche Gesundheit an der Universität von Toronto und Vorsitzender einer Arbeitsgruppe bei der WHO zu ethischen Fragen im Zusammenhang mit der Covid-19-Pandemie und der Co-Autor Maxwell J. Smith, hatten schon zu Zeiten des

8 Deutscher Ethikrat, Solidarität und Verantwortung in der Corona-Krise, Ad-hoc-Empfehlung, Berlin 2020, S. 5.

9 Vgl. Dineshani Hettiarachchi u. a., Fthical Responses to the COVID-19 Pandemic – Lessons from Sri Lanka, in: Asian Bioethics Review 13 (2021), S. 225–233, S. 231.

10 He u. a., Comparing COVID-19 (s. Anm. 5).

11 Vgl. Agnieszka Zeidler / Tomasz Karpiński, SARS-CoV, MERS-CoV, SARS-CoV-2 Comparison of Three Emerging Coronaviruses, in: Jundishapur Journal for Microbiology 13 (6/2020), e103744, https://dx.doi.org/10.5812/jjm.103744; Zhixing Zhu, u. a., From SARS and MERS to COVID-19: A brief summary and comparison of severe acute respiratory infections caused by three highly pathogenic human coronaviruses, in: Respiratory Research 21 (224/2020).

12 Vgl. Pengfei Li u. a., Systematically comparing COVID-19 with the 2009 influenza pandemic for hospitalized patients, in: International Journal of Infectious Diseases 102 (1/2021), S. 375–380.

Ebola-Virus[13] formuliert, dass moralische Lehren hätten gezogen werden können.[14] Beide erarbeiteten eine solche Aufstellung der „Lessons learned" 2015, indem u. a. folgende Fragen aus einer Public Health Perspektive zur ernsthaften Beantwortung aufgeworfen wurden: Wer steht in der Verantwortung für das Lernen der Lektionen? Betreffen die Lektionen die Faktoren unseres menschlichen individuellen Lernens oder handelt es sich um Faktoren, die nur durch das Verändern von Strukturen erreichbar sind? Sind es neuartige Lektionen? Wie können die Lektionen Katalysator für Veränderung werden? Auf all diese Fragen müssen Antworten gefunden werden, damit die gelernten Lektionen auch nützliches Wissen hervorbringen, den Lernprozess befördern und schließlich die Veränderung der Politik und Praktiken erreicht werden kann, damit die Prävention und Vorbereitung vor, die Reaktion auf sowie die Wiederherstellung nach der Pandemie gelingen kann und die Lehren aus der Pandemie nicht verpuffen.

Als Lektionen aus der Ebola-Pandemie nennen Smith und Upshur beispielsweise: Die Gesundheitssysteme müssen gestärkt und die Überwachungs- bzw. Handlungskapazitäten lokal, national und international verbessert werden. Nicht vergessen werden dürfen der Gemeinschaftsaufbau und die Vertrauensbildung auf allen Ebenen, um ein gemeinsames Agieren zu ermöglichen. Kommunikationswege sind zu verbessern: „Both risks and needs must be communicated early, clearly and transparently."[15] Die Erfahrung einer geteilten Vulnerabilität sollte in eine geteilte Verantwortung münden. Um schnell und effektiv auf Krisen reagieren zu können, ist eine global governance in der Pandemiesituation einzuplanen. Grundsätzlich müssen Anreize gesetzt werden, um Impfstoffe und Therapien für Krankheiten zu jedem Zeitpunkt zu entwickeln und nicht erst im akuten Bedarfsfall.

Smith und Upshur resümieren, dass Ethik in den bisher gelernten Lektionen aus Pandemien zu wenig berücksichtigt worden ist. Wie kann also die Ethik erfolgreich in die Pandemievorsorge und -bewältigung implementiert werden? Dass diese aber wieder sehr schnell in Vergessenheit geraten sind, was immer wieder moniert, aber nicht gehört wurde, ist leider zu konstatieren.

Auch wurden schon erste Lehren aus dieser Pandemie gezogen. In der Stellungnahme „Pandemic preparedness and the role of science"[16] der Wissenschaftsakademien der G20-Staaten vom Sommer 2021 wurden zum einen die internationale Vernetzung zur Information und zum anderen die dezentralen Bemühungen zur Mittelbereitstellung angemahnt. Auch die Europäische Kommission hat in einer ersten Stellungnahme mit dem Titel „Emerging stronger from the pandemic: acting on the early lessons learnt" (15. Juni 2021) zehn Lehren formuliert. So seien hier kurz zwei zitiert: „2. Clearer and more coordinated scientific advice would facilitate policy decisions and public communication. The EU should appoint a European Chief Epidemiologist and a corresponding governance structure by the end of 2021. 3. Enhanced preparedness requires constant investments, scrutiny and reviews. The European Commission should prepare an annual State of Preparedness Report. "[17]

13 Auch MERS oder Sars hätten Lehren geboten: Zhixing Zhu u. a., From SARS and MERS to COVID-19 (s. Anm. 11), S. 224.

14 Vgl. Maxwell J. Smith / Ross E. G. Upshur, Ebola und Learning Lessons from Moral Failures. Who Cares about Ethics, in: Public Health Ethics 8 (2015), S. 305–318.

15 Smith / Upshur, Ebola and Learning Lessons (s. Anm. 14), S. 309.

16 Vgl. S20 Academies Joint Statement, 07.2021 (S20 Italy 2021), online abrufbar unter: https://www.leopoldina.org/publikationen/detailansicht/publication/pandemic-preparedness-and-the-role-of-science-2021/ (abgerufen am 01.12.2021).

17 Vgl. Europäische Kommission, Emerging stronger from the pandemic: acting on the early lessons learnt (Pressemitteilung vom 15.06.2021), https://ec.europa.eu/commission/presscorner/detail/en/ip_21_2989 (abgerufen am 01.12.2021). Das Dokument findet sich unter https://ec.europa.eu/info/sites/default/files/communication150621.pdf

Es fällt auf, dass vor allem strukturelle Maßnahmen im Forderungskatalog stehen und weniger inhaltliche Linien. Das wurde ebenso bei einer öffentlichen Anhörung zu den „Internationalen Perspektiven der Pandemieprävention und -bewältigung" (Mai 2021)[18] im Deutschen Ethikrat deutlich, bei dem die nationalstaatlichen Interessen, bis hin zu Egoismen angesichts einer weltumspannenden Pandemie, als zu stark diagnostiziert und entgegenstehende oder flankierende Postulate globaler Gerechtigkeit und Solidarität formuliert wurden.

Dies haben Upshur und Smith noch einmal auch speziell für die Corona-Pandemie formuliert:

> „Unfortunately solidarity and justice are not commonly reflected in policymaking in non-pandemic times, and so we must confront the fact that the values that (often implicitly) undergird policymaking are inadequate for an effective and ethical response to this pandemic."[19]

Um diesen Ausfall zu erkennen, vorzubeugen und hier Linien einzuziehen, ist die Ethik gefragt. Zuvor möchte ich aber die Vulnerabilität als deutliche Leerformel, als Containerbegriff reflektieren.

Vulnerabilität: Richtungsweisend und bedeutungsleer

Die Kategorisierung als besonders vulnerable Person oder Personengruppe hatte von Beginn an im politischen Sprechen, aber auch in der Impfpriorisierung ihren Platz.[20] Aber wodurch wurde man vulnerabel und vor allem besonders vulnerabel? Zu Beginn der Pandemie waren es vor allem ältere Menschen, besonders in Pflegeheimen, die eines wichtigen Schutzraumes aufgrund der höheren Mortalität usw. bedurften. Bis vor kurzem waren es Kinder unter 12 Jahren, die zwar die Schulen besuchen, sich aber noch nicht durch ein Vakzin schützen konnten. In Zukunft wird es sicherlich noch andere vulnerable Gruppen geben.

Selbstverständlich wurde die Kategorie Vulnerabilität hier als Zuschreibungskategorie verwendet. Vulnerabilität, von lateinisch vulnus, heißt zunächst schlicht Verwundbarkeit. Geht man aber nicht politikstrategisch oder juristisch an diese Benennung heran, sondern anthropologisch, so ist die Vulnerabilität in einem ersten Schritt eine conditio humana, die uns als Menschen auszeichnet. Sie ist also eine dem Menschen inhärente Kategorie.

Die Pandemie hat aber ebenso gezeigt, dass uns deren Unbill nicht alle in gleicher Weise trifft, d. h., manche Kontextfaktoren für die eigene Vulnerabilität und sein Erleben doch ausschlaggebend waren. Menschen in Gemeinschaftsunterkünften waren den Restriktionen ungleich mehr ausgesetzt als Menschen in familiären Zusammenhängen mit Haus und Garten. Diese Dimension der Vulnerabilität nennt man *situative*. Davon zu unterscheiden ist in der Fachbegrifflichkeit zudem die *pathogene* Vulnerabilität, die durch strukturelle Konstellationen ausgezeichnet ist.[21]

Was lehrt uns also die Pandemie? Wir alle sind verwundbar und dies in unterschiedlichem Maße und Grade. Vulnerabilität ist eine dynamische und universale Kategorie.

18 Vgl. https://www.ethikrat.org/anhoerungen/internationale-perspektiven-der-pandemiepraevention-und-bewaeltigung/ (abgerufen am 01.12.2021).

19 Maxwell J. Smith / Ross E. G. Upshur, Learning Lessons from COVID-19 Requires Recognizing Moral Failures, in: Journal of Bioethical Inquiry 17 (2020), S. 563–566, S. 565.

20 Vgl. Ständige Impfkommission beim RKI / Deutscher Ethikrat / Nationale Akademie der Wissenschaften, Wie soll der Zugang zu einem COVID-19-Impfstoff geregelt werden?, Berlin 2020, https://www.ethikrat.org/fileadmin/Publikationen/Ad-hoc-Empfehlungen/deutsch/gemeinsames-positionspapier-stiko-der-leopoldina-impfstoffpriorisierung.pdf (abgerufen am 01.12.2021).

21 Vgl. Martina Schmidhuber, Vulnerabilität in der Krise, in: Kröll u. a. (Hg.), Die Corona-Pandemie (s. Anm. 1), S. 273–282.

Neben dem anthropologischen Grunddatum, muss von besonders Vulnerablen ausgegangen werden. Dabei sollte jedoch jegliche Stigmatisierung verhindert werden.

Solidarität: Prominenter denn je, aber zugleich diffuser denn je

Kurz sei als Zwischengedanke an dieser Stelle im Aufsatz die Krise eingespeist. Krise meint Höhepunkt und Wende, damit ist nicht nur Negatives verbunden.[22] Ein krisenhaftes Moment kann darüber hinaus der Ausgangspunkt für etwas Positives sein. Dies kann am nächsten Punkt, der Solidarität, verdeutlicht werden.

> „Das Corona-Virus erinnert uns in denkbarer Massivität daran, dass die Solidarität jedenfalls nicht einfach eine Frage der persönlichen Moral, der individuellen Bereitschaft zu Rücksichtnahme, Gemeinsinn und Opferbereitschaft ist. In den Zeiten der Pandemie wird vielmehr in ganz besonderer Weise deutlich, dass die Solidarität zunächst einmal ein gesellschaftliches Faktum ist. Denn in der Pandemie sind wir alle, ob wir wollen oder nicht, ob wir darum wissen oder nicht, ob wir dies akzeptieren oder nicht, in einer unentrinnbaren Infektions-Solidarität miteinander verbunden."[23]

Der Ruf nach Solidarität war in der Pandemie deutlich zu vernehmen.[24] Zu unterscheiden ist zwischen einer Con-Solidarität (Solidarität mit einer Gruppe, der man selbst zugehört) und einer Pro-Solidarität (Solidarität mit einer Gruppe, der man nicht selbst zugehört).[25] Deutlich waren Zeichen der Con-Solidarität vor allem zu Beginn der Pandemie sichtbar, als jüngere für ältere Mitbürger Einkaufsdienste übernommen haben.

> „Zu unterscheiden ist […], ob unter Pro-Solidarität paternalistisches Schutzmachtverhalten, caritatives Almosen-Geben oder aber der identifikatorische Zusammenschluß mit den Bedürftigen mit dem Ziel, das ‚von ihm selbst definierte Wohl des Anderen' zu erreichen, zu verstehen ist. Dabei darf nicht übersehen werden, daß beide Formen der Solidarisierung häufig gemeinsam auftreten, ja einander bedingen. Die Con-Solidarität gesellschaftlicher Gruppen wird wesentlich getragen von der Pro-Solidarität sympathisierender und kooperierender Gruppen und Personen. Andererseits kann der con-solidarische Zusammenschluß der Unterdrückten auch die Pro-Solidarität der zunächst nicht Betroffenen, die die Sache der anderen zu ihrer eigenen machen, wecken und motivieren."[26]

Zentrale Wesensmerkmale von Solidarität sind Verbundenheit, gemeinschaftsorientierte Identifizierung und Mitverantwortung. Solidarität wird durch Reziprozität (wechselseitige Verpflichtung oder Bereitschaft, füreinander einzustehen, füreinander fürsorglich Verantwortung zu übernehmen – Einzelner gegenüber Gemeinschaft und Gemeinschaft gegenüber Einzelnem)

22 Vgl. Gerhard Kruip, Die Corona-Krise. Wird die Chance zum Lernen genutzt?, in: ThPQ 169 (2021), S. 237–245.

23 Hermann-Josef Große Kracht, „Solidarität zuerst". Zur Neuentdeckung einer politischen Idee (Edition Politik 124), Bielefeld 2021, S. 16.

24 Schon in der Fast-Pandemie in Folge von Sars 2003 war die Solidarität als Public-Health-Thema neu formatiert und zugleich auch relationaler gedacht worden. Vgl. Barbara Prainsack, Alena Buyx, Das Solidaritätsprinzip. Ein Plädoyer für eine Renaissance in Medizin und Bioethik, Frankfurt a. M. / New York 2016, S. 44–45.

25 Vgl. Hans Diefenbacher u. a., Die Idee der Solidarität in der Corona-Pandemie, in: Benjamin Held u. a. (Hg.), Corona als Riss. Perspektiven für Kirche, Politik und Ökonomie, Heidelberg 2020, S. 149–184.

26 Gunter M. Prüller-Jagenteufel. Solidarität – eine Option für die Opfer (Interdisziplinäre Ethik 20), Frankfurt a. M. 1998, S. 60.

angezeigt. Die Verpflichtung zum Einsatz geht über soziale Kooperation bis hin zu karitativer Hilfestellung. Aber was ist Solidarität genau? Sie kann als Leitprinzip sozialstaatlicher Strukturen (Solidargemeinschaft in der Krankenkassenversorgung), als politischer Symbolbegriff (im Parteiprogramm bestimmter Parteien verankert) und als Tugend verstanden und verwendet werden. „Solidarität impliziert eine über formal oder rechtlich bestehende Ansprüche hinaus gehende Motivation bis hin zur Verpflichtung, die aus der Verbundenheit mit der eigenen oder fremden Gruppe resultiert."[27]

Durch das Hochhalten der Solidarität kommt die besondere Bedeutung der Schwächsten in den Fokus. In der Corona-Pandemie konnte man das beobachten:[28] Solidarität hat sich in großer Not eingestellt, und jetzt wird bei der Entscheidung zur Impfung an die reziproke Solidarität appelliert: Erwachsene sollten eine Impfung (zumindest aber) für Ihre Kinder und Angehörigen in Erwägung ziehen, insbesondere wenn diese zu jenen Gruppen zählen, die sich aus gesundheitlichen Gründen nicht impfen lassen können.

Berechtigterweise stellt Katharina Klöcker die Rückfrage nach den Gründen der Solidarität in Zeiten der Pandemie.[29] Sicherlich war es mitunter die Furcht vor Ansteckung. Aber reicht diese so motivierte Solidarität aus, um durch die Pandemie zu tragen? Es geht um eine Solidarität, motiviert um der anderen willen. Ideen und Narrative von Gemeinschaft sollten erzählt werden.

Zusammenfassend kann gesagt werden: Solidarität stellt eines der Prinzipien der Sozialethik dar, welches die Gemeinschaft trägt. In Zeiten der Pandemie war Solidarität ein nicht zu unterschätzender Wert, der an die gemeinschaftliche Bewältigung der Krise hat glauben lassen. In wirklich dramatischen Situationen kann die Solidarität durchaus auch eine moralische Pflicht werden, d. h. sich selbst impfen zu lassen, um zudem andere zu schützen. Dies verweist schon auf das nächste Kapitel, da oft die Frage nach der Impfung unter Vorzeichen der Gerechtigkeit verhandelt wird.

Gerechtigkeit: alte Debatten neu aufgemacht und weiterhin ohne Lösung

Sehr dringlich ist die Notwendigkeit der Schärfung des Gerechtigkeitsbegriffs in Zeiten der Pandemie geworden. Am sichtbarsten in Fragen nach der Triage, also der Verteilung knapper Ressourcen im Katastrophenfall. Aber wie kann angesichts von Zeitknappheit und Personalmangel Verteilungsgerechtigkeit hergestellt werden?[30]

Ohne weitere inhaltliche Befüllung hätte dies nach dem Prinzip des „First come, first serve" in der Notaufnahme im Krankenhaus verwirklicht werden können. Aber die Lebenswertindifferenz und das Instrumentalisierungsverbot haben in Deutschland einen an der Bedürftigkeit orientierten und mit der prognostizierten Lebenserwartung verbundenen Ansatz wählen lassen. Also entscheiden Dringlichkeit und Erfolgsaussicht (und hier noch viele Abwägungen im Hintergrund) über die Aufnahme sowie das Abschalten der lebenswichtigen Gerätschaften.[31] Im Ernstfall sind an solche Entschei-

27 Diefenbacher u. a., Die Idee der Solidarität (s. Anm. 25), S. 180.

28 Ursula Nothelle-Wildfeuer / Lukas Schmitt, Solidarität in der Corona-Gesellschaft (Grüne Reihe 470), S. 7.

29 Vgl. Katharina Klöcker, Gott in der Krise finden. Theologische Antworten auf die Solidaritätsfragen in der Pandemie, in: HerKorr 74 (5/2020), S. 30–32.

30 Vgl. Themenheft der Zeitschrift für medizinische Ethik zur Triage 4/2020.

31 Vgl. Deutsche Interdisziplinäre Vereinigung für Intensiv- und Notfallmedizin, Entscheidungen über die Zuteilung intensivmedizinischer Ressourcen im Kontext der COVID-19-Pandemie. Version 2. Klinisch-ethische Empfehlungen (17.04.2020). https://www.divi.de/joomlatools-files/docman-files/publikationen/covid-19–dokumente/200417–divi-covid-19–ethik-empfehlung-version-2.pdf. Eine vorläufige dritte Fassung gibt es seit 23.11.2021.

dungen bestimmte Bedingungen geknüpft und verläuft nicht punktuell, sondern zeitzerdehnt.[32]

Aber die Nennung der Triage auf der Intensivstation verdeckt viele andere damit verbundene Mechanismen. Aus unterschiedlichen Gründen (wie Angst oder Kapazitätsprobleme) wurden etwa Operationen aufgeschoben, die nunmehr noch dringlicher nach Versorgung verlangen.

Auch ein Blick auf Pflegeheime verdeutlicht, dass viele Pflegeheimbewohner aus Gründen wie Angst vor Ansteckung oder der Überlastung der Notaufnahmen ein Versterben in den Einrichtungen bewusst in Kauf genommen haben (Stichwort Graue Triage). Prononcierte öffentliche Debatten können in die eine oder die andere Richtung Fehlanreize setzen, die patientenseitig oder einrichtungsseitig ebenso Wirkungen haben, d. h., dass viele schwerkranke Patientinnen und Patienten den Aufenthalt im Krankenhaus abgesagt oder verschoben haben.

Neben der Verteilungsgerechtigkeit wurde vom Kollegen Franz-Josef Bormann die Sachgerechtigkeit[33] als weitere wichtige Facette von Gerechtigkeit in den Diskurs um den Umgang in der Pandemie sowie die Lehren aus derselben eingebracht. Es geht darum, sich zu bemühen, der Sache gerecht zu werden. Sachgerechtigkeit meint dabei die Konzipierung einer überzeugenden politischen Gesamtstrategie zur Krisenbewältigung, die sachgerechte Information, eine risikoethische Einschätzung, nicht nur die Folgen für den Gesundheitsschutz, sondern möglichst umfassend alle Folgen miteinbeziehend usw. beinhaltet. Dabei ist verbunden mit der Maximierung eines partikularen Einzelgutes (wie z. B. des Gesundheitsschutzes) immer die Frage nach der Sachgerechtigkeit nach vorne zu bringen.

Trotzdem muss am Schluss auf die Frage der Verteilungsgerechtigkeit noch einmal dezidiert zurückgekommen werden, denn die Impfstoffverteilung ist auf nationaler, europäischer und globaler Ebene zu betrachten. In Deutschland ist die Impfstoffverteilung nach Prinzipien, vorrangig nach der Bedürfnisorientierung, erfolgt. Auf europäischer Ebene wurde nach den jeweiligen Bevölkerungszahlen verteilt. Hier hätte sich eine Verteilung z. B. anhand des Kriteriums der Vulnerabilität des jeweiligen Gesundheitssystems angeboten. Die wichtigste und zugleich am meisten vernachlässigte Perspektive ist die der internationalen Gerechtigkeit.

Diese Perspektive startete gleich zu Beginn der Pandemie noch sehr hoffnungsvoll, indem in der COVAX-Initiative internationalen Verteilungsmechanismen gemäß verteilt wurde.[34] Dazu mussten die besser situierten Länder Geld an GAVI (the Vaccine Alliance) geben, damit diese für alle Länder weltweit für je 20 Prozent der Bevölkerung eine Impfung ermöglichen hätte können. Damit wäre z. B. das Gesundheitspersonal in den meisten Ländern der Welt geschützt gewesen. „Ermöglichen hätte können" – deutet schon an, dass dieses Ziel nicht erreicht wurde, denn der Geldfluss ist im Laufe der Pandemie versiegt. Mittlerweile muss mehr von Almosen (der Abgabe von nicht goutiertem Impfstoff) die Rede sein, statt von gerechtigkeitsethischen Implikationen angesichts der Pandemie. Schlussendlich haben doch nationale Egoismen und neue Ungerechtigkeiten diese gut angelegte Strategie desavouiert. Die Rückstellung von Spenden wegen der Booster-Impfungen in Deutschland muss wohl als (in einem sehr moralischen Sinne) beschämendes Armutszeugnis vermerkt werden, das vor allem auf das Konto der Vorausplanung geht.

32 Vgl. für eine frühe Einschätzung: Eberhard Schockenhoff, Die Adhoc-Empfehlung des Deutschen Ethikrats zur Corona-Pandemie, in: Kröll u. a. (Hg.), Die Corona-Pandemie (s. Anm. 1), S. 25–35.

33 Vgl. Franz-Josef Bormann, Pandemien als Herausforderung für die Gerechtigkeit, in: ZME 67 (2021), S. 171–188.

34 Vgl. Markus Zimmermann, Wie Schwache am besten zu schützen sind, in: HerKorr 74 (12/2020), S. 39–41.

Impfen muss dabei in der Public Health Situation verstanden werden, denn nicht der Einzelne, sondern die ganze Gruppe, in diesem Sinne gleich die Weltgemeinschaft, wäre gefragt gewesen.

Impfen stellt für die Situation der Pandemie keine Privatentscheidung dar. Diese Gemeinwohlorientierung, bei aller Dominanz der Selbstbestimmung[35], ist für viele Menschen eine erst nach und nach nachvollziehbare Einlassung.[36] So kann abschließend für die normative Frage nach der Gerechtigkeit in Pandemiezeiten konstatiert werden, dass sie noch einmal neu virulent geworden ist.

Schluss

Vollmundig wurde der Beitrag mit „Lehren aus der Pandemie" betitelt, gleichwohl konnten erst vorläufige Linien gezogen werden. Auf die Erfahrungen kann in unterschiedlichen Rollen reagiert werden. Als Ethikerin versucht man nach allem Überdruss an Normen, Maßnahmen und Regeln, auf andere ethische Konzepte zu setzen, z. B. Tugendethik oder Kommunitarismus. Das Sprechen von Tugenden verhilft aus der Ich-Perspektive auf die Krise und Krisenbewältigung zu reagieren. Jeder und jede ist gefragt. Eine Tugend, die in dieser Zeit voller Risikoabwägungen und unsicheren Zeiten, hätte ausgebildet werden können, wäre bspw. die Epikie gewesen – als Kompetenz des Nachsehens, ob die allgemeine Regel jeweils zu dem speziellen Fall passt. Die Epikie[37] als auf dem Weg sein: das immer wieder Fragen nach der Sinnspitze. Das wäre auch in der Pandemie oft wichtig gewesen. Natürlich ist das Zutrauen in die Fähigkeit des Gebrauchs von Epikie nicht von unerheblicher Bedeutung. Eine tugendethische Herangehensweise ist darüber hinaus notwendig, um eine andere Sichtweise auf gesellschaftliche und wirtschaftliche Prozesse zu gewinnen, um überhaupt Durchschlagskraft zu entfalten. Hier ist an die Postwachstumsgesellschaft zu denken.[38]

35 Vgl. Kerstin Schlögl-Flierl, Impfen? Zwischen dem Recht auf Selbstbestimmung und dem Gemeinwohl, in: StZ 239 (1/2021), S. 3–11.

36 Über genauere Gründe zur Impfentscheidung gibt für Deutschland die Cosmo-Studie der Universität Erfurt Auskunft, https://projekte.uni-erfurt.de/cosmo2020/web/ (abgerufen am 01.12.2021).

37 Vgl. Kerstin Schlögl-Flierl, Epikie – ein Movens für die Moraltheologie, in: StMor 55 (2017), S. 65–97; dies., Epikie und Gradualität im Kontext von Barmherzigkeit im Postsynodalen Schreiben Amoris laetitia von Papst Franziskus, in: Das Prisma 29 (2017), S. 20–27.

38 Vgl. Markus Vogt, Christliche Umweltethik, Freiburg i. Br. 2021.

DASS DER HIMMEL AUF DIE ERDE KOMMT

IN SPUREN WENIGSTENS

Paul M. Zulehner

In der Volksschule habe ich den Kleinen Katechismus der katholischen Kirche auswendig gelernt. Er bestand aus Fragen und Antworten. Die erste Frage lautete: „Wozu sind wir auf Erden?" Als Antwort hatten wir aufzusagen: „Wir sind auf Erden, 1) um Gott zu erkennen, ihn zu lieben und ihm zu dienen 2) und dadurch in den Himmel zu kommen."[1]

Um in den Himmel zu kommen

Die gelernte Antwort ist klar. Aus einem himmlischen Paradies vertrieben, ist jedes Menschenkind auf die Erde versetzt. Hier soll es sich ein Leben lang vor Gott bemühen, diesen zu erkennen und sich vor ihm durch das Halten seiner Gebote zu bewähren. Wer das schafft, hat eine Chance, in seinem Sterben in den Himmel heimzukehren. Den Zugang dazu hat uns Jesus durch seinen Opfertod am Kreuz eröffnet. Die Kirchenväter haben das Kreuz Christi auch als Himmelsleiter gedeutet, welche der vor Esau flüchtige Jakob auf seiner Flucht im Traum geschaut hatte: eine Leiter, auf der Engel als Boten Jachwes auf- und niederstiegen und seine Botschaften überbrachten. Jakob erinnerten sie an die große Verheißung an den Stammvater Abraham. Sein Stamm werde sich mehren und in alle Himmelsrichtungen ausweiten, und das alles unter dem verlässlichen Schutz Gottes, so der biblische Bericht im Buch Genesis (28,10–22).

Die Äbtissin der Benediktinerinnenabtei Mariendonk, Christina (Barbara) Reemts, hat diesen Gedanken der Kirchenväter aufgegriffen und für Zeitgenossen so formuliert:

> „Das Kreuz ist aufgerichtet als eine wundervolle Leiter, auf welcher wir zum Himmel hinaufgeleitet werden. Durch die Geburt des Sohnes Gottes stiegen die Engel zu den Menschen herab und zugleich konnten die Menschen aufsteigen aus der Tiefe zum Himmel. Durch das Kreuz wurden Himmel und Erde wieder vereinigt, die zuvor verfeindet waren, und es herrschte wieder Friede zwischen beiden Teilen, die zuvor getrennt waren [...] Wie eine Leiter aus zwei Holmen besteht, so das Kreuz Christi aufgrund der beiden Testamente. Denn das Kreuz unseres Herrn ist der Inhalt der ganzen Schrift. Im Kreuz hat Christus alle Mysterien zur Vollendung und zur Zusammenfassung gebracht, hat auch Adam zum Vater zurückgeführt und den Weg zum Himmel erschlossen."[2]

In einem Gespräch mit Joachim Werz folgt die Künstlerin Billi Thanner, welche die HIMMELSLEITER im und am Wiener Stephansdom installiert hat, dieser Spur des stufenweisen Aufstiegs des Menschen vom postparadiesischen Exil auf der Erde in die ersehnte Heimat des Himmels. Dabei gibt sie ihrem Kunstwerk weniger eine Deutung, bei der sie der soteriologischen Spur der Kirchenväter bis herauf zur Benediktinerinnenäbtissin folgt. Vielmehr gibt sie der Lichtleiter eine lebenspraktische Ausdeutung. Die Stufen stellen Tugenden und Haltungen dar, auf denen der Mensch das Gute in sich stärken kann, was ihn jetzt auf Erden zu einem besseren Menschen formt und im Tod bei Gott, der ihn am Ende seines Aufstiegs am oberen Ende der HIMMELSLEITER erwartet, ankommend als himmelsfähig erweisen wird. Billi Thanner zählt eine Menge von Tugenden alphabetisch geordnet auf, welche die Sprossen der HIMMELSLEITER bilden:

1 Kleiner Katechismus des katholischen Glaubens, Verlag der Petrusbruderschaft, Wigratzbad [11]2019.

2 Christiana Reemts, Die Jakobsleiter. Zwei Gespräche, in: Geist und Leben 5/1999, S. 364–374, hier S. 372.

„Meine Installation soll auch den persönlichen Weg des Menschen zu Gott darstellen. Dieser Weg in den Himmel führt über die Stufen der Tugenden. Sprosse für Sprosse: Achtsamkeit, Anstand, Ausdauer, Bescheidenheit, Beständigkeit, Dankbarkeit, Diskretion, Disziplin, Ehrlichkeit, Freiheitssinn, Fleiß, Freundlichkeit, Geduld, Gerechtigkeit, Gutherzigkeit, Großzügigkeit, Hingabe, Höflichkeit, Klugheit, Mitgefühl, Mut, Offenherzigkeit, Respekt, Rücksichtnahme, Selbstlosigkeit, Standhaftigkeit, Tapferkeit, Treue, Unvoreingenommenheit, Vergebung, Weisheit, Weltoffenheit, Zielstrebigkeit. Mit jeder dieser Tugend werden Bedürfnisse dieser Welt zurückgelassen, um immer mehr in die Nähe Gottes zu gelangen. Meine HIMMELSLEITER steht in dieser Zeit vor allem für die drei göttlichen Tugenden Hoffnung, Glaube und Liebe sowie die Kardinalstugenden Klugheit, Tapferkeit, Gerechtigkeit und Mäßigung, die meiner Meinung nach jedenfalls die Grundausrichtung eines christlichen Lebens, wenn nicht sogar die Grundlage für eine grundlegende Menschlichkeit darstellen. Wenn alle Menschen daran ihr Leben ausrichten würden, wäre das doch traumhaft!"[3]

Dass der Himmel zu uns kommt

Vor Jahren fiel mir eine Spruchkarte in die Hände. Festgehalten war auf ihr ein weiser Satz des Aachener Bischofs Klaus Hemmerle, der zuvor Professor für Dogmatik in Freiburg gewesen war. Er lautete in etwa: „Wir Christen sind nicht (nur) dazu auf Erden, um einst in den Himmel zu kommen, sondern dazu, dass der Himmel jetzt schon zu uns kommt."

Diese Aussage schenkte mir einen Perspektivenwechsel. Was ich als Kind gelernt hatte, wurde gleichsam auf den Kopf gestellt. Dabei wurde das Erlernte nicht verworfen: Die Himmelssehnsucht wurde nicht desavouiert. Aber Klaus Hemmerle schien davon auszugehen, dass für das, was am Ende des Lebens geschieht, Gott selbst in seinem Erbarmen einsteht. Sein Spruch stammt theologisch aus einer Zeit, in welcher der hoffnungslose Heilspessimismus des Augustinus zu Gunsten eines hoffnungsstarken Heilsoptimismus überwunden wurde, und das durchaus im Rückgriff auf die griechischen Kirchenväter wie etwa Gregor von Nyssa. Karl Rahner hat das in seinem Beitrag zur bleibenden Bedeutung des Zweiten Vatikanischen Konzils so umrissen:

> „Früher fragte die Theologie ängstlich, wie viele aus der ‚massa damnata' der Weltgeschichte gerettet werden. Heute fragt man, ob man nicht hoffen dürfe, dass alle gerettet werden. Eine solche Frage, eine solche Haltung ist christlicher als die frühere und ist die Frucht einer langen Reifungsgeschichte des christlichen Bewusstseins, das sich langsam der letzten Grundbotschaft Jesu vom Sieg des Reiches Gottes nähert. Eine solche Haltung mag dem liberalistisch-bourgeoisen Spießer von heute selbstverständlich vorkommen, weil er nichts von der Unbegreiflichkeit der Gerichte Gottes und von dessen verzehrender Heiligkeit weiß und darum meint, die Botschaft von der siegreichen Gnade Gottes in der Welt sei das, womit Gott sich vor dem Tribunal des Menschen vielleicht gerade noch rechtfertigen könne. Wer aber von fern ahnt, wer Gott ist, wer die entsetzliche Finsternis der Menschheitsgeschichte wirklich mitempfindet,

3 Im Gespräch: Joachim Werz spricht mit Billi Thanner, in: das münster 2 (2021), S. 153–156.

> für den ist der universale Heilsoptimismus, zu dem sich die Kirche durchgerungen hat, eine fast erschreckende Botschaft, die die letzte Kraft seines Glaubens herausfordert."[4]

So wurde mir deutlich, dass dieses Anliegen von Klaus Hemmerle, dass doch der Himmel auf die Erde kommen möge, das Kernanliegen Jesu und in ihm Gottes rettende Sorge um seine Welt eindrucksvoll wiedergab. Gott wurde Mensch, „mischte sich ein", damit die Welt menschlicher wird. Das Logo für Jesus selbst war die Ankündigung des Reiches Gottes, das in ihm schon angekommen sei. Reich Gottes war aber für Jesus keine weltflüchtige Metapher, keine Ablenkung von den Leiden und Ängsten der Menschen, keine opiate Jenseitsvertröstung also wie Karl Marx der Religion (nicht ganz unberechtigt) vorwarf. Jesus suchte Leiden und Ängste zu heilen, wo immer er Glauben fand. In der neutestamentlichen Tradition wurde dieses Anliegen Jesu sehr konkret ernst genommen. Erkennungszeichen des Reiches Gottes wurden benannt. Die Präfation vom Christkönigssonntag ist ein liturgischer Beleg dafür. Wo dem himmlischen Gott auf Erden Formkraft zugebilligt wird, entsteht „das Reich der Wahrheit und des Lebens, das Reich der Heiligkeit und der Gnade, das Reich der Gerechtigkeit, der Liebe und des Friedens".

Eines der Hauptanliegen Jesu war es also, eine Bewegung auszulösen, welche den Himmel auf die Erde bringt: schon jetzt und in wachsenden Spuren wenigstens.[5] Das himmlische Ortlose (U-Topie) sollte schon jetzt einen Ort (topos) finden. Das geschieht durch Wandlung der Angehörigen seiner Bewegung vor allem in der Feier der Eucharistie. In dieser ereignet sich nämlich, so Papst Benedikt XVI. in seiner Predigt zum Weltjugendtag in Köln im Jahre 2005, eine vierfache Wandlung:

> „Diese erste grundlegende Verwandlung [im Tod Jesu am Kreuz hinein in die Auferstehung] von Gewalt in Liebe, von Tod in Leben zieht dann die weiteren Verwandlungen nach sich. Brot und Wein werden sein Leib und sein Blut. Aber an dieser Stelle darf die Verwandlung nicht Halt machen, hier muss sie erst vollends beginnen. Leib und Blut Jesu Christi werden uns gegeben, damit wir verwandelt werden. Wir selber sollen Leib Christi werden, blutsverwandt mit ihm. Wir essen alle das eine Brot. Das aber heißt: Wir werden untereinander eins gemacht. Anbetung wird, so sagten wir, Vereinigung. Gott ist nicht mehr bloß uns gegenüber der ganz Andere. Er ist in uns selbst und wir in ihm. Seine Dynamik durchdringt uns und will von uns auf die anderen und auf die Welt im Ganzen übergreifen, dass seine Liebe wirklich das beherrschende Maß der Welt werde."[6]

Was somit nach Benedikt XVI. in einer Eucharistiefeier geschieht, ist zunächst die Formung einer gottgeeinten Gemeinschaft. Die von Gott Versammelten werden, was sie essen: Leib Christi. Dieser Leib ist aber immer ein „Leib, hingegeben für das Leben der Welt". Daher wird die Kirche in den mittelalterlichen Darstellungen immer mit den beiden Szenen Abendmahl und Fußwaschung dargestellt. Wer das Abendmahl feiert, geht gleichsam mit der Schürze eines Fußwaschers hinaus, beugt sich zu denen nieder, die unter die Lebensräuber fielen und

4 Karl Rahner, Die bleibende Bedeutung des Zweiten Vatikanischen Konzils, in: Stimmen der Zeit (1979), S. 795–806.

5 Paul M. Zulehner, Damit der Himmel jetzt schon auf die Erde kommt. In Spuren wenigstens. Menschlich leben inmitten weltanschaulicher Vielfalt, Ostfildern 2021.

6 https://www.vatican.va/content/benedict-xvi/de/homilies/2005/documents/hf_ben-xvi_hom_20050821_20th-world-youth-day.html (abgerufen am 10.09.2021).

macht für diese auch eine nachhaltige Sozial- und Entwicklungspolitik. In der Feier der Eucharistie hebt somit die Verwandlung der Welt an, hinein in eine Reich-Gottes-förmige Gestalt, mit mehr Frieden und Gerechtigkeit. Menschheitsalte Diskriminierungen werden überwunden, die rassistische (Juden und Griechen), die kapitalistische (Sklaven und Freie) und die talibanesk-sexistische (Männer und Frauen), weil im Einverleiben des Leibes Christi sie „einer" geworden sind in Christus (Gal 3,28).

Ich weiß aus meinen Studien, dass an einem Sonntag allein in Österreich gegen 650 000 Personen Eucharistie feiern. Wenn ich mir vorstelle, dass wirklich die von Papst Benedikt skizzierte vierfache Wandlung geschieht, dann ist die Welt am Montag anders: solidarischer, mit einem anderen Umgang mit den Menschen an den Rändern der Gesellschaft und des Lebens, mit einer anderen Migrationspolitik, wie auch ein Aylan Kurdi, der fünfjährig in der Ägäis ertrunken ist. Einer von uns, weil es nur einen einzigen Weltleib Gottes gibt, den des universellen auferstandenen Christus, der am Kreuz alles an sich gezogen hat.

Könnte die Kernschwäche unserer Kirchen darin bestehen, dass beim Herrenmahl, bei der Feier der Eucharistie, viel zu viele wandlungsresistent sind und sagen: „Gott verwandle die Gaben, aber mich lass in Ruh!?"

Die Himmelsleiter von Billi Thanner, die just in der osterförmigen Taufkapelle beginnt, bevor sie den Weg auf den in den Himmel ragenden Südturm findet, erinnert uns daran: Wir sind hineingetauft in den Tod und die Auferstehung Jesu. Dies bestätigt nicht nur unsere starke Himmelshoffnung: dass der Tod jetzt schon hinter uns ist, weil vor uns nur noch die Liebe ist (Dorothe Sölle). Es erwächst aus der Taufe auch eine enorme Zumutung an die Getauften. Die Taufe beruft nämlich, sich am Kommen des Reiches Gottes, am Hereinbrechen des Himmels auf die Erde schon jetzt zu beteiligen. Das ist eine Berufung zum Dienst an der Welt und braucht, wie Papst Franziskus bei seiner Predigt beim Eucharistischen Weltkongress in Budapest 2021 sagte, eine folgenreiche „Selbstdezentralisierung": der ganzen Kirche und all ihrer Mitglieder. Eine Taufe ist damit nicht nur tröstlich, sondern fordert zugleich enorm heraus: wie eben auch die Berufung der einzelnen Jüngerinnen und Jünger in seine Bewegung hinein eine Art prophetischer Zumutung darstellte – mit reichem Lohn am Ende, aber enormem Einsatz unterwegs, um Spuren des Himmels in das alltägliche und gesellschaftliche Leben hereinzusingen.

Billi Thanners Himmelsleiter deute ich also im Grund doch ein wenig anders als die Künstlerin selbst, wozu ein Kunstwerk durchaus ermächtigt. Es geht weniger um den tugendhaften Aufstieg eines willigen Menschen in die erhoffte himmlische Vollendung. Vielmehr sehe ich in ihr die verbürgte Chance, dass jetzt schon der Himmel zu uns auf die Erde herabsteigt, damit sich die Logik Gottes in der Welt ausbreitet und die Welt dadurch wird, wie Gott sie haben will, eine Welt von Liebenden mit einer „Zivilisation der Liebe" (Johannes Paul II.[7]). Dann können wir alle schon jetzt ansatzhaft werden, was wir sind: Liebende (Meister Eckart)

Der verschlossene Himmel

Die Himmelsleiter von Billi Thanner hat für mich aber noch aus einem weiteren Grund eine höchst aktuelle Bedeutung. Meine Langzeitstudie „Religion im Leben der ÖsterreicherInnen 1970–2020"[8] hat aufgedeckt,

7 So Papst Johannes Paul II. beispielsweise beim Meeting für die Freundschaft unter den Völkern in Rimini am 29.08.1982: https://de.clonline.org/archiv/die-p%C3%A4pste-und-cl/baut-eine-zivilisation-der-wahrheit-und-der-liebe-auf (abgerufen am 10.09.2021).

8 Paul M. Zulehner, Wandlung. Religionen und Kirchen inmitten kultureller Transformation. Ergebnisse der Langzeitstudie Religion im Leben der Österreicher*innen 1970–2020, Ostfildern 2021.

dass gar nicht wenigen Menschen in Österreich der Himmel gänzlich verschlossen ist. Sie leben in einer raumzeitlich engen Welt: nur im Zeitraum auf dieser Erde und im Zeitrahmen dieses irdischen Lebens. Dann ist für sie alles „definitiv" aus. An einen Himmel (an Gott, ein Paradies) glauben sie nicht. Dieses irdische Leben ist ihre letzte Gelegenheit.[9] Die Reichweite der „Wirklichkeit" ist gering, verglichen mit der Wirklichkeit jener, welche über die Grenzen von Raum und Zeit hinaus auf eine Auferstehung hoffen. Solche Menschen müssen mit dem schier unmöglichen Lebenskunstwerk fertig werden, die maßlose Sehnsucht, die in jedem Menschen haust, in mäßiger Zeit zu stillen. Das macht das Leben schnell, überfordert leicht, verängstigt und entsolidarisiert.

Ob es daher vor allem Lernen von Tugenden und dem Erklimmen einer Himmelsleiter nicht noch grundlegender wichtig ist, vielen zeitgenössischen Menschen neuerlich den Himmel überhaupt erst zu eröffnen? Auch dazu könnte die Himmelsleiter beitragen. Sie würde eine wortlose Predigt zum ebenso wortlosen Altarbild des Stephansdomes bilden. Dort wird die Steinigung des Heiligen Stephanus, des Hauspatrons, aber auch des Heiligen der Dome entlang der Donau von Passau bis Budapest, dargestellt. Im Sterben hat dieser nicht nur seinen Mördern vergeben. Vielmehr hat er im Sterben den Himmel offen gesehen.

Die Himmelsleiter könnte also die Wirklichkeit, welche viele Zeitgenossen heute mit ihrer psychisch unbehausten Seele bewohnen, enorm weiten. Das himmlische Licht fließt dann Stufe um Stufe von ganz oben herab bis in das Leben derer, die ganz unten mit dem Taufwasser „erleuchtet" werden: was daran erinnert, dass ein altes Wort für die Taufe eben „photismos" bedeutet: Erleuchtung also. Die Himmelsleiter könnte Licht in das Leben jener bringen, die in Finsternis und im Schatten des Todes leben.

9 Marianne Gronemeyer, Leben als letzte Gelegenheit. Sicherheitsbedürfnisse und Zeitknappheit, Darmstadt 2010.

BILLI THANNER

*1972 lebt und arbeitet in Wien, zählt zu den Protagonistinnen einer neuen Generation des zeitgenössischen, zeitgemäßen Aktionismus. Neo-Aktionismus gleich Interaktionismus. *http://www.billithanner.at*

Ausstellungen

1996	Galerie Macura / Wien
1997	Galerie Macura / Wien
2002	Galerie B-Art / München
2002	Galerie Kappele / Antwerpen / Belgien
2005	Galerie Sakamoto / Berlin
2006	Galerie Sakamoto / Berlin
2007	Galerie 40 / Salzburg
2008	Gruppenausstellung – BVA der bildenden Künstler / Salzburg
2008	Wim Reiff / Maastricht
2008	Galerie Kratochwill / Wien
2008	Gruppenausstellung – Galerie Bäckerstrasse / Wien
2009	Galerie Kratochwill / Wien
2009	Museum Macura / Serbien
2009	Wim Reiff / Maastricht
2009	Galerie Konzett in Salzburg / Gruppenausstellung BBC
2009	Galerie Konzett in Linz / Galerie Black Box BBC
2009	Galerie Lisi H mmerle / Landestheater Bregenz
2009	Galerie Konzett / Wien – Gruppenausstellung
2010	Galerie Lisi Hämmerle / Bregenz
2010	Viennabiennale Künstlerhaus / Wien
2010	Galerie Nauka / Moskau
2010	Galerie Konzett / Wien
2011	Galerie Konzett / Wien
2011	Galerie Getreidegasse / Salzburg
2011	Galerie Konzett / Wien
2012	Galerie Konzett / Wien
2013	Galerie Konzett / Wien
2014	MOCA Museum Peking / China
2014	Galerie Kunsthandel Graz / Graz
2014	Himalayas Museum in Shanghai / China
2015	Museum Angerlehner / Ober sterreich
2016	Himalaya Museum / Shanghai / China
2016	Art Konzett / Wien
2016	Vibrationsart / Beijing / China
2017	IP Forum / Wien
2017	Kunst & Handel Galerie / Graz
2017	Museum Angerlehner / Ober sterreich
2017	Privat Museum Diethardt / Graz
2017	Galerie Rhomberg / Kitzbühel
2018	Sammlung Brandstetter / Linz
2018	Vibrations Art / Peking / China
2019	District4Art / Wien
2020	KunstRadln / Kärnten
2020	District4Art / Wien
2020	Fair4Art / Wien
2020	Museum der Moderne / Salzburg
2020	Cultural Places online / Wien
2020	Museum Angerlehner / Oberösterreich
2021	District4Art / Wien
2021	Sammlung Brandstetter / Linz
2021	Museum Angerlehner / Oberösterreich
2021	KunstRadln / Kärnten
2021	Stephansdom / Wien

Messen

2008	Art-Cologne / Köln
2008	Kunstmesse München / München
2009	Kunstmesse Salzburg Residenz / Salzburg
2009	Vienna-Fair / Wien
2009	Scope / Basel / Schweiz
2009	Kunstmesse-Residenz Salzburg
2010	Art-Cologne / Köln
2010	Vienna-Fair / Wien
2010	Selection Art / Basel
2011	Art-Cologne / Köln
2011	Vienna-Fair / Wien
2012	Art Paris / Paris
2012	Art-Cologne / Köln
2012	Art-Austria / Wien

2012 Art-Cologne / Köln
2014 Art-Austria / Wien
2014 Paris Photo / Los Angeles / USA
2014 Art-Bodensee / Dornbirn
2015 Art Karlsruhe / Karlsruhe
2015 Vienna-Fair / Wien
2015 Scope / Basel / Schweiz
2015 Art-Cologne / Köln
2015 Parallel Art Fair / Wien
2015 Art Vienna / Wien
2016 Art Karlsruhe / Karlsruhe
2016 Art Austria / Wien
2016 Scope / Basel / Schweiz
2016 Art-Cologne / Köln
2016 Parallel Art Fair / Wien
2016 Contemporary Art Fair / Wien
2017 Art Karlsruhe / Karlsruhe
2017 Art Bodensee / Dornbirn
2017 Scope / Basel / Schweiz
2017 Art-Cologne / Köln
2017 Parallel Art Fair / Wien
2018 Art Karlsruhe / Karlsruhe
2018 Art Austria / Wien
2018 Art-Cologne / Köln
2018 Contemporary Art Fair / Wien
2019 Art Karlsruhe / Karlsruhe
2019 Art-Cologne / Köln
2019 SIAF / Salzburg
2020 Art Karlsruhe / Karlsruhe
2021 Art-Cologne / Köln

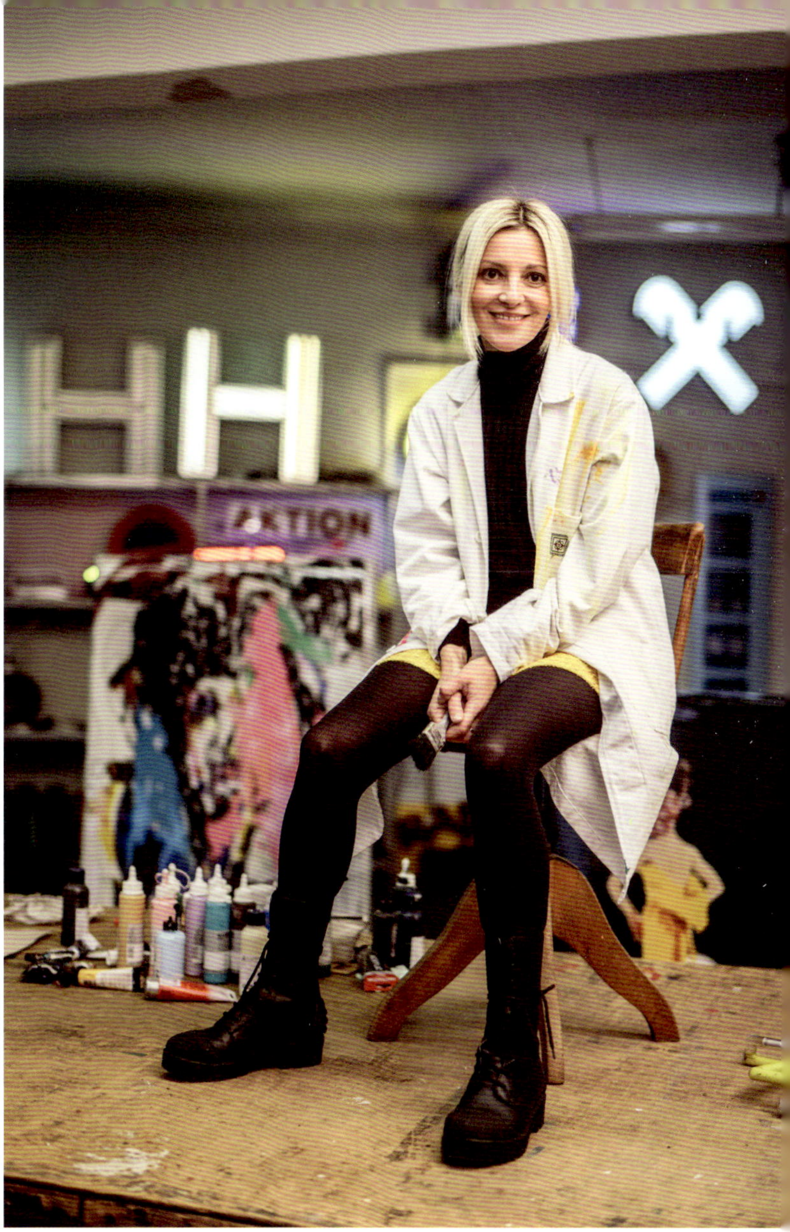

Projects & Performances

2010 Ich schwuler Käfer
2009 Wolfgang Amadeus Thanner
2007 Serie „ES"
2008–14 Kommende Venus
2007–19 Das Schubladisierte Gehirn
2009 „BBC" – Bett - Brut - Coitus
2007–14 Seit dem Ich tot bin kann Ich machen was Ich will
2006–14 Gehirnintegration
2006–12 Installation Displacement & Disorientation
2007–22 Billi Thanner's Art Army
2005–14 Achtet auf Eure Fü e
2007–18 „WELTBETT"
2012–13 „Tu Es" Venus
2011–13 Finished
2013–22 „No AIR No ART"
2014–16 Was ziehe ich heute an
1990–22 Erschlagen von der Konsumgesellschaft
2015 Ich und ES
2016 Vernunft und die Oberflächlichkeit
2017 Die Venus ist gekommen
2018 „not me"
2018 Hochzeit und am Ende heirate ich meine Kunst
2018 fight against deco art
2007–23 ART VIRUS
2021 Billi's Garten
2021 Himmelsleiter

ABBILDUNGSNACHWEISE

JOACHIM WERZ

1, 3, 4: Foto: Jenni Koller, © Bildrecht Wien

2: Foto: Billi Thanner @fabolus_vienna, © Wien 2021

FOTODOKUMENTATION

fabolus_vienna: S. 38

Jenni Koller: S. 17 o., S. 31–32, S. 37 o., S. 40–43, S. 117

Katharina Schiffl: S. 17 u., S. 18–27, S. 29–30, S. 33–35, S. 37 u.

BARBARA SCHEDL

1, 4, 5, 6: Universität Wien, Institut für Kunstgeschichte, unidam

2: Archiv Dombauhütte Wien (Franz Zehetner)

3: Walter Roschnik (FWF-Projekt P28541, PL: Barbara Schedl)

INES LANGE

1: Foto: Jenni Koller, © Wien

2: Foto: Billi Thanner @ fabolus_vienna, © Wien

3: http://simacekvisionaryproject.at/?p=74

STEFANIE LIEB

1: Foto: © Jennifer Koller, Wien.

2: Foto: © Jennifer Koller, Wien.

3a: Foto: © Diether Tillmann.

3b: Foto: © Stefanie Lieb.

4: Foto: Wikipedia, © Ralf Roletschek.

5: Foto: © Stefanie Lieb.

6: Foto: © Stefan Josef Müller, Berlin. Courtesy of the artist and Kewenig, Berlin, Copyright Sean Scully.

AUTORENVERZEICHNIS

WOLFGANG BECK, Dr. theol., Lehrstuhl für Pastoraltheologie und Homiletik an der Philosophisch-Theologischen Hochschule Sankt Georgen, Leiter des Studienprogramm Medien und öffentliche Kommunikation, Redaktionsmitglied von feinschwarz.net, Sprecher des „Wort zum Sonntag" in der ARD.

TONI FABER, Dompfarrer und Mitglied des Dom-und Metropolitankapitels der Domkirche St. Stephan, Wien.

INES LANGE, wissenschaftliche Mitarbeiterin und Promotionsstudentin am Institut für Kunstgeschichte an der Heinrich-Heine-Universität Düsseldorf.

STEFANIE LIEB, Dr. phil., seit 2009 Außerplanmäßige Professorin am Kunsthistorischen Institut der Universität zu Köln; seit 2011 Studienleiterin für Architektur, Bildende Kunst, Literatur und Musik an der Katholischen Akademie Schwerte; seit 2020 Leiterin des DFG-Forschungsprojektes TRANSARA zu kunsthistorischen Prozessen der Sakralraumtransformation in Deutschland.

EDITH PETSCHNIGG, Dr. theol., Universitätsassistentin am Institut für Alttestamentliche Bibelwissenschaft der Karl-Franzens-Universität Graz.

BARBARA SCHEDL, Dr. phil., Privatdozentin für das Fach Kunstgeschichte an der historisch-kulturwissenschaftlichen Fakultät der Universität Wien.

KERSTIN SCHLÖGL-FLIERL, Dr. theol., Inhaberin des Lehrstuhls für Moraltheologie an der Universität Augsburg, seit Mai 2020 Mitglied im Deutschen Ethikrat.

JOACHIM WERZ, Dr. theol., Kirchenhistoriker, Leiter der »Forschungsstelle Ordensgeschichte seit der Frühen Neuzeit« und Schriftleiter von »das münster«.

PAUL M. ZULEHNER, Dr. theol., emeritierter Universitätsprofessor, Pastoraltheologe, Religions- und Werteforscher.